中国哲学新思丛书

主编 梁涛

新四书与新儒学

梁涛 著

中国人民大学出版社
·北京·

总　序

本套丛书名为“中国哲学新思丛书”，意在反映中国哲学的前沿问题和最新成果。作为丛书的主编，本套丛书自然包含了我的一些想法和思考。

2008 年完成思孟学派的研究后，我的研究转向了荀子。孟子、荀子乃战国儒学的双峰，但二人的地位和影响却大相径庭。按照传统的说法，孟子经子思、曾子而接续孔子，传尧、舜、禹、汤、文、武、周公以来之道统，而荀子则偏离了这一儒学正统。但我在研究郭店竹简子思遗籍时，注意到子思的思想不仅影响到孟子，而且为荀子所继承，从孔子经子思到孟子、荀子，实际是儒学内部分化的过程。分化固然使儒学的某些方面得到深化，但也使儒学原本丰富的面向变得狭窄。所以，立足儒学的发展与重建，就不应在孟子、荀子谁是正统的问题上争来争去，而应统合孟荀，重建更合理、更符合时代要求的儒学体系。所以，在完成、出版《郭店竹简与思孟学派》一书后，我自然开始关注起荀子的研究。由于这个缘故，本套丛书中有两部关于荀学的著作，分别为唐端正先生的《荀学探微》和刘又铭先生的《一个当代的、大众的儒学——当代新荀学论纲》，这既有我个人的考虑，也说明荀学已成为中国哲学研究中的“显学”。

唐端正先生曾任教于香港中文大学，为唐君毅先生的学生，《荀学探微》所收录的文章多发表于20世纪七八十年代。经过近半个世纪的洗礼，这些成果不仅没有失去学术价值，反而益发显示出其重要性。由于唐先生的文章多发表于香港、台湾的杂志上，内地（大陆）读者检索不易，故我征得唐先生的同意后，将其有关荀学的论述整理成册，再次推荐、介绍给读者。我在梳理前人的荀学研究中，注意到港台地区的荀学研究似乎存在两条线索：一条以牟宗三先生的《荀学大略》为代表，认为荀子代表了儒家的客观精神，但存在“大本不正”“大源不足”的问题，其价值在于可以弥补孟子思想之不足。这一看法在劳思光的《新编中国哲学史》、韦政通的《荀子与古代哲学》、蔡仁厚的《孔孟荀哲学》中得到进一步阐发，其最新论述可以台湾政治大学何淑静女士的《孟荀道德实践理论之研究》《荀子再探》为代表。作为牟先生的弟子，何教授在整体继承牟先生观点的基础上，在一些具体问题上有所深化。这条线索影响较大，代表了港台地区荀学研究的主流，故可称之为主线。另一条则以唐君毅先生为代表，不同于牟先生对荀子的贬斥，唐先生认为荀子言性恶，乃是针对道德文化理想而言，是用道德文化理想转化现实之人性，“荀子之所认识者，实较孟子为深切”。唐端正先生则注意到，《荀子·性恶篇》的主题，不只是性恶，还提到善伪。“我们与其说荀子是性恶论者，不如说他是善伪论者。”针对牟先生将荀子的心仅仅理解为认知心，唐端正先生则强调，荀子的心实际具有好善、知善、行善的功能，绝非能简单用认知心来概括。两位唐先生所代表的这条线索，影响虽然无法与前者相比，只能算是辅线，但在我看来，实际更值得关注。近些年我借助出土材料，提出荀子的人性主张实际是性恶心善说，即是对唐端正先生观点的进一步推进。我甚至认为，不断摆脱牟先生所代表的主线的影响，而对两位唐先生所代表的辅线做出继承和发展，可能是今后荀学研究的一个方向。这也是我向学界推荐、介绍唐端正先生旧作的原因和用心所在。

刘又铭教授是我研究荀子的同道，也是相识多年的朋友。又铭兄在重孟轻荀的台湾学界首次提出“新荀学”的主张，一石激起千层浪，引起极大反响。对于又铭兄的观点，我也有一个接受、认识的过程。又铭兄曾在《从“蕴谓”论荀子哲学潜在的性善观》一文中提出，“就深层义蕴而言，荀子的人性论其实仍可归为某一种（异于孟子）类型的性善观”。对此我曾不以为然，批评其没有摆脱传统认识的窠臼，仍是以性善为标准来评判荀子，为此不惜让荀子屈从于性善。现在看来，我之前的认识有误，又铭兄的努力是值得重视和肯定的。我近年提出荀子是性恶心善论者，虽不能说是受又铭兄的影响，但的确反映了自己思想认识上的转变。以往人们为性恶论辩护，主要是与西方基督教相类比，认为基督教可以讲性恶，荀子为何不可以讲性恶？荀子对儒学乃至中国文化的贡献恰恰在于其提出或揭示了性恶。但这种比附忽略了一点，即基督教是在有神论的背景下讲原罪、性恶的，人的罪（恶）正好衬托出神的善，故只有在神的恩典、救赎下，人才能得到拯救。所以，在基督教中，性恶与有神论是自洽的。但在中国文化中，由于理性早熟，人们逐渐放弃了对人格神的信仰，特别是到了荀子这里，天已经被自然化了，所谓“天行有常，不为尧存，不为桀亡”。因此，讲性善，则肯定内在主体性；讲性恶，则突出外在权威、圣王。但在荀子那里，又不承认圣王与常人在人性上有什么差别，认为其同样是性恶的，这样，第一个圣人或圣王是如何出现的便成为无法解释的问题，其理论上是不自洽的。所以，在中国文化的语境下，性恶论是“大本已坏”的判断并没有错，宋儒的错误在于忽略了荀子思想的复杂性，误以为荀子只讲性恶，不讲心善，忽略了荀子同样肯定人有内在道德主体性。为荀子辩护，不必非要肯定性恶的合理性，而应对荀子人性论的复杂性、全面性做出准确的梳理和解读。

又铭兄提倡“新荀学”，特别重视《荀子》这部经典，我则主张“统合孟荀”，提出“新四书”的构想，所以我们对荀子在儒学史上的地位和作用的认识是不同的，但这种分歧并不是截然对立、彼此排斥的。在 2017 年中国人民大学国学院主办的“统合孟荀与道德重估”的会议上，曾有学者质问我：为什么一定要统合孟荀？难道不可以提倡孟学或荀学吗？我的回答是，当代新儒学的发展当然可以有新孟学、新荀学，但也可以有由统合孟荀而来的新儒学。在儒学的创新上，不妨百花齐放，各展所能，各施所长，至于结果，则留给历史去选择。

李存山先生是我敬重的前辈学者，曾长期负责《中国社会科学》的工作。十余年前，他辞去副总编辑的职务，回到中国社会科学院哲学研究所中哲研究室，专心从事学术研究。记得一次聊天时，李老师曾说：我已经很久没有出版专著了。我知道李老师在精心准备一部大作，而这部著作是关于范仲淹的。当时余英时先生的《朱熹的历史世界》出版不久，引起了学界的普遍关注。李老师写出了《宋学与〈宋论〉——兼评余英时著〈朱熹的历史世界〉》，指出余著忽略了范仲淹对宋初三先生的影响，同时提出，余英时先生把朱熹的时代称为“后王安石时代”并不恰当。与其称之为“后王安石时代”，毋宁称之为“后范仲淹时代”。当时社科院历史研究所有一份内部刊物——《中国思想史研究通讯》，由我具体负责，我将李老师的文章发表后，很快收到余英时先生的回信：

梁涛先生：

收到寄赠《中国思想史研究通讯》第六辑，十分感谢。李存山先生大文兼评拙作，言之有物，持之有故，很感谢他赐教的雅意，乞代为致意为幸。贵刊资讯丰富，对于同行的人是极有帮助的。特写此短札，以略表致谢之忱。

敬问

安好

余英时手上

（二零）零五年九月十九日

以往的宋明理学研究由于受哲学范式的影响，主要关注理气、心性等所谓道体的问题，余英时先生则反其道而行之，认为理学家与以往的儒者一样，真正关心的仍是人间秩序的问题。他提出“内圣外王”连续体的概念，强调理学家不仅关注“内圣”，同时也关注“外王”，甚至认为“外王”的问题比“内圣”更重要。余先生主张对朱熹的研究要从“思想世界”回到“历史世界”，并视之为一场哥白尼式的倒转。但在我看来，似仍有一间之未达，主要是因为余先生采取了历史还原的方法，将“内圣”还原到“外王”，认为“内圣”的提出是为了解决“外王”的问题，但二者的关系如何，却往往语焉未详，未能说明理学家关于道体、形上学的讨论与现实政治之关系的问题。其实，宋明理学的主题应是天道性命与礼乐刑政，当时的学者一方面推阐天道性命以寻求礼乐刑政的理论依据，另一方面又锐意名教事业以作为天道性命之落实处，故理学家对道体或天道性命的讨论绝非空穴来风，做无谓的工作，而是从哲学、形上学的角度为现实政治寻找理论依据。对于理学家的思想恐怕要这样解读，今后的理学研究也需要在“思想世界”和“历史世界”之间达到一种平衡。所以，在接到主编本套丛书的任务后，我立即与李存山老师联系，希望将他计划写作的《范仲淹与宋学精神》列入本套丛书。李老师谦称，只完成了几篇文章，编在一起只能算一本小书。但书的“大”“小”岂可用字数衡量？李存山老师强调范仲淹的重要性，认为其“明体达用之学”代表了宋学的精神和方向，相信李老师的这本书对今后的宋明理学研究会产生重要的启示和借鉴意义。

杨泽波教授是著名的孟子研究专家，在孟子研究上用力颇深，他的《孟子性善论研究》是改革开放后孟子研究的一部代表性著作。在完成孟子研究后，杨教授转而关注港台新儒家的代表人物牟宗三的哲学，积 15 年之力，出版了皇皇 5 大卷、240 余万字的《贡献与终结——牟宗三儒学思想研究》，可谓是牟宗三研究的集大成之作。杨教授的新著体大思精，对专业研究者来说，是必读的参考文献，但对一般读者而言，阅读起来则显得不便。故我与杨教授商议，将其著作压缩出一个简写本，这样就有了《走下神坛的牟宗三》一书，它虽只有 10 余万字，但更为概括、凝练，更便于读者理解杨教授的主要见解和观点。杨泽波教授年长我 10 余岁，据他讲，当年曾经深受牟宗三的影响，是通过阅读牟先生的著作而走上儒学研究的学术道路的，而他现在的研究则更多地表现出对牟先生思想的反省和检讨。这种情况不仅发生在杨泽波教授身上，同样也存在于我们这些六零后学者身上，可以说反映了内地（大陆）儒学研究的基本趋势：从阅读牟先生等港台新儒家的著作开始接受和理解儒学的基本价值，又从反思牟先生等港台新儒家的学术观点开始尝试建构内地（大陆）新儒学的研究范式。出现这种情况并不奇怪，毕竟内地（大陆）学者与牟先生那一代学者生活在不同的社会环境，故而问题意识、所思所想自然会有所不同。牟先生他们当年生活的港台社会，西风日盛，民族文化花果飘零，故其所要论证的是儒家文化仍然有不过时的恒常价值，这个他们认为是儒家的心性，同时他们深受五四时期科学和民主观念的影响，认为传统儒学的缺陷在于没有发展出科学和民主，所以他们对儒学的思考便集中在“老内圣”如何开出“新外王”、心性如何开出科学和民主的问题上。但这样一来，就在有意无意中将儒学自身的问题和逻辑打乱了。我多次强调，儒学的基本问题是仁与礼的关系问题，这一问题在理学家那里又表现为天道性命与礼乐刑政的问题，今天讨论儒学仍不能回避儒学的这一基本问题，所以我们与其问儒学为什么没有发展出科学和民主，不如问儒家的礼乐刑政为什么没有或如何完成现代转化。发展仁学、改造礼学，才是儒学发展的根本所在。牟先生由于受五四礼教吃人观念的影响，视礼学为儒家过时之糟粕，避之唯恐不及。这样，完整的儒学思想便被砍去一半，所缺的这一半只好用科学和民主来填补。但既然我们不要求基督教、佛教发展出科学和民主，那么为什么一定要求儒学发展出科学和民主？似乎不如此便不具有合法性。这显然是不合理的，也缺乏对儒学这一古老精神传统必要的尊重。而且，引发出另外一个后果：既然可以不顾及儒学的内在理路和逻辑，片面要求其适应所谓的科学和民主，那么反过来也可能促使人们以儒学独立性的名义反对民主，认为完整的儒学与民主恰恰是对立的、不相容的。这在当前学界竟成为一个颇有影响的观点，尤其为许多民间学者所信奉，不能不说与牟先生对儒学的片面理解有关。牟先生对荀子评价不高，对儒家的礼学传统重视不够，其实也反映了这一点。不过，虽然我们与牟先生在对儒学的具体理解上有所不同，但牟先生所强调的儒学需要经历现代转化则无疑是需要予以充分肯定的。2017 年我在“牟宗三对中国哲学的贡献与启示”学术研讨会上明确提出“回到牟宗三——大陆新儒学的发展方向”，即是要突出、强调这一点。“回到”不是简单地回归，而是回到追求儒学现代性的起点，以更尊重儒学的基本问题和内在理路的方式探讨儒学的现代转化。这应该是内地（大陆）新儒学既继承于港台新儒学，又不同于港台新儒学的内容和特点所在。牟先生曾自称"一生著述，古今无两"，是当代最具原创性的思想家和儒学大师，他的一些具体观点、主张，我们或许可以不同意，但绝不可以轻易绕过，今后新儒学的发展仍需要充分继承、吸收牟先生的研究成果，并有所突破和发展。杨泽波教授研究牟宗三儒学思想多年，对牟先生的重要学术观点都提出了独到的分析和看法，给出了相对客观的评价，相信他这部新著，对于我们理解、消化牟宗三的儒学思想会产生积极的借鉴作用。

本套丛书收录的《新四书与新儒学》一书，是我近年关于重建新儒学的一些思考，包括新道统、新四书（《论语》《礼记》《孟子》《荀子》），对孟子、荀子人性论的重新诠释，统合孟荀、创新儒学，以及自由儒学的建构，等等。需要说明的是，《新四书与新儒学》一书的内容只是我目前的一些思考，虽然奠定了我今后儒学建构的基本框架，但还有更多问题有待进一步探讨。这些问题不断涌入我的头脑，使我每日都处在紧张的思考中，而要将其梳理清楚，还要补充大量的知识，付出辛勤的劳作。故该书只能算是一个初步的尝试，是我下一本更为系统、严谨的理论著作的预告。由于这个缘故，该书有意收录了一些非正式的学术论文，这些文章或是随笔、笔谈，或是发言的整理稿，对读者而言，不仅通俗易懂，而且观点鲜明，使其可以更直观地理解我目前的思考和想法。

最后，我要感谢中国人民大学出版社学术出版中心杨宗元主任将主编本套丛书的重任交付于我，使我有机会学习、了解中国哲学研究的最新成果和思考。我也要感谢各位责任编辑，由于你们的辛勤付出，本套丛书才得以如此快地呈现给每一位读者。

梁涛

2018 年 9 月 27 日于世纪城时雨园

目　录

“新四书”与“新道统”

——当代儒学思想体系的重建

一、儒学的学统是经学

儒学在今日中国已由学术研究进入儒学创新或儒学重建的时代，创建当下的儒学思想体系，出现当代的董仲舒、朱子、阳明，已成为儒学研究者的共识。学界已出现一系列方案，如公民儒学、生活儒学、社会儒学等，这些都有其意义，但也存在一些问题，就是缺乏自身的学术根基，往往以西方的某种理论来诠释儒学，表现出强烈的“以西释中”的特点。

我对儒学重建有深切的关注，曾经在很长一段时间内与学界同人一样，走的是“以西释中”的路子。但说实话，到底该怎么做，如何去创新、建构？心里是不清楚的，前面的路是模糊的。其实，我们只要回头看一下历史上的儒学复兴或者发展，就可以发现一个很明显的事实：儒学的基本表达方式是经学，经学是儒学的学术载体，是儒学之学统。历史上每一次儒学创新都无不与经学变革联系在一起，并在这一过程中形成了一个通过经典诠释建构思想体系的传统。

例如，董仲舒提出其“天人三策”思想体系利用的是“《春秋》公羊学”。朱熹的理学思想是通过诠释四书来完成的，那么，《论语集注》《孟子集注》到底是孔子、孟子的思想还是朱子的思想？其实很难分开，往往是你中有我，我中有你，“我注‘六经’，‘六经’注我”。王阳明穷其一生都在解释《大学》，但他的思想则来自孟子，是以《孟子》释《大学》，而他一旦对“格物”“致知”做出了新的诠释，就突破了朱熹理本体的思想体系，建构出其心本体的理学思想。戴震的反理学思想主要体现在《孟子字义疏证》中，有人说，他解释的是孟子吗？恐怕更接近荀子，实际是“孟皮荀骨”。这些看法是否恰当暂且不论，但有一点是明确的，就是古代思想家的确形成了一个通过经典诠释建构思想体系的传统。

二、儒家通过经典诠释建构思想体系的传统

为什么会形成这样的传统？如何看待这一传统？它在今天是否依然有效？我想在两千多年的历史长河中，一个民族自觉不自觉地选择了这样一种思想表达方式一定有其必然性，至于我们是否理解这种必然性或者在多大程度上揭示其背后的原因，则是另外一个问题。1998 年我到中国社会科学院工作时，参加了姜广辉先生主持的《中国经学思想史》的写作，前前后后十三年，四卷六册终于在前些年出版了。在这个过程中，我对儒家经学传统有了更深的理解，同时坚定一点：我们今天如果仍要进行儒学的创新和重建，就还是要回到经学，回到通过

经典诠释建构思想体系的传统。这是一个最基本的方法，丢弃了它，儒学的创新和重建恐怕是没有希望的。

那么，古代儒者是如何通过经典诠释建构思想体系的呢？我们不妨以南宋理学的集大成者朱熹为例。美国哥伦比亚大学陈荣捷教授生前写过一篇文章《朱熹集新儒学之大成》，他把朱子的工作分为四个方面：第一，道统的确立。什么是儒家道统？其特点是什么？第二，儒家经典的选择。儒家经典很多，哪些最能代表或者反映儒家道统？第三，儒家哲学的探讨。重新确立儒家的精神本体，朱子提出了理本体，并对理与气、心与性、已发与未发、格物与致知等概念进行了细致的分析和梳理，形成了自己的哲学思想或义理之学。第四，经典的具体诠释实践。以其理学思想为依据，对四书做哲学化的诠释，这个工作贯穿了朱子的一生。据记载，他去世前还在修改《大学章句》"诚意"章。朱子一生当然还做了很多其他工作，但他的理学思想主要是通过对四书的诠释建构起来的。

三、借鉴宋儒的方法，重建儒学思想

以史为鉴，或许对当下的儒学建构有所助益。今天我们依然可以借鉴宋儒的方法，分几步走。

第一步是儒家道统的确立。什么是儒家道统？朱子的道统说来自韩愈。韩愈有《原道》篇，认为"博爱之谓仁，行而宜之之谓义，由是而之焉之谓道，足乎己，无待于外之谓德"。韩愈所说的道不是佛老之道，而是儒家之道，他认为这个道由尧传给了舜，舜传给了禹，禹又传给了汤，然后由文、武、周公传给了孔子、曾子、子思、孟子，“轲之死，不得其传焉”。孟子死后，还有荀子，还有汉唐儒学，为什么说道统不传了呢？原因就是韩愈把道统看作仁义，以此为标准，自然把发展了儒家仁义的孟子视为正统，而把重视儒家礼义及制度建构的荀子、汉唐儒学排除在外。朱子继承了韩愈的说法，他说如果不明白道统所传的是什么内容，就不能明白为什么说“轲之死，道不传也”（《朱子语类》卷十四）。那么，道统所传的是什么内容呢？朱子认为，不过是仁义而已。所以，在道统问题上，朱子与韩愈的看法基本一致，只不过对其做了更为形而上的阐释而已。那么，韩愈、朱子的看法对不对呢？是不是儒家内部只有孔子、曾子、子思、孟子在传道统，其他人都违背了或丢掉了儒家道统呢？当然不是。最近几年的出土文献使我们看到从孔子到子思再到孟子、荀子，实际是儒学内部的一个分化过程。孔子、子思不仅影响了以后的孟子，同样启发了荀子，虽然思想史上不存在一个思荀学派，但从思想的影响来看，子思与荀子之间同样存在联系。所以，朱子“一线单传”的道统观显然是有问题的，后人对其也多有批评。那么，孟荀的分化有没有好处呢？当然有！那就是深化。孟子提出仁义、性善论、“浩然之气”等，发展了孔子的仁学；荀子提出“隆礼重法”、性恶论、“化性起伪”等，发展了孔子的礼学。这些都是好的方面。但深化也有不好的地方，那就是窄化。孟子虽然发展了儒家仁学，但丢掉了或者忽略了儒家礼学，对外在的制度建构重视不够；荀子承继了儒家的礼学，但在仁学、性与天道、内在超越方面讲得不够。

那么，儒家道统到底应如何理解？一言以蔽之，仁学和礼学。在孔子那里，仁礼之学是一个整体，要谈儒家道统，就要从仁礼之学谈起，将道统仅仅理解为仁义显然是片面的。关于儒家道统的表述，可以采取目前流行的“内圣外王”的说法，儒家之道即内圣外王之道。但我要强调的是，今天人们在使用“内圣外王”一语时，往往将其理解为由内圣而外王，内圣为本、为体，外王为末、为用；但在早期儒家那里，内圣与外王是双向、互动的关系，一方面是由内圣而外王，另一方面则是由外王而内圣，这两个方面在孔子那里是并存的，但以后孟子和荀子却只取其一端。孟子由于突出性善，认为“有不忍人之心，斯有不忍人之政”（《孟子·公孙丑上》），故走的是由内圣而外王的路子。这种思路将内在的道德修养尤其是统治者的道德修养作为解决现实问题的根本和前提，认为只要统治者良心、不忍人之心发现，孟子所期待的仁政就有可能实现。荀子的想法与此有所不同，他持性恶论，设想有一种前礼义状态，由于我们每个人生下来都有欲望，欲望得不到满足就会去追求，追求就会导致争执，争执就会产生混乱。这时有人站出来说，大家不要再争了，最好确立一个“度量分界”，大家都按“度量分界”行事，这样社会就会安定。这个“度量分界”就是儒家所说的礼义，而那个振臂一呼的人就是后人所说的先王。故荀子走的是由外王而内圣的路子，这与近代的契约论倒是有某些相近之处。虽然人性是恶的，但人有理智，可以逐步制定礼义法度，借助这些礼义法度，人可以“化性起伪”，改造先天不好的本性，一步一步走向文明。可以看到，孟子的由内圣而外王和荀子的由外王而内圣都是从孔子那里分化出来的，但是各执一端。二者并存，才是完整的儒家道统。所以，韩愈、朱子的道统说是不全面的，需要一种新道统说取而代之。

第二步是儒家经典的选择。朱熹根据其道统说，选择的是四书。朱子认为只有孔、曾、思、孟传道统，所以四书实际就是他们四人的著作，反映的是他们四人的思想。其中，《论语》反映的是孔子的思想，《大学》反映的是曾子的思想，《中庸》反映的是子思的思想，《孟子》反映的是孟子的思想。但是丰富、灿烂的早期儒学思想怎么可以仅仅用这四部书来代表呢？故根据新道统，需要有“新四书”，即《论语》《礼记》《孟子》《荀子》。《论语》不用说，反映了孔子的思想。《礼记》是七十二子及其后学的作品，反映了他们的思想，《大学》和《中庸》本来就出自《礼记》，可将其返回。《孟子》《荀子》则是先秦儒学两大宗孟子、荀子的作品，只有包含了二者才能算是完整的四书体系。面对孟子或荀子，我们并不认为孟子或荀子就一定代表了儒家道统。相反，如果以完整的儒家道统为标准，那么就会发现孟子是有所失，荀子是有所偏。孟子发展了内在的心性方面，但对外在的礼义方面有所忽略；荀子重视外在的礼义制度，但对内在超越的方面关注不够。因此，我们没有必要在孟荀之间争正统，而应该统合孟荀，在一种丰富性的基础性上结合二者的思想，这样才能建构起内外完备的儒家思想。我最近出版的一本小书《儒家道统说新探》，扉页上有一段文字：

“统合仁学与礼学，合外内之道，此乃儒家道统之所在。发展仁学、改造礼学，统合孟荀，才能构建儒家的新道统。”我认为编辑很好地掌握了这本书的思想。的确，这就是我这本书的基本思路。统合孟荀包含了诸多问题，如仁学与礼学、性善与性恶，以及天人关系、为学方法等，我在书中有详细论述，在此不一一展开了。

第三步是儒家哲学的探讨。宋明儒者对儒家的精神本体做了深入探讨，形成了理本体、心本体、气本体还有性本体等不同的理论体系。今天重新审视先秦儒学，我们可以发现，无论儒家的天道还是儒家的心性，其实都是过程性的，早期儒学是一种过程本体。例如，西方著名汉学家葛瑞汉（Angus Charles Graham）注意到，儒家常讲“修身养性”，而西方人一般把“性”翻译成 human nature，但 nature 是一种本质，是不可以改变的。可是，中国人为什么讲“修身养性”？原来中国古人所说的“性”是一种活动、过程，是动态的而非静止的，这种性恰恰是要在后天的活动和实践中展开的。还有，儒家的“生生之谓易”“天地之大德曰生”，都强调天道动态、活动的一面，反映了早期儒学独特的形上智慧，是我们在重建儒家本体论哲学时需要认真对待的问题。

第四步也是最后一步是儒家经典，具体讲，是“新四书”的重新诠释。“新四书”的重新诠释不是一种章句之学，不是进行文字注释就可以了，而是一种哲学诠释学，是以儒家的本体论哲学为依据对经典的创造性诠释，故也包含“‘六经’注我，我注‘六经’”的情况。不过，宋儒的这种诠释方法今天是否依然适用，不是没有争议的。例如香港中文大学刘笑敢教授就多次与我讨论过这个问题，他坚决反对这一做法，理由是：古人的学术规范不够严格，故“‘六经’注我，我注‘六经’”倒也无妨；可在今天的学术规范下，这样做就显然不合时宜，明明是自己的思想，为什么一定要说是古人的？这样做的结果，一是扭曲了古人的思想，二是限制了自己思想的表达。刘笑敢教授的说法当然有意义，使我们对文本的“意谓”和“蕴谓”有一种自觉意识，清楚哪些是文本已有的，哪些是其蕴含而被我们进一步发挥的。但刘教授的担心则是不必要的。经典的意义是一个无尽藏，不是说被前人注释过了，意义就被穷尽了。真正好的诠释恰恰是将经典中被遮蔽的意义呈现出来。另外，西方有“重建调适的诠释学”之说，意为诠释的目的不只是要证明古代经典中已明确表达或包含了某种思想，更是要证明它有朝此方向发展的可能性和合理性。所以，通过确立基本的诠释原则，对“六经”之意和我注“六经”做出区分，以避免刘笑敢教授所担心的情况。

当年宋儒出入佛老数十载，然后返之于“六经”，借鉴佛老的形上思维，通过对四书的创造性诠释，完成了儒学的伟大复兴。我们今天也应借鉴宋儒的方法，重新出入西学数十载，然后返之于“六经”，以“新道统”说为统领，以“新四书”为基本经典，“‘六经’注我，我注‘六经’”，以完成当代儒学的开新与重建。什么是“‘六经’注我”？“六经”的价值、意义注入“我”的生命，滋润了“我”，养育了“我”，是谓“‘六经’注我”。什么是“我注‘六经’”？“我”的时代感受、生命关怀、问题意识又被带入“六经”，是谓“我注‘六经’”。正是在这种意义上，我们可以说“‘六经’皆史”——“六经”是一部民族成长、发展的历史，是一部精神的历史、自由的历史。此精神、自由之历史才是儒家道统之所在，也是“新四书”的价值和意义之所在。

（原载《中华读书报》2014年4月2日）

《论语》“亲亲相隐”章新释

最近“亲亲相隐”的问题引起了学界的关注，引发了一场如何认识、评价儒家伦理的讨论。批评者指责孔子、孟子等儒者错误地夸大了血缘亲情的地位，“把父慈子孝的特殊亲情置于诚实正直的普遍准则之上”，“为了血缘亲情不惜放弃普遍性的准则规范”，认为儒家伦理中存在着深度的悖论。辩护者则称血缘亲情“是一切正面价值的源头”，“抽掉了特殊亲情，就没有了所谓的儒家伦理准则”，“父子互隐”恰恰有着深度的伦理学根据。这一讨论实际涉及如何看待血缘亲情，以及孔、孟等儒者是如何处理血缘亲情与仁义普遍原则之关系的等一系列问题。对此，学者们已发表了不少高见，澄清了一些问题。但总体上看，该讨论更多是一场“立场之争”，而非“学术之争”。其实对于“亲亲相隐”这一复杂的学术问题，辨明“事实”比做出“评判”更为重要，“立场”应建立在“学术”的基础上。值得注意的是，近年出土的简帛文献中涉及“亲亲相隐”的内容为我们理解这一学术公案提供了重要的材料。我们在此拟结合新出土的材料以及前人的讨论，对“亲亲相隐”章做出客观、全面的解读。

一、《论语》中的“直”与“直在其中”

有关“亲亲相隐”的一段文字见于《论语·子路》，其原文是：

> 叶公语孔子曰：“吾党有直躬者，其父攘羊，而子证之。”孔子曰：“吾党之直者异于是。父为子隐，子为父隐，直在其中矣。”

面对“其父攘羊，而子证之”，孔子的态度如何，或者说面对这样一种尴尬局面，孔子主张如何化解之，其实是个需要分析和说明的问题。这涉及对“直在其中矣”一句中“直”的理解。在《论语》中，直凡二十二见，是一个不为人重视但相对重要的概念，其内涵较为复杂，在不同的语境下有微妙的差异。大致而言，直有率真、真实之意，也指公正、正直。前者发于情，指情感的真实、真诚；后者入于理，指社会的道义和原则，《论语》中有时也称“直道”。直就代表了这样一种由情及理的活动与过程。直与《论语》中的仁、义等其他概念一样，是一个过程性、功能性概念，而非一个实体性概念。

在《论语》中，直有时指坦率、真实，如《论语·公冶长》中称：

> 子曰：“孰谓微生高直？或乞醯焉，乞诸邻而与之。”

邻人前来借醋，或如实相告家中没有，或向别家借来以应乞者之求。这两种做法本身没有是非对错之分，但后一种做法未免委曲做作，不够坦率、真实，有沽名钓誉之嫌，故孔子认为不能算直。这里的直主要不是指正直，不是品质的问题，而是性情的流露，指坦率、真实。微生高为鲁国人，素以直闻，说明其品质正直，能恪守原则。但微生高的直往往生硬、刻板，有惺惺作态之嫌，故孔子对其有所保留。在孔子眼里，直不仅指公正、正直，指乐善好施的品质，同时还指坦率、真实，指真情实感的流露。微生高显然没有做到后一点，孔子对其不满主要在此。

在《论语》中，直有时指率直、爽直，如《论语·泰伯》中称：

> 子曰："狂而不直，侗而不愿，悾悾而不信，吾不知之矣。"

"狂而不直"的直是指率直、爽直。钱穆先生说："狂者多爽直，狂是其病，爽直是其可取。凡人德性未醇，有其病，但同时亦有其可取。今则徒有病而更无可取，则其天性之美已丧，而徒成其恶。"①

在《论语》中，直有时指质朴、耿直，如《论语·阳货》中称：

> 子曰："古者民有三疾，今也或是之亡也。古之狂也肆，今之狂也荡；古之矜也廉，今之矜也忿戾；古之愚也直，今之愚也诈而已矣。"

---

① 钱穆．论语新解．北京：三联书店，2002：227.

“愚也直”的直指质朴、耿直，古代的人愚笨而质朴、耿直，远胜于今人的愚蠢而狡诈。不过，“愚也直”虽然有质朴、耿直的一面，但并非理想状态，而是三种缺点(“三疾”）之一。所以，仅仅质朴、耿直是不够的，还需经过学习的提升、礼乐的节文，使德性、行为上达而符合义，否则便会有偏激、刻薄之嫌。孔子说“好直不好学，其蔽也绞”（《论语·阳货》），又说“直而无礼则绞”（《论语·泰伯》）。绞，急切、偏激之意。邢昺疏：“正人之曲曰直，若好直不好学，则失于讥刺太切。”如果一味率性而为，不注意性情的陶冶，就难免伤及他人，招人厌恶。故说“恶讦以为直者”(《论语·阳货》)。讦，“攻人之阴私也”（《玉篇·言部》)。当面揭露别人的短处、阴私，似乎是耿直敢为的表现，其实是粗鲁无礼，根本不能算直。正确的态度应该是“质直而好义”（《论语·颜渊》)，既有质朴、耿直的本性，又重视义道的节制，发乎情，止乎礼，这才是“达者”所应具有的品质。

由上可知，《论语》中的直也常常指恪守原则，公正、正直，实际是“质直”的“直”（直率、耿直）与“好义”的“义”（道义、原则）的结合，如《论语·卫灵公》中称：

> 子曰:“直哉史鱼！邦有道，如矢；邦无道，如矢。君子哉蘧伯玉！邦有道，则仕；邦无道，则可卷而怀之。”

史鱼，卫国大夫。他以“尸谏”的形式劝卫灵公进贤（蘧伯玉）退不肖（弥子瑕），尽了为臣的职责，获得了“直”的美名。“如矢”，形容史鱼刚正不阿、忠心耿耿、恪尽职守。这里的直不只是指直率、耿直，更是指公正、正直；直主要针对义而言，指直道。

在《论语》中，“直道”凡二见：

> 柳下惠为士师，三黜。人曰：“子未可以去乎?”曰：“直道而事人，焉往而不三黜！枉道而事人，何必去父母之邦!”（《论语·微子》）
>
> 子曰：“吾之于人也，谁毁谁誉？如有所誉者，其有所试矣。斯民也，三代之所以直道而行也。”（《论语·卫灵公》）

前一章中，“直道”与“枉道”相对，直道即公正、正直之道，也就是义道。浊乱之世，不容正直，以直道事人，自然见黜；以枉道事人，又非心之所愿。夫子以柳下惠为喻而感慨系之。后一章中，“斯民”指孔子所赞誉之民，也就是有仁德之民。以往学者释“斯民”为“三代之民”（刘宝楠《论语正义》），或“今此之人也”（朱熹《四书章句集注·论语集注》），“即今世与吾同生之民”①，均不准确。其实《论语》中有一段文字，可与此章对读：

> 子曰：“人之生也直，罔之生也幸而免。”（《论语·雍也》）

“人”读为“仁”，指仁者；“罔”读为“妄”，指妄者，与仁者相对。仁者生存于世，是因为其公正、正直；妄者生存于世，则是因为侥幸而获免。所以，三代之所以直道流行，就是因为

---

① 钱穆．论语新解．北京：三联书店，2002：441.

有这些以直道立身的“斯民”，正是“人能弘道，非道弘人”（《论语·卫灵公》）。因此，直与仁有一定的关系，是仁的一个德目，有仁必有直，而由直也可以实现仁。

> 哀公问曰：“何为则民服？”孔子对曰：“举直错诸枉，则民服；举枉错诸直，则民不服。”（《论语·为政》）
>
> 樊迟退，见子夏曰：“乡也，吾见于夫子而问‘知’，子曰：‘举直错诸枉，能使枉者直。’何谓也？”子夏曰：“富哉言乎！舜有天下，选于众，举皋陶，不仁者远矣；汤有天下，选于众，举伊尹，不仁者远矣。”（《论语·颜渊》）

两章“举直错诸枉”的直都是指直者，即公正、正直之人，如皋陶、伊尹等。若能将正直之人置于枉者之上，则天下兴仁，而“不仁者远矣”。明白了《论语》中的直包含直率、率真，以及公正、正直的含义，那么颇有争议的“以直报怨”问题就容易理解了。

《论语·宪问》中称：

> 或曰：“以德报怨，何如？”子曰：“何以报德？以直报怨，以德报德。”

何谓“以直报怨”？注家曾对此颇感费解。朱熹云：“于其所怨者，爱憎取舍，一以至公而无私，所谓直也。”（《四书章句集注·论语集注》）仅仅以“至公”来理解直，未必能揭示直的真谛。其实直者，真实、率直，情感的自然流露也。别人有恩德于我，自然报之以德；别人加仇怨于我，也应以内心真实的想法和态度回应之。以德报怨表面上似乎温柔敦厚，更有包容性，但因不符合人的本性、常情，故不为孔子所取。然而，若一味宣泄情感，又容易走向极端，发展为“以怨报怨”了。所以，“以直报怨”既肯定“报怨”的合理性，又对其做出种种限制，主张以公正、合理也就是“直”的方式来报怨，直是直道之意。钱穆先生说：“直者直道，公平无私。我虽于彼有私怨，我以公平之直道报之，不因怨而加刻，亦不因怨而反有所加厚，是即直。君子无所往而不以直道行，何为于所怨者而特曲加以私厚?”① 所以，后来儒家在具体的实践中既肯定复仇的合理性，又对复仇的理由、方式、手段等做出种种规定和限制，正是以直报怨的体现。②

综上所论，《论语》中的直在不同语境下的具体内涵有所不同，既指率真、真实，也指公正、正直，兼及情与理，而直作为仁的一个德目，代表了由情及理的实践过程，亦称直道。直的这一特点，与早期儒家重视情感与理性的统一密切相关。郭店竹简《性自命出》云：“苟以其情，虽过不恶；不以其情，虽难不贵。”（第 50 简）如果发自真情，即使有过错也不可恶；如果没有真情，即使做到了难以做到的事情也不可贵。可见情的重要。既然只讲情可能会导致过错，那么正确的方式就应是“始者近情，终者近义”，既发于情，又止于义（理），“知情者能出之，知义者能内（入）之”（第 3～4 简），做到情与理的统一，这一过程就是道，故又说“道始于情”。《性自命出》反

① 钱穆．论语新解．北京：三联书店，2002：408.
② 周天游．古代复仇面面观．西安：陕西人民教育出版社，1992：7－8.

映的是孔子等早期儒家的思想，《论语》中的许多概念都可以从这一角度去理解。如孔子的仁指“亲亲”，也指“泛爱众”（《论语·学而》），仁道就代表了由孝亲到爱人的实践超越过程。仁不是一个实体性概念，而是一个过程性、功能性概念，直也是如此。

搞清楚了直的特点及其含义的微妙差异，我们才有可能对“亲亲相隐”章做出更为准确的解读。首先，此章三次提到直——“直躬”“吾党之直者”“直在其中矣”，但具体内涵有所不同。“直躬”① 之直主要指公正、正直，但直躬只讲理不讲情，故孔子对其有所不满。“吾党之直者”代表了孔子理想中的直，兼及情与理，其直是指直道。② 关键在于“直在其中矣”一句中的直，学者往往将其理解为公正、正直，那么此句就是说“父亲为儿子隐瞒，儿子为父亲隐瞒”是公正、正直的，或体现了一种公正、正直，这显然是不合适的。其实，这里的直是直道的具体表现，是率真、真实之直，而不是公正、正直之直。孔子的意思是说，面对亲人的过错，子女或父母本能、自然的反应往往是为其隐匿，而不是控告、揭发，这一率真、真实的感情就体现在父母与子女的相互隐匿中。因为“亲子之情，发于天性，非外界舆论，及法律之所强”③。故从人

---

① 据刘宝楠《论语正义》：“躬盖名其人，必素以直称者，故称直躬。直举起行，躬举其名。”直躬即名躬的直者。

② 有学者认为，鲁国直者并非孔子的理想，结合“齐一变，至于鲁，鲁一变，至于道”（《论语·雍也》）来看，孔子并不是无条件地认可鲁国直者，而是主张以礼节直。[万光军．礼与直、道与鲁：孔子未必赞成父子互隐．伦理学研究，2009（5）]

③ 蔡元培．中国人的修养．北京：中国画报出版社，2014：32.

情之直出发，自然应亲亲相隐。孔子的这一表述只是对直躬“证父”的回应，而不是对“其父攘羊”整个事件的态度，不等于默认“其父攘羊”的合理性，或对其有意回避，视而不见。因此，如学者所指出的，虽然此章出现了三个直，但叶公、孔子所说直的内涵其实有所不同，叶公是立足于“法的公平性”“法无例外”来说直①，而孔子则从人情之本然恻隐处论直，讲的是人心、人情之直。直“不是法律是非、社会正义的含义”，而“与情感的真诚性有关”②，指发诸情感，未经礼乐规范的率真、真实。这种直虽然为孔子所珍视，但并非最高理想，还有待学习的陶冶、礼乐的节文，以获得进一步的提升，从而由情及理，上达直道。孔子对直躬的不满，主要在于其只讲理不讲情，而孔子则希望兼顾情感与理性这两个方面。从率真、真实的情感出发，孔子肯定“父为子隐，子为父隐”的合理性，但从公正、正直的理性出发，则必须要对“其父攘羊”做出回应。自有私有财产以来，几乎所有的民族都将禁止盗窃列入其道德律令中，勿偷盗几乎是一种共识，孔子自然不会例外，不会认为“其父攘羊”是合理、合法的。只不过由于情景化的表述形式，孔子点到即止，没有对这一重要问题做出说明，留给后人一个谜团，以至于引起种种误解和争议。

---

① 庄耀郎．《论语》论“直”．（台湾）教学与研究，1995（17）.

② 李泽厚．论语今读．合肥：安徽文艺出版社，1998：315.

二、直道的实现：“隐而任之”

幸运的是，近些年地不爱宝，孔子没有谈到的问题在出土文献中被涉及，使我们有可能了解，从维护公正的角度，孔子等早期儒家会对“其父攘羊”之类的问题做出何种回应。2004年公布的《上海博物馆藏战国楚竹书（四）》中有《内礼》一篇，其内容与《大戴礼记》中的《曾子立孝》《曾子事父母》基本相同。据学者研究，《内礼》应是孔门嫡传曾子一派的作品，其内容在一定程度上反映了孔子的思想。《内礼》中称：

> 君子事父母，亡私乐，亡私忧。父母所乐乐之，父母所忧忧之。善则从之，不善则止之；止之而不可，隐而任之，如从己起。（第6、8简）

面对父母的“不善”之行，《内礼》主张“止之”，具体讲，就是要谏诤。照此类推，对于“其父攘羊”，孔子一定也是主张谏诤的。如果说“隐”是一种率然而发的性情之真，是对亲情的保护的话，那么“谏”则是审慎的理性思考，是对社会正义的维护。在孔子等早期儒家看来，这二者实际上应该结合在一起。所以，儒家虽然主张“事亲有隐而无犯”（《礼记·檀弓上》），但却一直把进谏作为事亲的一项重要内容。“子曰：事父母几谏。见志不从，又敬不违，劳而不怨。”（《论语·里仁》）“父有争子，则身不陷于不义。故当不义，则子不可不争于父……从父之令，又焉得为孝乎？”（《孝经·谏诤章》）“父有争子，不行无礼；士有争友，不为不义。”“从道不从君，从义不从父。”（《荀子·子道篇》）因此，不好简单地说，儒家错误地夸大了血缘亲情的地位，为了血缘亲情就无原则地放弃了普遍准则。在重视血缘亲情的同时，儒家对于是非、原则依然予以关注，依然主张通过谏诤来维护社会正义。值得注意的是，儒家对于谏诤的态度呈不断强化的趋势。《论语》中只说“几谏”。几，微也。微谏，即微言讽谏。成书于曾子一派的《孝经》中则说“当不义，则子不可不争于父”。争，读为“诤”，谏诤之意。到了《荀子》，则明确提出“从义不从父”。这说明随着时代的发展，“义”的地位越来越凸显，谏诤的作用也不断被强调。但问题是：若子女的谏诤不被父母接受，应该如何实现直道？应该如何兼顾情与理这两个方面？《内礼》的回答是“隐而任之”。任，当也，即为父母隐匿而自己将责任承担下来。据邢昺疏：“有因而盗曰攘。言因羊来入己家，父即取之，而子言之于失羊之主，证父之盗。”那么，在《内礼》篇作者看来，直躬的根本错误在于，在发现父亲攘羊后，不是为其隐瞒而是主动告发，而正确的态度应是，替父亲隐瞒而自己去承担责任，承认是自己顺手牵羊。这样，情与理得到兼顾，亲情与道义得以并存，是真正的直，是率真、真实与公正、正直的统一，是直道。所以，为了全面反映孔子等早期儒家的思想，不妨在“亲亲相隐”章“父为子隐，子为父隐，直在其中矣”一句后加上一句“隐而任之，则直道也”，这样就能全面、真实地反映孔子等早期儒家对于“其父攘羊”之类行为的原则和态度。

（原载《中原文化研究》2015 年第 6 期）

怎样读《孟子》?

一

《孟子》一书对中国文化史影响至深至著，尤其在独立人格的塑造、士人气节的培养上，恐无其他经典可与之相比。唐宋以来便有学者指出，“求观圣人之道，必自孟子始”（韩愈《送王秀才序》），“孟氏醇乎其醇也”（韩愈《读荀》），“孟子有功于道，为万世之师”（《河南程氏遗书》卷五）。故中国人都应该认真读读《孟子》。读《孟子》，与读其他经典一样，需要借助前人的注疏。关于《孟子》的注疏，可分为两种：一是古人所做，代表性的有东汉赵岐的《孟子章句》、南宋朱熹的《孟子集注》、清代焦循的《孟子正义》等；二是今人所做，如杨伯峻的《孟子译注》、梁涛的《孟子解读》等。对于初学者而言，最好从今人的注疏入手，这主要是因为一代人有一代人之学术，经典本来就是常读常新的。另外，今人的注疏往往综合、吸收了前人的研究成果，在写作方式上又照顾到今人的阅读习惯，从其入手无疑是较为合适的。在今人的著作中，《孟子解读》一书是中国人民大学国学院“经典解读”系列教材中的一本，我研究孟子十余年的心得，最后都汇集在该书中。我在中国港台地区及欧美一些国家访问时，看到一些大学的哲学系、东亚系将拙著列为学生学习的教材、参考书，说明其得到了学界的一定认可，故不揣冒昧，“内举不避亲”，愿意将其推荐给读者。

二

《孟子》一书为孟子晚年与弟子万章等人编订，主要记录了孟子游说诸侯及与时人、弟子的问答，体例上则有意模仿《论语》，往往根据某一主题对内容进行编排，但并不严格。故读《孟子》，除了逐字逐句地细读外，还有两条线索值得关注：一是时间线索，二是思想线索。《孟子》一书主要记载了孟子的思想，但孟子的思想不是书斋中的沉思、玄想，而是在游说诸侯的实践中提出的各种主张，是对一个个具体现实问题的回应。孟子不是冥想的哲学家，而是充满济世情怀的行动者。故读《孟子》，就不能脱离历史，不能抽象地看待孟子的思想，而应结合孟子的生平活动，了解其主张提出的具体情景，想见其精神气质、音容笑貌，这样才可以“知人论世”，真正读懂、理解《孟子》。

谭贞默《孟子编年略》中说：“孟子四十以前，讲学设教；六十以后，归老著书。其传食诸侯当在四十以外。”这大致反映了孟子的生平活动。孟子为邹国人，其游说诸侯应当是从邹穆公开始的。故学者认为，《孟子·梁惠王下》“邹与鲁閧（注：音 hòng，争斗）”章是对孟子早期游说诸侯情况的记录。据该章，邹国与鲁国发生争斗，邹国的长官被打死三十多人，而邹国的百姓却在一旁见死不救。这时孟子在邹国已有了一定的声望和影响，于是穆公便向孟子请教。站在今天的角度看，孟子实际是遇到了“人民为何不爱国”的问题。孟子认为不能以官吏甚至君王代表国家，国家的主体是民众，而非君王、官吏，后孟子提出“民为贵，社稷次之，君为轻”的观点即是对此问题的进一步思考。百姓的冷漠，责任在官吏，邹国的官吏平时缺乏仁爱之心，对百姓的死活不闻不问，现在算是得到了报应。解决民众的“爱国”问题要靠“行仁政”，执政者只有执政为民、造福于民，才能得到民众的支持和拥护。民本、仁政是贯穿孟子一生的核心思想，仔细考察则可以发现，这些思想都是孟子在应对现实问题的过程中逐步形成的。

孟子在邹国附近活动一段时间后，便前往齐国。齐国是当时东方最强大的国家，由于稷下学宫的设立，更是成为战国时期的文化中心。稷下学宫兴办于齐桓公田午之时，后大约经历了一百五十年的历史，中国古代的百家争鸣主要是在齐国稷下学宫进行的。孟子一生曾两次来到齐国，荀子也曾在稷下学宫“三为祭酒”（《史记·孟子荀卿列传》），稷下学宫对古代文化的贡献可谓大矣！孟子第一次到齐国正值齐威王执政，可能由于当时孟子的影响还不够大，《孟子》一书中未见其与齐威王的对话。不过，《告子》篇中所记载孟子与告子的论辩则发生在这一时期，孟子的言论多有不合逻辑之处，是其思想还未成熟的表现。孟子在齐国未得到重视，无法施展抱负，于是前往宋国。孟子到宋国后，发现宋偃王身边多为奸佞小人，只有一位薛居州可称为善士，于是对宋偃王的仁政产生了深深的忧虑。按照孟子的想法，“有不忍人之心，斯有不忍人之政矣”（《孟子·公孙丑上》），仁政的动力在于君王的不忍人之心，而要保证君王能够行仁政，就要在其身边安排大量善士，对其劝诫、进谏，乃至影响、感化，故孟子在一定程度上认识到了规范权力的问题。孟子想规范、引导权力，但可以凭借的力量十分有限，在他那里，“仁政如何可能”是一个没有真正解决的问题。

孟子在宋国活动未果，不过遇到了当时还是太子的滕文公，孟子言必称尧舜，给后来的滕文公留下了深刻印象。不久滕定公去世，滕文公即位，于是派人将已回到邹国的孟子接到滕国，协助其推行仁政，一时在社会上产生了很大反响，不少人闻风而至。不过，孟子虽然有机会得君行道，但滕国只是一个小国，要推行仁政于天下，仅靠其力量是不够的。这时孟子通过滕国的仁政实践已产生较大影响，于是率领弟子，“后车数十乘，从者数百人”（《孟子·滕文公下》），浩浩荡荡来到战国七雄之一的魏国，时年孟子五十余岁。

孟子一到魏国，便受到梁惠王的接见，《孟子》开篇第一章即记录了二人相见的情景：“王曰：‘叟！不远千里而来，亦将有以利吾国乎？’孟子对曰：‘王何必曰利？亦有仁义而已矣。’”由于涉及“义利之辨”，二人一开始便话不投机。除了上面一章，《梁惠王》篇还有四章记录了孟子与梁惠王的对话，都是孟子劝导梁惠王推行仁政。几年后，梁惠王去世，梁襄王即位，孟子“望之不似人君，就之而不见所畏焉”，于是离开魏国前往齐国。孟子第二次到齐国，时值齐宣王执政。《孟子》一书有十余处明确记载了孟子与齐宣王的对话。另外，像著名的“知言养气”章，记载的也是这一时期的事情。孟子初到齐国时，与宣王的关系尚可，二人对话时态度和缓、气氛融洽，如孟子以宣王对牛的不忍人之心启发宣王推行仁政等，但这种局面没有维持很久。公元前 314 年（齐宣王六年），燕国因燕王哙让国而发生内乱，宣王询问孟子：是否应出兵攻取燕国？孟子从民本立场出发，主张“取之而燕民悦，则取之……取之而燕民不悦，则勿取”。孟子的这一看法实际是将人权置于主权之上，是中国古代的人权高于主权论。不过，孟子并不认为任何国家都有讨伐别国的权力，只有“天吏”也就是合法授权者才有资格征伐不道，救民于水火。但是齐国攻占燕国后，不仅不行仁政，反而“杀其父兄，系累其子弟，毁其宗庙，迁其重器”，完全违背了孟子的意愿，站在了燕国民众的对立面。孟子对宣王大为失望，认识到他不是一个仁义之君，言谈中多有批驳、讥讽，常使“王顾左右而言他”。在这种情况下，孟子决心离开齐国。当弟子充虞问是否不愉快时，孟子回答：上天大概还不想平治天下，如果想平治天下，当今之世，除了我还会有谁呢？我为什么不愉快呢？孟子就是怀着这样一种坚定的自信退出了政治舞台。孟子的自信并非某种精神自慰，而是来自这样一种信念：得民心者得天下，历史的发展必将以民心、民意的实现为目的，故政治必须符合人性，只有符合人性、维护人的尊严的政治，才是最有前途的政治；这就决定了王道必定战胜霸道，仁义必定战胜强权；人类政治最终必定回到仁政、王道上来，我的时代尚未到来，若到来，必定是仁政、王道的时代。

概括一下，孟子游历诸侯的经历大致为：在邹国游历（四十岁左右）—第一次到齐国（齐威王执政）—到宋国（宋偃王欲行仁政）—在滕国（滕文公行仁政）—到魏国（梁惠王执政）—第二次到齐国（齐宣王执政）—告老还家，著《孟子》。

三

孟子的思想较为丰富，有所谓三辨之学，即“人禽之辨”“义利之辨”“王霸之辨”。也有当代学者将之概括为仁义论、性善论、养气论、义利论、王霸论等。从思想史的角度看，孟子的贡献是继承了孔子的仁学，对其做了进一步的发展。不过，《孟子》一书为记言体，其对某一主题的论述并不完全集中在一起，而是分散在各章，形成了“有实质体系，而无形式体系”的特点。这就要求我们在阅读《孟子》时要特别注意思想线索，在细读、通读的基础上，根据某一思想主题对分散在各章的论述进行提炼、概括，以做到融会贯通。在研读《孟子》的同时，阅读一些有代表性的学术论文，对理解《孟子》是十分有益的。限于篇幅，这里只对孟子的性善论做一概括性阐述。

据孟子弟子公都子介绍，当时战国流行的人性论主要有三种，分别是“性无善无不善”说（告子）、“性可以为善，可以为不善”说（无名氏）与“有性善，有性不善”说（无名氏）。以上观点虽有不同，但有一共同特点，都将“性”看作为一客观对象、事实，根据性的种种具体表现，对其做经验性的描述、概括，类似一种科学实证的研究方法。对于以上言性方式，孟子虽然并不一概反对，但认为其只是对性的一种外在描述、概括，不足以突出人的道德主体性，无法确立人生的信念和目标，不能给人以精神指导，更不能安顿生命，满足人的终极关怀。故孟子言性，不采取以上方式，而是另辟蹊径，提出了他对人性的独特理解。孟子说：“口之于味也，目之于色也，耳之于声也，鼻之于臭也，四肢之于安佚也，性也，有命焉，君子不谓性也。”（《孟子·尽心下》）孟子承认“口之于味”“目之于色”等事实上也是一种性，但又认为君子并不将其看作性。前面的“性也”是一个事实判断，后面的“不谓性也”则是一个价值判断。孟子又认为，仁、义、礼、智的实现，虽然一定程度上也要受到命的限制，但“有性焉，君子不谓命也”（同上）。这里的“不谓命也”，同样是一个价值判断。因此，孟子的性善论实际是以善为性论，因为“把善看作性”与“性是善的”是同义反复，实际是一致的。孟子性善论的核心并不在于人性为什么是善的，而在于人性中是否有善，以及为什么要将善看作人真正的性。孟子正是顺着这样的思路，对其性善论做了论证和说明。但其论述分散在不同章节，这就要求我们以思想为线索，对孟子的相关论述做到融会贯通，进入孟子思想的深处，真正读懂《孟子》、理解《孟子》。以往学者将孟子的性善论理解为“孟子认为人性是善的”，实际上《孟子》一书中只说“孟子道性善”、“言性善”，而后者不能等同于“人性是善的”。如果一定要用命题来表述的话，也应表述为：人皆有善性，人应当以此善性为性，人的价值与意义即在于充分扩充、实现自己的性。

（原载《中华读书报》2015 年 7 月 15 日）

孟子的以善为性论

如何理解孟子的性善论，是在学习中国思想史，尤其是在研读《孟子》时首先会遇到的问题。对于这一问题，历史上存在种种不同的解读，比较流行的说法是“人之初，性本善”（《三字经》），认为所谓性善乃是指人的本初、初始状态，人生下来时性是善的，后天受到习染则可能会变得不善。还有一种解读是将孟子的性善论概括为孟子认为人性是善的，如东汉王充说：“孟子作《性善》之篇，以为‘人性皆善，及其不善，物乱之也’。”（《论衡·本性》）但人性是善的或“人性皆善”是一个直言判断，是说人性的内容及表现都是善的，这显然与我们对人性的观察不符，这种观点在经验世界中是根本不能成立的。为了解决这一问题，宋代理学家提出了一种新的思路，他们将性分为天理之性与气质之性，前者是形而上的、超越的，后者是形而下的、经验的，所谓性善是针对天理之性而言，至于气质之性则是有善有恶。这样，孟子所说的性善就是一个形而上的概念，不能根据经验来理解。到了当代，关于孟子性善论的争论仍一直存在，比较有影响的是台湾学者提出的

"人性向善论"。这种观点注意到孟子所说的善性主要是指善端，善端有一个成长、发展的过程，故认为孟子不是主张性本善，而是主张性向善。但也有学者对此提出了质疑：说性向善，就等于承认善不是在性之中，而是在性之外，这实际是孟子所批判的"义外"说，与孟子主张的"义内"说正好相反。于是，他们认为与其说孟子的人性论是性向善，不如说是性善向，即性中有善，善规定了性的发展方向。凡此种种，不一而足。

一、孟子之前人们对性的理解

笔者认为，要真正理解孟子的性善论，解开孟子性善之谜，就应回到孟子的内在理路，以孟解孟，用孟子自己的思路来理解孟子的性善论。要做到这一点，首先要注意到，孟子在人性论问题上，不仅观点与以往有所不同，更重要的是，其论性方式是对以往方式的一种超越。在《孟子·告子上》中，孟子弟子公都子列举了孟子之前的三种不同人性观点，分别是：

> 性无善无不善。（告子）
>
> 性可以为善，可以为不善。（无名氏）
>
> 有性善，有性不善。（无名氏）

第一种观点即告子认为"食色，性也"，食色无所谓善恶，故"性无善无不善"。第二种观点着眼于人性与环境的关系，"是故文武兴，则民好善，幽厉兴，则民好暴"。当有明君圣主出现时，人们就会为善，反之就会走向反面，所以认为"性可以为善，可以为不善”。第三种观点注意到人性的善恶不完全是环境的产物，还有个体间的差别，“是故以尧为君而有象，以瞽瞍为父而有舜”。即使有尧这样的明君，依然会有象，即使有瞽叟这样的糊涂父亲，依然会出现舜，而且舜和象还是一个家庭中的兄弟，所以只能说有的人性善，有的人性不善。以上三种观点虽然结论不同，但讨论人性的方式是一致的，即它们都是把性看作一客观对象，对其进行概括和归纳，类似今天科学实证的研究方法，只是因为观察角度和选择“样本”不同，故结论有所不同。从内涵来看，人性指人所具有之性；从外延来看，人性包括了古往今来所有人之性，想要对其做出完全的归纳是不可能的，出现分歧是必然的。更重要的是，这种讨论人性的方式，只是对“性”的一种外在概括和描述，不足以突出人的道德主体性，无法确立人生的信念和目标，不能给人以精神方面的指导，更不能安顿生命，满足人的终极关怀。我们难道认识到了人性会受到环境的影响，便根据环境的好坏而选择做君子或小人吗？恰恰相反，古往今来，人们推崇的是举世皆浊我独清，众人皆醉我独醒，认为唯有如此，才能显现人的价值与尊严。所以，孟子论性，不取以上思路，而是另辟蹊径，提出了他对善和性的独特理解。

二、孟子性善论是以善为性论

在孟子之前，善作为一个名词，往往指善人、善事、善行等。善人、善事、善行之所以被称为“善”，乃是因为其符合民众的一般认识，可以将这种善定义为“人与人之间适当关系之实现”。它反映的显然是社会的外在标准。在孟子之前，人们谈论人性善恶，是以这种外在标准为标准，凡符合这一标准者即为善，不符合这一标准者即为不善。孟子论善与此有所不同，孟子关于善有两个规定和说明。第一个规定和说明是：“可欲之谓善”（《孟子・尽心下》）。“可欲”，也就是可欲求、可求，是孟子特有的概念。要了解什么是“可欲之谓善”，首先要了解什么是“可欲”。对此，孟子有明确的说明：

> 孟子曰：“求则得之，舍则失之，是求有益于得也，求之在我者也；求之有道，得之有命，是求无益于得也，求之在外者也。”（《孟子・尽心上》）

孟子区分了两种“求”：“求之在我者”与“求之在外者”。前者是由我控制、决定的，得与不得完全取决于我，所以是可求的；后者则不是由我控制、掌握的，得与不得受到“道”和“命”的限制，所以是不可求的。那么，什么是“可求”的，什么又是“不可求”的？孟子对此亦有说明：

> 口之于味也，目之于色也，耳之于声也，鼻之于臭也，四肢之于安佚也，性也，有命焉，君子不谓性也。仁之于父子也，义之于君臣也，礼之于宾主也，知之于贤者也，圣人之于天道也，命也，有性焉，君子不谓命也。（《孟子・尽心下》）

嘴巴想吃好吃的，眼睛想看美女、帅哥，耳朵想听好听的，鼻子想闻好闻的，四肢贪图安逸，这些声色欲望、感性欲求，虽然也是性，是人生而具有的，但能否实现，有命的限定，例如，想吃好的，但如果没有钱就吃不到，喜欢别人，但如果别人不喜欢你，愿望就会落空，所以有更高道德追求的人不将其看作性。与此不同，父子之间做到仁，君臣之间做到义，宾主之间做到礼，等等，虽然在一定程度上也有命的限定，如环境对个人成长的影响，但由于人有意志自由，成为君子还是成为小人完全取决于自己，所以君子不将其看作命，而是看作性。由此可见，孟子认为，声色耳目之欲，能否实现不是我们可以控制的，因而是不可欲、不可求的，而恻隐、羞恶、辞让、是非之心或仁、义、礼、智，能否实现则完全取决于我们自己，是可欲、可求的，因而是善的。故“可欲之谓善”实际是说，不受外在条件的限制，能充分体现人的意志自由，完全可以由人自己欲求、控制、掌握的，即是善。这种善当然只存在于道德实践领域，具体讲，就是人生而具有的恻隐、羞恶、辞让、是非之心或仁、义、礼、智。

孟子关于善的第二个规定和说明是：“乃若其情，则可以为善矣，乃所谓善也。”（《孟子·告子上》）“乃若”，至于的意思。“其”，从下文来看，是指恻隐、羞恶、辞让、是非之心。“情”，并非指情感，而是指情实，实际情况的意思。这句话中出现了两个善，前一个善是名词，指具体的善行，如看到小孩要掉入井里了，必生“怵惕恻隐之心”（《孟子·公孙丑上》），而援之以手，看到长者会产生恭敬之心，为其“折枝”，也就是行礼。后一个善是形容词，是对善的评价和判断。故这句话是说，至于恻隐、羞恶、恭敬、是非之心的实情，可以表现为具体的善行，就可以说是善的。

可以看到，孟子关于善的两个规定和说明是密切相关的："可欲之谓善"是就内在禀赋而言，是说内在的恻隐、羞恶、辞让、是非之心或仁、义、礼、智是可欲、可求的，因而是善的；"乃若其情，则可以为善矣，乃所谓善也"是就功能、作用而言，是说内在的恻隐、羞恶、辞让、是非之心可以表现为具体的善行，就是所谓的善。但是孟子只强调"可以"，认为只要"可以为善"就算是善；假如因为种种原因而没有表现为善，仍不影响内在禀赋本身为善。这里，"可以"是"能"的意思，表示一种能力。孟子的善可定义为：己之道德禀赋及己与他人适当关系的实现。它反映的是主体自主、自觉的内在标准，与在孟子之前人们表达外在标准的善显然有着根本性的区别。

孟子对善的理解与前人有所不同，对性的看法也与前人有不一致之处。在孟子之前，人们往往把性看作客观对象，对其做经验的概括和描述。孟子论性则不然，他实际将性做了事实与价值的区分。从前引《孟子·尽心下》中的一段文字可知，孟子亦承认"口之于味""目之于色""耳之于声""鼻之于臭""四肢之于安佚"事实上也是一种性，但又认为君子不应将其看作性。这里前一个"性也"，是一个事实判断，表明"口之于味"等感性欲望事实上也是性；后面的"不谓性也"，则是一个价值判断，认为君子不应将其看作性。孟子又提出，仁、义、礼、智的实现，虽然在一定程度上也要受到命的限制，但"有性焉，君子不谓命也"。这里的"不谓命也"，同样是一个价值判断。也就是说，在事实层面，孟子认为人的性至少包括两个方面，即感性欲望和仁、义、礼、智。但在价值层面，孟子则强调应该把后者而不是前者，即把仁、义、礼、智而不是感性欲望看作性。所谓“君子不谓性也”“君子不谓命也”，正是就此而言。这样看来，孟子的性善论实际可以理解为以善为性论，因为把善看作性，所以人性必然是善的，二者是同义反复，实际是一致的。理解孟子性善论的难点，不在于人性为什么是善的，而在于人是否有善性，以及为什么要把善性看作性，而不把其他部分看作性。孟子提出性善论，实际是从这一思路展开论述的。

三、孟子论人有善性

既然孟子的性善论是以善为性论，那么他就要首先说明人皆有善性。对于这个问题，他主要从两个方面进行了论证。首先，从超越的层面，孟子肯定人的善性来自天的赋予。孟子曾引《诗经》曰：“天生蒸民，有物有则。民之秉彝，好是懿德。”（《孟子·告子上》）此诗的本义并不是讲性善，但孟子既然引用此诗来说明性善，自然就不应从诗的本义去理解，而应从孟子的引用义去理解。按照孟子的理解，以上诗句是说，天降生众民，赋予其善性，有一事必有一事之法则；民既然秉持其善性，就必喜好这美德。故在孟子看来，善性来自天，是天的赋予。在孟子时代，人们认为天具有道德属性，所谓“诚者，天之道也”，而人的性又是天的赋予，所谓“天命之谓性”

(《中庸》),这样人人便生而具有善性了。不过,今人眼里的天往往是自然之天,是物理学意义上的天,与孟子时代大不相同,故今人对于天赋予人善性会感到不好理解。但这并不影响对孟子性善论的理解,因为孟子强调天赋予人善性是一个超越的命题,而不是一个知识的命题,其反映的是理性的事实,而不是经验的事实。

其次,孟子在溯源于天,肯定善有形上、超越的源头之后,又强调人有善性亦有事实的根据,可以在经验世界中得到显现与证明。

> 孟子曰:“人皆有不忍人之心。……所以谓人皆有不忍人之心者:今人乍见孺子将入于井,皆有怵惕恻隐之心;非所以内交于孺子之父母也,非所以要誉于乡党朋友也,非恶其声而然也。由是观之,无恻隐之心,非人也;无羞恶之心,非人也;无辞让之心,非人也;无是非之心,非人也。”(《孟子·公孙丑上》)

以上文字常常被学者看作孟子对性善的证明,此乃大误。人性善是对人性的全称判断,是说人性的全部内容及表现都是善的,这显然是不能靠有限的举例来证明的,若举人性可以为善之例来证明性善,那同样可以举人性可以为不善之例来证明性恶。你若举雷锋助人为乐来证明人性善,那别人也可以举盗贼偷人财物来证明人性恶;你若举梁山伯与祝英台对爱情忠贞不渝来证明人性善,那别人也可以举潘金莲与西门庆勾搭成奸、毒害亲夫来证明人性恶。这样的举例是无限的,对于证明性善实际没有任何意义。其实,以上孟子的论述只是要证明“人皆有不忍人之心”，也就是人皆有善性，而人皆有善性与人性是善的虽有联系，但所指显然是不同的。人皆有善性是说人性中皆有善的品质和禀赋，人皆有为善的能力，但不排除人性中还有其他内容，所以即使为不善，也不能否认善性的存在。人皆有善性当然也不可以通过有限的举例来证明，但由于它近乎一种事实，所以实际上是任何人都难以否认的，孟子只需举出“今人乍见孺子将入于井”这一特殊事例，就可以说明人确有本心、良心或善性的存在。一个人的善行无非两种：一是发自内，是本心、良心的呈现；二是来自外，是为了达到某种世俗、现实的目的。前者是真正的善，由具体的善行可以反推它一定有内在的根源、根据，也就是善性的存在；后者虽符合人们对善的一般理解，但道德力量却大打折扣，不属于孟子所理解的善。孟子所说的“怵惕恻隐之心”，是在“乍见”“孺子将入于井”，也就是在没有任何目的、没有任何预期的心理状态下突然发生的；它显然是发自内，而不是来自外；是发自“不忍人之心”、内在善性，而不是出于外在世俗目的，不是为了讨好孩子的父母，不是为了邀取乡党的美誉，也不是因为讨厌孩子的哭哭啼啼。所以，“怵惕恻隐之心”的显现最足以说明人确有“不忍人之心”，也就是内在善性的存在。孟子举出此例，其用意在于使每个人都可以置身其中、设身处地，反省到自己亦必生“怵惕恻隐之心”，并援之以手，更进一步反省到自己以往生活中亦有过众多类似的经历，从而洞见到内在善性的存在。的确，任何人在其生活中都会有本心、良心的呈现，这恐怕是谁也否定不了的。既然否定不了，那就应该承认人确实皆有善性。假如有人认为自己确实从未产生过同情心、羞恶心、是非心、恭敬心，那么孟子的回答是“非人也”，认为他已不是严格意义上的人，故不在讨论范围内。

四、人应当以善性为真正的性

在肯定了人皆有善性后，孟子需要进一步说明，为什么要把善性看作真正的性。对此，孟子又从“人禽之辨”“性命之分”“大体小体之别”三个方面做了论证。我们在此主要介绍第一、第三方面。

先看“人禽之辨”：

> 孟子曰：“人之所以异于禽兽者几希；庶民去之，君子存之。舜明于庶物，察于人伦，由仁义行，非行仁义也。”(《孟子·离娄下》)

“几”，微也；“希”，少也。“几希”，一点点。孟子认为人不同于禽兽的地方只有一点点，反过来说，人同于禽兽的地方有很多。故理解人性只能从人不同于禽兽的地方入手，而不能把人与禽兽相同的地方看作性，最多只能将之看作兽性。在现实生活中，谁都不愿意被骂为、被等同为禽兽，这最清楚不过地说明了人具有不同于、高于禽兽的特性，这些特性才是人之为人之所在，才显现出人之为人的价值与尊严。所以，如果不把“性”看作对生命活动、生理现象的客观描述，而是看作凸显人的主体性、能动性，确立人的价值与尊严的概念，那么，当然就应以人之不同于禽兽的特性也就是仁、义、礼、智为性，而不应以人与禽兽都具有的自然本能、生理欲望为性。

再看“大体小体之别”。孟子弟子公都子曾经问：同样是人，为什么有的人成了有德的大人，有的人成了无德的小人？孟子认为，这是因为人有“大体”“小体”的区别，“从其大体为大人，从其小体为小人”（《孟子·告子上》）。孟子分析了为什么有人会从其大体，有人会从其小体：

> 耳目之官不思，而蔽于物。物交物，则引之而已矣。心之官则思，思则得之，不思则不得也。此天之所与我者。先立乎其大者，则其小者弗能夺也。此为大人而已矣。（《孟子·告子上》）

“小体”指“耳目之官”，“大体”则指“心之官”，二者具有不同的性质与作用。“耳目之官”不能“思”，也就是不具有自主性、能动性，只能以外物的作用为作用，故其在与外物接触时便会受到遮蔽与引诱。“心之官”则不同，它可以“思”，此“思”为反思，为逆觉体证，故“心之官”一方面会受到外物的干扰、引诱，另一方面又可以通过“思”而反求诸己，发现“天之所与我”的仁、义、礼、智，具有自主性、能动性。因此，只要首先将心中的仁义确立起来，耳目之欲就不会扰乱、夺取它，这样便成了有德的大人、君子。既然“大体”“心之官”能“思”，具有自主性、能动性，其仁义来自天的赋予，反映了人的内在本质，“小体”“耳目之官”不能“思”，不具有自主性、能动性，其耳目之欲来自外物的作用，不能反映人的自由意志，那么，自然就应将“心之官”所具有的仁义也就是善性看作性，而不应将“耳目之官”所产生的耳目之欲看作性。

五、以善为性的价值与意义

孟子以善为性，虽然是一种价值选择、价值判断，但并非没有事实作为依据，并非没有充分的理由与根据。孟子以善为性，也并非只是出于自我论证的需要，而是具有重要的思想意义。因为孟子“道性善”，本身就不在于对性做客观的描述与分析，而在于将性看作人之为人之所在，通过对性的反省、自觉，确立人生信念，安顿精神生命，实现终极关怀，故孟子又从“天爵、人爵”、人格平等、人生之乐、“尽心、知性、知天”几个方面进一步说明了性善对人之存在的价值与意义。

1.“天爵、人爵”。人生在世，其价值与意义何在？除了权势、地位这些世俗的价值外，还有没有一种更为根本、更能体现人之为人的价值存在？孟子通过“天爵、人爵”对此做了回答：

> 孟子曰：“有天爵者，有人爵者。仁义忠信，乐善不倦，此天爵也。公卿大夫，此人爵也。古之人修其天爵，而人爵从之。今之人修其天爵，以要人爵；既得人爵，而弃其天爵，则惑之甚者也，终亦必亡而已矣。”（《孟子·告子上》）

“人爵”指“公卿大夫”，即现实中的权势、地位；“天爵”指“仁义忠信，乐善不倦”，即内在的善性和对此善性的自觉、喜好。天爵的“天”有二义，一是指尊贵，二是指“此天之所与我也”，故天爵具有超越的来源，高于现实的人爵。古代的人将天爵置于人爵之上，“修其天爵，而人爵从之”，体现了天爵、人爵的价值秩序；而今天的人修其天爵是为了获取人爵，获取了人爵后便抛弃了天爵，完全违背了天爵高于人爵的价值原则。所以，在孟子看来，人的价值与意义不在于权势、地位，而在于善性、德性。人爵只有少数人可以获得，而天爵则是人人都具有的，是天对我们每一个人的赋予，这就保证了每个人都有与生俱来的价值与尊严，都有实现其价值与尊严的可能，从而确立起人生的信念与方向。

2. 人格平等。在现实中，人与人之间是不完全平等的，这便是人爵得以产生的原因；但在不平等的现实面前，人们一直没有放弃对平等的向往与追求，所以古往今来许多思想家对平等做出了深入思考与理论探讨。在儒家内部，首先对平等问题做出思考的是孟子。孟子肯定人格平等建立在对“性善”论的信仰之上。

> 成瞯谓齐景公曰：“彼丈夫也，我丈夫也，吾何畏彼哉！”颜渊曰：“舜何人也，予何人也，有为者亦若是！”(《孟子·滕文公上》)
>
> 孟子曰：“说大人，则藐之，勿视其巍巍然。堂高数仞，榱题数尺，我得志，弗为也。食前方丈，侍妾数百人，我得志，弗为也。般乐饮酒，驱骋田猎，后车千乘，我得志，弗为也。在彼者，皆我所不为也；在我者，皆古之制也，吾何畏彼哉?”(《孟子·尽心下》)

孟子将善性看作人的价值与意义之所在，而善性又是天平等地赋予我们每一个人的，只要扩充、培养我们的善性，“人皆可以为尧舜”（《孟子·告子下》），这样便从根本上保障了人人平等的可能。虽然“夫物之不齐，物之情也”（《孟子·滕文公上》），人与人之间存在能力、才智的差别，存在财富、地位甚至阶级的不平等，但人与人在人格上是绝对平等的。现实中的达官贵人往往以堂屋之高、饮食之美、饮酒纵欲和驰骋田猎之乐炫耀于世，以显示他们的特殊与尊贵，然而这些“皆我所不为也”，不是我所追求的；我所追求的是充分实现自己的善性，是成为尧舜那样的圣人。我的所作所为符合古代的理想之制，符合天爵高于人爵的价值秩序，所以即使面对在财富、地位上优于我的达官显贵，我也无所畏惧，依然可以获得一种平等感。孟子的人格平等是一种内在平等，一种精神上的平等，不同于法律、制度上的外在平等，近代以来的法律面前人人平等，但可以转化为追求外在平等的精神动力，可以为法律、制度上的平等提供精神、信仰上的支持。

3. 人生之乐。性善论不仅保证了人格的平等，同时还使我们获得人生之乐，这是孟子向我们揭示的人性中最神奇、最奥妙之处。

> 孟子曰：“乐（注：音 yuè）之实，乐（注：音 lè）斯二者（注：指仁、义），乐则生矣；生则恶可已也，恶可已，则不知足之蹈之，手之舞之。”（《孟子·离娄上》）
>
> 孟子曰：“反身而诚，乐莫大焉。”（《孟子·尽心上》）
>
> 君子所性，仁义礼智根于心，其生色也睟然，见于面，盎于背，施于四体，四体不言而喻。（同上）

人们都有这样的经验，即在积极行善时总能感到一种“乐”，这种“乐”油然而生，情不自禁，“不知足之蹈之，手之舞之”。这最能说明善才是人真正的性，虽然成为君子、善人还需经过后天的努力，但成为君子、善人是符合人本性的，是扩充、实现善性的结果，用孟子的比喻，是“顺杞柳之性而以为桮棬”（《孟子·告子上》）；相反，为恶则会戕害人性，使人感到不自然、不快乐，成为小人、恶人，结果只能是“戕贼杞柳而后以为桮棬”（同上）。这样的例子在现实生活中比比皆是，如一个人做坏事，内心会扭曲，人格无法得到健康发展。现代心理学也证明，人积极行善，处在友善的环境中，往往有利于生理、心理的健康发展；相反，若处在猜疑、敌视的环境中，则会出现心理失调、发育缓慢等不良后果。这些都说明，人生之乐、人生的价值与意义，只有在扩充、实现人的善性中才能获得，才能实现，一味追求食色欲望并由此而为恶是不符合人性的，不可能得到真正的人生之乐，不可能实现人生的价值与意义。

4.“尽心、知性、知天”。人生活在世界上，不仅要面对人与人的关系，同时还要面对人与超越者——在儒家这里是天——的关系，存在着“天道性命相贯通”的问题，后者涉及人生信仰、终极关怀等一系列问题，对人之存在具有更为根本的意义。孟子“道性善”亦包括对这些问题的理解与思考。“孟子曰：‘尽其心者，知其性也，知其性，则知天矣。存其心，养其性，所以事天也。’”（《孟子·尽心上》）在孟子这里，天虽然是超越者，但不是外在于人发号施令，而是内在于人之中，赋予人心与性。所以，扩充我们的心，实现我们的性，便可理解天，理解天的意志之所在。同样，保存我们的心，养护我们的性，便是在侍奉天，是在尽我们的“天职”。这样，扩充、完成我们的善性便不仅是一种伦理活动，同时还是对超越者——天的回应，这种回应反过来又塑造了我们的日常生活，赋予我们存在的终极意义，使我们在“上下与天地同流”（《孟子·尽心上》）的精神活动中感受到自身的价值与尊严，意识到自己的职责与使命，产生“富贵不能淫，贫贱不能移，威武不能屈”（《孟子·滕文公下》）的坚定信念。所以，孟子“道性善”虽然是一种人性论，但同时还关涉与超越者——天的关系，是在天人关系的维度下展开的。可以说，孟子通过肯定性善保证了天与人的内在联系，使人与天的沟通、交流成为可能，从而为解决人生信仰、实现终极关怀提供了一个独特的进路，其“性善”论又具有宗教性的功能与作用。

综合以上论述，孟子“道性善”应表述为：人皆有善性，人应当以此善性为性，人的价值与意义即在于充分扩充、实现自己的性。人的善性就像种子，须得耕耘和呵护才能最终长成树木和谷物，实现自身的潜能和价值。

以上所论便是孟子“道性善”的基本内容，包括了孟子对人性的内容与作用、人的价值与意义、人的终极关怀等一系列问题的思考。人们之所以感到孟子的性善论不好理解，并产生种种误解，其中一个原因便是没有从孟子自身的理路出发，没有用孟子的思维方式来思考问题，而是将后人的思维带入了其中。例如，很多学者将“孟子道性善”理解为“孟子认为人性是善的”，实际上《孟子》一书中只说“孟子道性善”、“言性善”，而“道性善”“言性善”是宣传、言说关于性善的一种学说、理论，不能直接等同于“人性是善的”。“人性是善的”是一个命题，是对人性的直言判断；而“性善”则是孟子对人性的一种独特理解，是孟子基于自己的特殊生活经历而得出的一种智慧，是一种意味深长、富有启发意义的道理。理解孟子的性善论，固然要重视孟子提出的种种理由与根据，但更为重要的则是要对孟子“道性善”的深刻意蕴有一种“觉悟”，而这种深刻意蕴绝不是“人性是善的”这样一个命题所能表达得了的。如果一定要用命题来表述的话，孟子“道性善”也应表述为：人皆有善性，人应当以此善性为性，人的价值与意义即在于充分扩充、实现自己的性。

所以，孟子“道性善”并非提出了一种人性假说或理论预设，而是发现了人性中的一个基本“真理”，即“恻隐之心，人皆有之；羞恶之心，人皆有之；……”，也就是人皆有善性，并进一步指出人只有扩充、实现自己的善性，才能获得人的价值与尊严，才能获得人格平等，才能获得人生之乐，才能实现“尽心、知性、知天”的终极关怀，从而确立起人生的目标与方向。孟子“道性善”为中国人提供了基本的生活“样式”，在思想史上产生了深远影响。故唐宋以来，不断有学者称赞孟子“道性善”“功不在禹下”。为什么孟子提出性善论可以与大禹治水相提并论呢？因为大禹治理的是自然界的洪水，孟子治理的是人心的洪水，所以“求观圣人之道，必自孟子始”，“孟氏醇乎其醇也”，孟子的性善论对中国文化的影响深且大矣！

（原载《学习时报》2019 年 11 月 8 日，原题为《如何真正读懂孟子的性善论》）

《孟子》“天下之言性”章与孟子性善论

“天下之言性”章是《孟子》中很重要的一章，但向来被认为难解，历史上学者的解读往往大相径庭。此章难解，就在于以“故”释“性”，认为“天下之言性也，故而已矣”。天下人如此言性，孟子无论接受还是反对，反过来对于理解孟子的人性论都有着重要意义，这是毫无疑问的。然而近代以来，孟子研究虽然一直备受关注，相关论文、专著汗牛充栋，但罕见利用此章讨论孟子人性论者，这不能不说是一个遗憾。究其原因，就在于此章的主旨难以把握，学者无奈，只好忍痛割爱。十余年前，我在研究郭店竹简与思孟学派时，注意到《性自命出》中有一段讨论“故”与“性”的文字，于是突发灵感：是否可以结合《性自命出》来讨论《孟子》“天下之言性”章？经过反复思考，最终写成《竹简〈性自命出〉与〈孟子〉“天下之言性”章》一文。当时正好清华大学与台湾辅仁大学联合举办了一个出土文献的会议，于是我就在会议上宣读了这篇论文，时间应该是 2002 年上半年。没有想到的是，我的发言在会场上竟引起了激烈争论，有学者称赞我利用竹简释《孟子》，很有新意，但几位研究古文字的学者则对文中“故”字的释读提出了异议。当时裘锡圭先生也在场，但他并没有发言，只是静静地听完了大家的讨论。不久裘锡圭先生写出了《由郭店简〈性自命出〉的“室性者故也”说到〈孟子〉的“天下之言性也”章》一文，在2003年香港中文大学举办的古文字会议上做了宣读。[①] 裘先生首先肯定我联系《性自命出》解读《孟子》“天下之言性”章的想法，认为我将“故”释为“有意识、有目的的行为”非常正确、很有见地，但又指出我论述中有一些不严谨之处；同时利用其深厚的文字学功底，对“故”字的各种用法做了详尽考察。读裘文后，我眼界大开，想不到一个小小的“故”字竟然蕴含这么深的学问。我特别愿意向学者尤其是研究哲学史、思想史的学者推荐裘先生的这篇文章，从中不仅可以了解裘先生的治学风格，而且可以得到很好的文字训诂训练。拙文完成后，由于受到学者的质疑，我只好将其放置于一边，甚至一度想到放弃。读裘先生的文章后，我重新燃起了研究、探索的热情，于是捡起旧文，再次对“故”与“性”做了考察和思考，发现裘先生虽然对“故”字做了详尽考释，但却遗漏了“故”之积习、习惯的含义。《庄子·达生》：“吾生于陵而安于陵，故也；长于水而安于水，性也；不知吾所以然而然，命也。”这里的“故”就做积习、习惯讲，而这一层含义才是《孟子》“天下之言性”章中“故”字的本义之所在。“天下之言性者，则故而已矣”，意思是说，天下人所说的性，

---

① 此文后收入：裘锡圭．中国出土古文献十讲．上海：复旦大学出版社，2004：260－276。

不过是积习、习惯而已。这是孟子对当时人们观点的概括，而孟子主张“故者以利为本”（《孟子·离娄下》），积习、习惯的培养需要以顺从人的本性为根本。人的本性在孟子看来就是四端之心，就是仁、义、礼、智，这与孟子主张“顺杞柳之性而以为桮棬”（《孟子·告子上》），反对拔苗助长、一曝十寒的思想是一致的。所以，孟子虽然主张性善，但并不反对后天对性的扩充、完善，认为关键是要“以利为本”。搞清了“故”字的含义和孟子所要表达的人性论思想，我对前一文又做了修订和完善，并将之发表于《中国哲学史》2004 年第 4 期，后收入《郭店竹简与思孟学派》一书。故我关于《孟子》“天下之言性”章的讨论前后实际写过两稿，从初稿到正式发表则经过了两年之久。

拙文发表后，我觉得此问题可以暂时告一段落，于是便转向了对其他问题的研究，但围绕“天下之言性”章的讨论似乎并没有结束，仍不断有学者介入。2014 年在山东邹城举办的孟子国际学术会议上，竟然有几位学者的论文都是讨论这一问题，并且看法与我不同。不过我当时忙于会务，没有做出回应。大约半年前，成都的周一飞先生告知，他在阅读《孟子》时发现我对“天下之言性”章的解读与杨伯峻先生的解读竟然大相径庭，感到十分震惊，甚为不解。我说关于这个问题，学界是有过争论的，裘锡圭先生和我都发表过论文。一飞于是去网上检索，并整理出一个详细的目录，这时我才知道，学界讨论“天下之言性”章的文章竟然已有十多篇，而且好像仍有不断延续之势。仔细阅读这些文章后，我仍然相信自己的观点，但在对"故"的训释上有了一些新的想法。"天下之言性"章首尾各出现一次"故"字。章首是："天下之言性也，故而已矣。"章末是："天之高也，星辰之远也，苟求其故，千岁之日至，可坐而致也。"这两个"故"字的含义应该是一致的，或者至少是相似的。前一个"故"我释为积习、习惯，而后一个"故"一般认为是指星辰运行的规律。这样，两个"故"字就没有真正统一起来，留下了疑点和瑕疵。我现在的想法是，在古人那里，星辰的运行规律就是习惯，星辰周而复始地运行，不就是习惯吗？所以，两个"故"字还是可以统一的。今年拙作《郭店竹简与思孟学派》由北京师范大学出版社再版，我对"故"字的解释做了修订，算是我最新的想法。考虑到学界围绕出土文献与《孟子》"天下之言性"章已有这么多讨论，而且这些讨论多少都与我有关，由我的文章所引起，故我从已有的文章中选出十三篇，同时附上历代学者关于该章的注释或讨论，一并结集出版，算是对以往讨论的总结，同时也为今后继续关注此问题的学者提供一份详尽的资料。至于学者们关于"天下之言性"章的不同看法和理解，此书所收入的林桂臻等人的文章中有详细的概括和总结，这里就不再赘述。

关于《孟子》"天下之言性"章的讨论，还有两件事印象颇深，写出来与大家分享。我撰写拙文时，注意到台湾"中央研究院"的黄彰健先生曾写过一篇题为《释孟子"天下之言性也故而已矣"章》的文章，收入其所著《经学理学文存》①，

---

① 黄彰健．释孟子"天下之言性也故而已矣"章//经学理学文存．台北：台湾商务印书馆，1976.

这是我当时知道的唯一一篇同类主题的文章。但我查遍了北京各大图书馆，均未找到黄著，国家图书馆的书目中虽有该书，但却找不到书了。正在遗憾和无奈之时，黄彰健先生受中国社会科学院历史研究所之邀来北京访问讲学了。欣喜中我赶紧去向黄先生求助，黄先生说此次来访专门带了自己的著作，可以赠送给我。在黄先生所住的宾馆，我不仅拿到了寻找已久的黄著，还听黄先生介绍，他当年写作该文，是因为看到了傅斯年先生的《性命古训辨证》。傅斯年先生虽然试图将先秦典籍中各种论性的文字搜罗殆尽，但却恰恰遗漏了《孟子》“天下之言性”章。当时还是年轻学者的黄彰健去向傅斯年先生询问，傅先生的解释是：“这一章读不懂，没法讨论。”于是，黄先生经过钻研，写出了《释孟子“天下之言性也故而已矣”章》一文，释“故”为“有所事，有所穿凿”，认为该章所表达的是孟子对杨朱“全性葆真”之自利思想的批评，受到傅斯年先生的赞赏。虽然我对“天下之言性”章的理解与黄先生有很大的不同，但通过黄先生的介绍，我了解到了前辈学者为解读该章所做的尝试和努力。大概几年前，黄彰健先生不幸去世，他的家人给我写过一封信，说正在编纂黄先生的纪念文集，问我能否写一点纪念文字。通过这封信我才知道，黄先生应该看到过我的文章，并向家人提起过。只是我当时工作繁忙，科研压力较大，与黄先生告别后，竟然一直没有主动与他联系，这让我深感自责和不安。由于除了在历史研究所的一面之缘，我对黄先生了解甚少，对他的研究领域也不熟悉，所以几次提笔，最终却都无法成文。现在《出土文献与〈孟子〉“天下之言性”章》[1] 要出版了，既然我是通过“天下之言性”章与黄先生结缘，那我就以此书来表达对黄先生的追思和怀念吧。

还有一件事也与黄著有关。清华会议不久，裘锡圭先生请他的学生沈培与我联系，说想参考黄彰健先生的《经学理学文存》一书，但问了图书馆和朋友，均借不到，因为看到我的文章中引用过，问我是否有该书，或告知哪里可以借阅到。我听后内心一阵苦笑，知道裘先生也像我一样满北京城去借黄先生的著作了，只不过我较为幸运，从黄先生那里“讨”得一本。于是我按照沈培告知的地址，将书寄给了裘先生。过了一段时间，裘先生将书寄还给我，同时附了一封短信，可惜我性格粗狂，没有保留书信的习惯，这封信后来不知被放到哪里了，找不到了。裘锡圭先生是我敬佩的前辈学者，他的文章我每篇必读，从中获益良多。学界一般将李学勤、裘锡圭并称，教育部“2011 协同创新”项目的一个古史研究奖项就是以他们二人的名字命名的，反映了他们的地位和影响。在治学方法上，我受李学勤先生影响较多，以前曾在一篇文章中提到过；在治学风格上，我则更接近裘锡圭先生。裘先生的论文数量不多，但每一篇都扎实厚重，力透纸背，下足了功夫。现在由于考核体制的原因，一切都以数量取胜，使一些学者一味求多、求快，忘记了学术的本质在于创新，在于质而不在于量。在这种浮躁的学术环境中，不忘初心，严于自律当然很重要，而前辈学者为

① 此书于 2019 年由人民出版社出版。

我们树立的典范和榜样，也会成为督促、激励我们的一种要求和力量。所以，我们的年轻学者在把持不住、有些迷失时，不妨回首看看裘锡圭等前辈学者的工作，或许更能明确自己应努力的目标和方向，从而多一份镇定和坚守。

（原载《中华读书报》2018 年 4 月 25 日）

当今之世，舍我其谁

——孟子的理想与坚守

从 2007 年开始，每年我都要在中国人民大学国学院讲一遍《孟子》，我们有一门课“《孟子》解读”，一直由我讲授。但这次来邹城讲《孟子》，意义不同，因为我们回到了孟子的故里，在孟子的故里讲《孟子》，在某种意义上就是让孟子回家。由此我想到了《孟子》中的一章，当时孟子游说诸侯，宣传仁政、王道的主张失败，不得已离开齐国，回到自己的故里，也就是今天的邹城，他和弟子充虞之间有一段对话。充虞问：“老师，您看上去似乎不高兴。可是之前您不是教导我们要不怨天、不尤人吗?”孟子答道：“彼一时，此一时也。”（《孟子·公孙丑下》）孟子有一个想法：五百年必有王者兴，其间必定有闻名于世的贤人出现。可是自周朝以来，已经七百多年了。从时间上说，已经超过了；就时势而论，也该有圣贤出现了。可是我的主张为什么行不通呢？那么我只能说，老天大概还不想让天下得到平治，如果想让天下得到平治，当今之世，舍我其谁？我有什么不高兴呢？孟子就是带着这样一种坚定的信念，告别了当时的政治舞台，回到了自己的故里，教授子弟，著书立说，编写我们今天看到的《孟子》一书。

每次读到这一章，我都特别有感触：一个人在带着理想走入社会时，往往是坚定的、充满信心的；在理想遭到挫败，看不到希望时，依然能保持坚定的信念，也只有孟子了。那么，孟子为什么会有这种坚定的信念？因为孟子坚信一点：政治必须符合人性，只有符合人性的政治才是最有前途的政治，仁政、王道较之暴政、霸道，是符合人性的，是符合历史发展方向的，所以最终一定会实现；现在无法实现，只能说我的时代还没有到来，若到来了，就必定是仁政、王道的时代。我们今天读《孟子》，脑海里会有一个鲜活的孟子形象：一个坚定的理想主义者。而在当时人们的眼里，孟子则是“迂远而阔于事情”（《史记·孟子荀卿列传》），他是迂阔、不切实际的。所以，理想与现实是有反差的，一个人在坚守理想时，往往很难被他人理解。我们固然可以说孟子对人性的复杂性缺乏反省，对历史的看法也未免过于乐观，但孟子至少有一点是对的，即真正的理想是需要坚守的。在坚守了一百多年后，孟子的思想已在士人中广为流传，成为其批判暴政、为民请命的精神动力；而在坚守了一千多年后，孟子的思想终于成为社会的指导思想，《孟子》一书也由子书上升为经书。至少在人们的观念中，王道战胜了霸道，仁政战胜了暴政。即便有残暴的君王如朱元璋之流想借助权力挑战孟子的地位，也难逃失败的命运。所以，理想在于坚守，只要它符合人性，符合天道，顺应了历史的发展，即使暂时无法实现也不必怨天尤人，如果天下要得到平治，当今之世，舍我其谁！两千多年前孟子所坚守的仁政、王道，像一座灯塔为我们指引了前进的方向。今天在仁政、王道之外，我们又有了法治、民主的理想。虽然百年来国人追求法治、民主之路坎坷曲折，但想想孟子，想想孟子的坚守，我们就不应过分悲观。的确，我们需要拿出孟子“当今之世，舍我其谁”的气魄，去坚守我们这个时代的理想。只要我们坚守，我们的理想就一定会实现，法治、民主的时代就一定会到来。这是我读《孟子》的一点感受，与各位分享，谢谢大家。

（原载《中华读书报》2017 年 4 月 26 日）

开展孟学史研究，挖掘中国文化的清流

一、开展孟学史研究是当前哲学史、思想史研究的一项重要课题

孟子是仅次于孔子的人物，历史上有“亚圣”之称，“孔孟之道”几成为正统儒学的代称。《孟子》作为儒家的一部重要典籍，自问世以来，历经由子书到经书的升迁，宋代以后，更是成为士人的必读书，其中所蕴含的思想对中国两千多年来的政治、思想、文化产生了深远影响。《孟子》一书蕴含极其丰富的思想，包括了性善论、仁政思想、民本论、王霸观、义利观等，这些思想被历代学者吸收、发展，成为其安身立命、批判现实、建构理想社会的思想资源。从先秦的荀子到汉代的韩婴、董仲舒、扬雄、王充、赵岐、徐幹，从魏晋的傅玄到唐代的韩愈，宋代的朱熹、陆九渊，再到清代的戴震、焦循、康有为……历代学者都基于其时代感受对《孟子》做出了不同的认识、理解和阐发，构成了一部波澜壮阔的孟学史。

经过梳理，我们认为可归于孟学史的文献大致有四类：一

是研究《孟子》的专著。赵岐的《孟子注》、孙奭的《孟子音义》、朱熹的《孟子集注》、焦循的《孟子正义》等，主要是对《孟子》的注疏，可归于注疏类作品；李觏的《常语》、司马光的《疑孟》、戴震的《孟子字义疏证》、康有为的《孟子微》等，侧重义理的阐发，属于义理类作品；程复心的《孟子年谱》、周广业的《孟子四考》、崔述的《孟子事实录》等，属于辑考类作品。此外还有增删类作品，如林慎思的《续孟子》、熙时子注《孟子外书》、冯休的《删孟子》、刘三吾辑《孟子节文》等。二是评论孟子其人其书的著述，主要散见于古代学者的文集、书信、序跋及史传、目录等文献。三是抽象继承和讨论孟子思想的著述。许多学者虽然没有写过专门的孟学著作，甚至极少直接引用《孟子》，但他们借助孟子的思想、概念、命题，通过诠释、发挥，从而建构起自己的思想体系，如王通对仁政、王道的阐发，王阳明利用《孟子》释《大学》等。四是历史上关于孟学的政治事件、文化举措乃至世风转变等的记载，如汉文帝设置《孟子》传记博士，《宋史·礼志》记载的孟门弟子封爵、配享、从祀，《孟子》与科举制度，朱元璋时期发生的孟子罢享及《孟子节文》事件等。

虽然孟学史的材料十分丰富，孟学史的历史地位十分重要，但以往的哲学史、思想史研究并没有很好地揭示孟学的内在理路和精神价值。如学者所指出的，通过经典诠释建构思想体系是中国古代哲学思想的一个重要特点。一代代的思想家通过对一部或几部经典的诠释、发挥、理解，通过对经典的创造性解读甚或有意“曲解”，“‘六经’注我，我注‘六经’”，建构起一个个独具特色的思想体系。所以，中国古代思想家的思想往往是与经典联系在一起的，其问题意识、命题概念甚或思想方式都深受经典的影响，而围绕一部或几部经典往往形成“层累地构成”的学术、思想形态。对于孟学来说，也是如此。一般的哲学史、思想史研究显然无法揭示孟学的这一特点。所以，有必要从孟学史的角度对历史上源远流长的孟学传统展开深入研究。孟学史不同于一般哲学史、思想史的地方在于，它不是对古代思想家的思想做整体的、一般的介绍、描述和讨论，而是立足于《孟子》，探讨思想家对孟子思想的认知、理解、诠释、接受，乃至发挥、改造，从而更好地揭示孟学思想发展的内在逻辑和线索。正因为如此，从“专门学史”的角度对古代学术思想进行梳理、研究，无疑是对传统哲学史、思想史研究的一种补充和深化，已成为学界的一个新趋向。如已出版的《中国老学史》《中国庄学史》等，均受到学界的关注和好评。对于《孟子》这样一部对中国文化产生过深远影响的伟大经典，同样需要写出一部高质量、高水平的《中国孟学史》，以揭示波澜壮阔、源远流长的孟学发展史，这是时代向我们提出的挑战，更是时代赋予我们的使命。

二、开展孟学史研究，对于建设社会主义核心价值体系，重建中华民族核心价值观有重要的理论借鉴意义

孟学史研究之所以重要，是因为孟学是中国文化的一道清流，是中华民族的精神脊梁。任何一个民族的文化都会有精

华、糟粕，有清流、浊流，但孟学无疑是中国传统文化精华相对集中的部分，是中国文化的一道清流。孟学诞生于诸侯混战、民不聊生的战国后期，孟子以新兴社会阶层“士”的身份登上历史舞台，希望以仁政、王道的思想启发、教导君主，“以不忍人之心，行不忍人之政”（《孟子·公孙丑上》），通过“格君心之非”，做到“君仁莫不仁，君义莫不义……一正君而国定矣”（《孟子·离娄上》），同时为民众的利益呐喊，对暴君污吏的“残民”“害民”等不义之举进行猛烈的抨击和抗议。对于君，他是“师”也是“臣”；对于民，他是其代言人，是维护其利益的“民之父母”。徐复观先生曾以“双重主体性”来说明在正统儒家的观念中，中国传统政治中不仅存在着君这样的政治主体，而且存在着超越其上的、以“天意”“民心”“道”所表现出来的道德主体与人民主体。“可以说神、国、君，都是政治中的虚位，而民才是实体。所以不仅残民以逞的暴君污吏，在儒家思想中不承认其政治上的地位，即不能‘以一人养天下’，而要‘以天下养一人’的为统治而统治的统治者，中国正统的思想亦皆不承认其政治上的地位。”① 在我们看来，这也是对孟子政治思想的生动表达和概括。故孟学是士人的良知，是民众的代言，是对君主的规劝和批判。一部孟学史是中华民族优秀志士埋头苦干、拼命硬干、为民请命、舍身求法的历史，孟学的思想精华培育了中华民族的优良品质，塑造了中华民族的精神人格。孟子的“民贵君轻”说、君臣相对

---

① 徐复观．学术与政治之间．台北：台湾学生书局，1985：51－52.

论，成为人们反抗专制、强暴的理论武器；孟子的民本说、井田说，在历史上对改善民生、缓解社会矛盾起到了积极作用；孟子的性善论，深刻影响了中华民族的民族心理，使中华民族形成了有别于其他民族的积极乐观、刚健有为的人生态度；孟子倡导的“浩然之气”、“大丈夫”精神，更是塑造了中华民族“富贵不能淫，贫贱不能移，威武不能屈”（《孟子·滕文公下》）的高尚伟岸人格。通过进行孟学史研究，分析、总结孟学所蕴含的思想学说、核心价值，了解其在历史上的发展、流变，探讨其在今天的价值和意义，是建设社会主义核心价值体系，重建中华民族核心价值观的一项重要内容，也是急需提上议事日程的一项重要工作。

孟学是士人的良知，是民众的代言，是对统治者的规劝和批判，一部成功的孟学史应该从这些方面深刻揭示孟学在中华民族精神成长、发展过程中的积极作用和影响。首先，从孟学史来看，孟学对士人阶层的精神气质、道德人格有深刻影响，孟学的沉浮往往与士风的转变联系在一起。如学者所指出的，西汉中期的盐铁会议上，贤良、文学大量称引《孟子》，评议时政，为民请命，不仅显示了士人的主体意识，同时也反映了孟学对士人阶层的巨大影响。东汉中后期陈蕃、李膺、范滂等士林中的领袖人物，“登车揽辔，有澄清天下之志”，他们身上所体现的以天下为己任的胸怀与人格追求，他们在与宦官做斗争中所表现出来的英勇无畏、舍生取义的精神，显然与其对孟子人格的情感认同密切相关。而随着“党锢之祸”，士人阶层被残酷镇压，“通脱”之风开始在士人中流行，孟学因其社会批判精神无法在社会中得到贯彻而走向衰微。同样，宋代孟学的再度兴起，孟学再次受到士人的垂青，与士人主体意识觉醒，“士大夫与天子共治天下”逐渐成为其普遍信念息息相关。

其次，孟学在历史上往往是以民众的代言的身份出现的，与民众存在血肉联系，为民请命、为民代言可以说是孟学的精神实质。孟子的民本说、井田说，都是站在弱势民众的立场，为缓解社会矛盾而提出的解决方案。每当社会矛盾尖锐、紧张的时候，这些方案都会被人们重新提起，赋予新意，形成了一种独特的思想传统。从历史上不断出现的抑兼并、复井田的呼声中，我们不正是可以听到孟学的回响吗?!

最后，孟学具有强烈的批判、抗议精神，一部孟学史在某种程度上可以说是与王权抗争的历史。孟子主张“民为贵，君为轻”，提出作为道德主体、价值主体的民，压在作为现实政治主体的君之上，使君不能自有其意志，而必以民或天的意志为意志，否则便不配为君，而人民是可以革命的。虽然“君贵民轻”的现实使孟子的理想大打折扣，但终归在现实政治之外敞开了一条人人自主之路，为仁人志士反抗专制、暴政提供了理论依据。中国历史上的政治之所以并没有完全走向由申、韩等法家思想家所代表的极权政治，不能不说是与中国历史上源远流长的孟学批判、抗议精神密不可分的。

（原载《国学学刊》2012 年第 3 期）

应将《荀子》列入儒家的“新四书”

近些年我在做出土文献与荀子的研究，系统阅读了有关荀子的研究成果。荀子是先秦儒家的殿军，司马迁写《史记·孟子荀卿列传》，将荀子与孟子并列。据学者研究，荀子在汉代的地位和影响似在孟子之上。但到了唐代，韩愈在《原道》一文中提出道统说，将荀子排除在道统之外。宋明理学家基本接受了这个看法，此后荀子的地位不断下降。在现当代荀子研究中，新儒家是一支重要的学术力量，他们多继承了理学家的道统说，从道统的眼光看荀子。如牟宗三先生有《荀学大略》一文①，认为荀子发展了儒家的客观精神，属于智的系统，不同于孔孟仁的系统。荀子虽然可以补孔孟之不足，但存在着“大本不正”“本源不足”的问题。牟先生的观点在台湾较有影响，牟门弟子多是阐发师说，如蔡仁厚的《孔孟荀哲学》（台湾学生书局 1984 年版）。韦政通先生的《荀子与古代哲学》（台湾商务印书馆 1966 年版）一书很重要，其立论相对持中，但很多观点仍受到了牟先生的影响，如突出荀子的“天生人成”，

---

① 牟宗三．名家与荀子．台北：台湾“中央”文物供应社，1953.

以荀子的心为认知心，等等。此外，陈大齐的《荀子学说》（台湾“中华”文化事业出版委员会1954年版）、龙宇纯的《荀子论集》（台湾学生书局1987年版）也较有特点，其立论平实，注重分析，是另一个传统。

1949年以后，由于受政治的干扰，大陆的荀子研究是另一种情况。荀子被看作唯物主义者和杰出的法家代表，地位被抬得较高，但非学术的成分很多。改革开放以后，研究荀子的著作出版了很多，但多数缺乏新意。廖名春教授的《荀子新探》较为扎实、厚重，但它是在台湾（文津出版社1994年版）出版的，中国人民大学出版社已计划出简体版，不久读者将会看到。[①] 最近还有两本书值得一提：一本是储昭华的《明分之道——从荀子看儒家文化与民主政道融通的可能性》（商务印书馆2005年版），作者有较好的西学功底，试图以荀子来对接民主思想，但对荀子思想的分析还显薄弱；另一本是路德斌的《荀子与儒家哲学》（齐鲁书社2010年版），作者在个别问题上提出了自己的看法。

值得一提的是，荀子一直受到欧美学者的关注，出现了约翰·诺布洛克（John Knoblock）和柯雄文（Antonio S. Cua）这样一生研究荀子的学者。诺布洛克有《荀子：全译及研究》（*Xunzi: A Translation and Study of the Complete Works*, Stanford University Press，1988），柯雄文则出版了《伦理论辩：荀子道德认识论研究》（赖显邦译，黎明文化事业股份有

---

① 此书已经于2014年由中国人民大学出版社出版。

限公司 1990 年版）等多部荀子研究专著。新一代学者中史大伟（Aaron Stalnaker）的《克服我们的恶：荀子与奥古斯丁思想中的人性与精神修炼》（*Overcoming Our Evil*：*Human Nature and Spiritual Exercises in Xunzi and Augustine*，Georgetown University Press，2006）引人注目，该书引用西方较为流行的精神修炼（Spiritual Exercises）理论，对荀子思想做了深入阐发。

总体上看，目前荀子研究的趋势是，摆脱新儒家重孟轻荀的倾向，给荀子以客观、公正的评价。这在中国学者尤其是台湾学者中表现得十分突出。如台湾政治大学刘又铭教授发表了多篇论文，提出要建立新荀学，以恢复荀学的正当地位。他认为荀子思想中存在一个弱性的性善论、“合中有分”的天人论，荀子的心不只是认知心，还是道德心，思想史上存在一个源远流长的荀学传统，等等。不过，其论证方式似乎仍是以孟子的标准来看荀子，没有完全摆脱新儒家的影响。

在思想史上，孟子与荀子双峰并峙，二水争流，重孟者往往排荀，重荀者往往轻孟，这是一个很值得关注的现象。美国有“波士顿儒家”，本来人就不多，但还以查尔斯河为界分为两派：一派尊孟，如杜维明等；一派尊荀，如南乐山（Robert Cummings Neville）等。2006—2007 年我在哈佛大学访问，在这期间，耶鲁大学的金安平教授有一次到波士顿开会，顺便去拜访杜维明教授，我当时陪同前往。金安平教授喜欢荀子，而杜先生一直钟情于孟子。结果二人在孟荀谁是正统的问题上争论起来，话不投机，不欢而散。郭店竹简公布后，一派学者认为其思想影响了孟子，应将其定位为“孔孟之间”；另一派学者尤其是欧美学者则认为其与荀子的关系更为密切，应将其定位为“孔荀之间”。这种分歧其实仍是孟荀对立的反映。

孟子与荀子之间的分歧应与儒学的分化有关。孔子之后，孟子主要发展了其仁学，荀子则继承了其礼学，二人各执一端，虽然一方面深化了儒家传统，但另一方面对于儒学的丰富性又是一种窄化。可以说，孟子是有所失，荀子是有所偏。从这一点来看，我们就不应在孟荀谁是正统的问题上争来争去，而应统合孟荀，在一种丰富性的基础上重建儒家道统。因此，我不同意传统上《论语》《大学》《中庸》《孟子》四书代表了儒家道统的观点，而认为早期儒学其实是一个更为丰富、开放、包容的精神传统，可以代表这一传统的应是《论语》《礼记》《孟子》《荀子》四部书，可称为“新四书”。今天儒学研究的一个任务便是把《荀子》纳入儒家的核心经典中，呼唤儒家礼学的复兴，在此基础上，统合孟荀，建构仁礼统一的儒学思想体系。

（原载《中华读书报》2011 年 3 月 2 日）

廓清荀子人性论的千年迷雾

一

说到孟子、荀子的人性论，学界最流行的看法是孟子主张“性善”，荀子主张“性恶”。但这种看法实际是有问题的，我最近几年做的一项工作就是为了颠覆这种看法。关于孟子的性善论，人们一般的理解就是《三字经》的“人之初，性本善”。我们人刚生下来的时候，性是纯然本善的，只是后来受到了污染，变得不善了。这种理解符不符合孟子的思想？当然是不符合的，孟子不会这样思考问题。根据我的看法，孟子的性善论实际是以善为性论。

孟子说：“口之于味也，目之于色也，耳之于声也，鼻之于臭也，四肢之于安佚也，性也，有命焉，君子不谓性也。”（《孟子·尽心下》）我们的嘴巴想吃好吃的，眼睛想看美女、帅哥，耳朵想听好听的音乐，鼻子想闻好闻的，身体贪图安逸，这些是不是性呢？孟子认为也是性，但是“有命焉”，能不能实现，要受到外在因素——“命”的限制，所以他又认为

“君子不谓性也”，一个真正有修养、有更高追求的人不应把这些内容看作真正的性。也就是从事实判断来说，“口之于味”“目之于色”等生理欲望也是性，孟子说得很明确，“性也”。但从价值判断来说，它们又不应当被看作性，不过孟子做了限定，只是针对君子而言“不谓性也”。除了“口之于味”这些生理欲望之外，孟子认为人还有仁、义、礼、智等道德禀赋，虽然它们的实现也会受到命的限制，例如一个人的成长环境不好，没有受到好的教育，那么他成为坏人甚至犯奸作恶的可能性就很大。但这不是绝对的，因为人有意志自由，是趋善还是向恶，是做遵从仁义的君子还是做违背仁义的小人，最终还是取决于自己。所以，孟子说“君子不谓命也”(《孟子·尽心下》)，君子不把仁、义、礼、智看作命，而是看作真正的性。孟子的思想很明确，我们人性之中至少有两个方面的内容，一方面是味、色、声、嗅等生理欲望，另一方面是仁、义、礼、智等道德禀赋，孟子主张不应将前者而应将后者也就是仁、义、礼、智看作人真正的性。正是基于此，我将孟子的性善论称为“以善为性论”。所以，孟子性善论的核心不在于人性为什么是善的——因为以善为性与人性是善的是同义反复，二者实际是一致的，而在于人性中是否有善，以及为什么要将善看作人真正的性。另外，以善为性对于人的成长、发展有什么积极意义，也是孟子非常关心的问题。孟子从他的思路对这些问题做出了论证和说明，这样他的性善论就成立了。我一直反对将孟子的性善论理解为“孟子认为人性是善的”，这个说法不符合孟子的思想，它实际是汉代以后形成的说法。《孟子》一书只讲“道性善”“言性善”，“道”和“言”是动词，是指宣传、言说关于性善的一种学说和道理，而这种学说和道理是不能用“人性是善的”这样一个命题来概括的。如果要概括，那么我认为至少需要三个命题：人皆有善性，人应当以此善性为性，人的价值与意义就在于充分扩充、实现自己的性。

通过孟子的性善论，我们知道一个完整的人性论至少应当包括两个方面的内容：一是事实判断，人性包含什么内容；二是价值判断，人应该追求和选择什么。中国人讨论人性问题是要给人生指明方向，借人性问题解决人生问题。所以，只有具备了这两个方面的内容，才可以称作一个完整的人性论。我们试想一下，如果荀子主张性恶，那么它可以算是一个完整的人性论吗？显然不是。性恶只是对人性做了一个事实判断，认为人性中有恶。但是，我们应该顺从恶还是抑制恶？是做恶人还是做善人？仅仅从性恶来说是说不清楚的。如果人性只是恶的，那么我们就应该做恶人，做强者，就应该遵从丛林法则，谁力气大谁就应该统治别人，谁力气小谁就应该被别人统治。根据性恶论会推出这种结论，但荀子显然不是这么主张的。所以，性恶论并不是一个完整的人性论，把荀子的人性论概括为性恶是不准确的。

二

为什么会有荀子主张性恶论的说法？最直接的原因是，《荀子》三十二篇中有一篇就叫《性恶篇》，人们由此认为荀子的人性论就是“性恶论”。这是不准确的。我们都知道，《荀子》中的篇名除了“篇”字往往还有两个字，用两个字来概括一篇文章的内容，肯定是不全面的。例如，《荀子》首篇《劝学篇》比较好理解，但另一篇《不苟篇》，就很难从篇名来理解该篇的内容。《性恶篇》开篇第一句：“人之性恶，其善者伪也。”这是荀子对于人性的一个基本判断，在全篇中反复出现，共有八次。荀子没有一次是单说“人之性恶”，相反，都是说“人之性恶，其善者伪也”。所以，荀子关于人性的主张实际有二：一是说“性恶”，一是说“善伪”或“伪善”。一方面说恶来自性；另一方面又说善来自“伪”，解释人为何有善。这才是荀子对于人性的完整表达，或者说是他完整的人性论思想。所以，仅仅用性恶来概括《性恶篇》的主旨是不全面的，没有反映出荀子人性论的完整内容。所以，“人之性恶”“其善者伪也”需要结合在一起。可是由于篇名的原因，人们往往只注意到前半句，而忽略了后半句，这就造成了对荀子人性论的误读。造成误读的另一个原因是，“其善者伪”比较费解。曾有学者注意到，荀子不仅谈性恶，也谈善伪。但善伪是什么意思？还是不清楚。“伪”的字面意思是虚伪、不真实，若按照字面意思理解，则“其善者伪”就是善是虚伪的。当然很少有人这样理解，但也不是完全没有。例如，唐宋八大家之一、宋代蜀学派的代表人物苏东坡就是这样理解的，他说按照荀子的说法，桀、纣是本性、性情的流露，而尧、舜反而是虚伪的，所以荀子的看法是不对的。民国学者中也有人这样理解，但大部分人不会犯这样的错误，不会将“伪”等同于“虚伪”。人们一般将“伪”理解成“为”，即作为。“人之性恶，其善者伪也”，是说人的恶来自本性，而善则是作为的结果。这种解释初看好像说得通，矛盾似乎消除了，但仔细一想，还是有问题。人的作为有各种形式，最多算是中性的，怎么能必然导致善呢？作为的动机对作为的结果有很大的影响，出于善的动机可能导致善，出于恶的动机则可能导致恶。所以，用作为来解释善是说不通的。其实稍稍追问一下，就可以发现其中的问题。但是，习惯的力量是强大的，一旦约定俗成，人云亦云，就会以讹传讹，影响后人的理解。

我们来看看荀子的“人之性恶，其善者伪也”。荀子认为人有“好利”“疾恶”“好声色”之性，“顺是”就会产生争夺、残贼、淫乱，导致辞让、忠信、礼义消亡。这是荀子对人性的基本判断，也是其对性恶的基本理解。关于这一点，分歧较少，暂不讨论。我们主要看“其善者伪也”。关于“伪”，杨倞注：“为也，矫也，矫其本性也。”按杨倞的理解，伪就是为，是一种作为，但不是一般的作为，而是圣人、先王教化民众的行为，具体说就是圣王“起礼义，制法度，以矫饰人之情性而正之”（《性恶篇》）的行为。所以，我们的善来自师长、圣王的教导，这种教导就是伪。这种解释虽然有一定的道理，但它是日常经验的，而不是哲学的。从日常经验来看，我们的善当然最早都是父母、师长教导的，但如果追问一下，父母、师长的善又是从哪里来的呢？这样就推到了圣人、先王，再推下去就产生了荀学研究中所谓“第一个圣人是如何制作礼义的”难题。如果圣人的性与常人的性不一样，圣人性善，有独特的禀赋，可以教化、引导大众，那么这样当然讲得通。但荀子恰恰不是这样主张的，在荀子看来，圣人的性与常人的性是一样的，圣人“不异于众者，性也；所以异而过众者，伪也”（《性恶篇》）。所以，圣人不是特殊的人，他们在本性上与常人是没有差别的，不同于常人的地方在于伪。这个伪当然不是被动接受教化，而是“起礼义”“制法度”的创造活动。但是圣人为何能“起礼义”“制法度”呢？按荀子的说法，这就是因为伪。所以，伪不仅是矫或者教化，还是道德创造活动，是与人的道德主体性联系在一起的。

1998 年我国公布了一批竹简，这就是著名的郭店竹简。在竹简中有一个字：愚。它是个会意字，或者说是个会意形声字。庞朴先生较早注意到了这个字，他说：“‘伪’字原作上‘为’下‘心’，它表示一种心态，为的心态或心态的为，即不是行为而是心为。”① 也就是说，它不是一种行为，而是一种心态的为。值得注意的是，郭店竹简中也多次出现“为”字，但没有“心”旁。这一点裘锡圭先生已经注意到了，他说在郭店竹简中，表示一般“作为”义的“为”字极常见，都不加“心”旁。“愚”显然不是用来表示一般“作为”义的。郭店竹简公布后，庞朴先生有个天才的猜测，他说《荀子·正名篇》“‘心虑而能为之动谓之伪’句中的‘伪’字，本来大概写作‘愚’，至少也是理解如，即心中的有以为……只是由于后

① 庞朴．庞朴文集：第 2 卷　古墓新知．济南：山东大学出版社，2005：13.

来‘㤖’字消失了，抄书者不识‘㤖’为何物，遂以伪代之”[①]。庞朴先生的这个看法非常重要，尽管只有几十个字，但却是打开荀子人性论之谜的一把钥匙。荀子“其善者伪也”中的“伪”确实应当从“㤖”去理解。首先，荀子明确将“伪”定义为“心虑而能为之动谓之伪”，这个伪当然不是一般的作为，而是心的思虑活动及其引发的行为，是心为而不是行为。其次，在《荀子》一书中，“伪”用作“诈伪”，如“端悫生通，诈伪生塞”（《不苟篇》），“不可欺以诈伪”（《礼论篇》），“著诚去伪”（《乐论篇》），“言伪而辩”（《宥坐篇》）等，这些“伪”都是负面的，需要禁绝，与荀子正面主张的“伪”是根本对立的。所以，荀子不可能用同一个字去表达两个相反的概念，既表示虚伪、诈伪，又表示“其善者伪也”。合理的解释是，两个概念是用不同的字来表达的，用“伪”表示虚伪、诈伪，用“㤖”表示心经过思虑后做出的选择、行为。这不仅于文字有据，而且符合荀子“心虑而能为之动谓之伪”的定义。故“人之性恶，其善者㤖也”可理解为：人的性是恶的，善则来自心的思虑活动及其引发的行为。简而言之，荀子的人性主张可称为性恶心善说。

三

在荀子那里，伪与心相关，需要结合心来理解，要落实在

---

① 庞朴．庞朴文集：第 2 卷　古墓新知．济南：山东大学出版社，2005：208.

心上。伪并非一般的作为，而是心之作为，是心的思虑活动及其引发的行为。关于荀子的心，学界一般认为是认知心或智识心，其与孟子的心的最大不同在于：孟子是以仁识心，其心是道德本心，本有本源、根源之意，此心具有良知、良能，可做道德判断，引发道德行为，因此是善之根源、善之“生起因”；荀子则是以智识心，其心是一种智性的认知心，就其以礼义法度为主要认识对象而言，也可以说具有德性的内涵，但主要是通过认知获得的。所以，孟子的心和荀子的心是不同的，孟子的心有道德创造能力，荀子的心则只能认知，顶多是具有一种聪明才智。可是，一个人性恶，又具有聪明才智，那么他就只能更坏，而不可能追求善，历史上的大奸巨恶无不如此。所以，把荀子的心理解为认知心和具有聪明才智是有问题的，但这不是荀子的问题，而是我们的理解出了问题。

荀子的心并不是人们所认为的认知心，而是一种道德智虑心，不仅能认知而且能创造，具有好善恶恶、知善知恶和为善去恶的能力。荀子的心首先是道德直觉心，《强国篇》中说：

> 人之所恶何也？曰：污漫、争夺、贪利是也。人之所好者何也？曰：礼义、辞让、忠信是也。

这里虽然没有点出心字，但所好所恶者显然指心，正所谓“体恭敬而心忠信”（《修身篇》）。因此，在荀子看来，心好治恶乱、好善恶恶，具有道德判断力。这是心的一个重要特点，也是荀子对心的一个重要规定。我们可以这样说，正是凭借着这种心，人类才走出了“从人之性，顺人之情”而导致的“偏险悖乱”，走向由礼义法度之“正理平治”（《性恶篇》）。《非相篇》中说：

> 人之所以为人者，何已也？曰：以其有辨也。……夫禽兽有父子而无父子之亲，有牝牡而无男女之别，故人道莫不有辨。

人之所以为人，不同于禽兽的地方在哪里？荀子说“辨”也，即辨别是非善恶，也就是辨“礼义、辞让、忠信”之是，辨“污漫、争夺、贪利”之非，这显然是心的作用和能力。这种“辨”是人的类规定性，是“人之所为人为者”，所以应该是人生而具有的。

大家可能会有疑问：按照这种理解，孟子的心和荀子的心还有区别吗？当然是有区别的。孟子的心是有具体内容的，具有善端，所以是四端之心，可以由内而外表现出善的行为，故我称之为“实心”。荀子的心虽然有道德判断和道德直觉，但没有内容，我称之为“虚心”。荀子所谓人有辨，更像是语言能力，人生而具有使用语言的能力，但并不意味着人一生下来就会说话，人真正掌握语言，具有表达能力，还需要经历一个后天的学习过程。虽然从根源上讲，语言是人的创造，是心的产物，但语言并不是从心“扩而充之”的，不是凭借一己之力就能创造发明的，需要经过千千万万人的共同努力，是千千万万个心灵探索、尝试的结果，是自生、自发形成的，是约定俗成的结果。虽然在这一过程中少数杰出人物发挥了突出的作用，产生了深远的影响，甚至规定了语言的发展方向，但归根结底，语言的产生是由于人具有使用语言的能力，只是这种能力还需在后天的实践中得以实现而已。对于荀子的“辨”，也应当这样理解。明白了这一点，荀子研究中所谓“第一个圣人是如何制作礼义的”难题便迎刃而解。圣人能制作礼义，是因为其有辨，有道德创造能力，而圣人并不特殊，不过是具有远见卓识，是先知、先觉者，又经过了“积思虑，习伪故”的探索过程。

四

如果说荀子通过“性恶”揭示了人生中的一股逆流的话，那么他又通过“心”发现了人生中的一座灯塔，引领人生航船逆流而上，抵达善之彼岸。所以，荀子的性恶心善说实际揭示了人生中的两种力量，一种是以性为代表的、向下堕失的力量，一种是以心为代表的、向上提升的力量。《性恶篇》中说：

> 凡人之欲为善者，为性恶也。夫薄愿厚，恶愿美，狭愿广，贫愿富，贱愿贵，苟无之中者必求于外。故富而不愿财，贵而不愿埶，苟有之中者必不及于外。用此观之，人之欲为善者，为性恶也。今人之性，固无礼义，故强学而求有之也；性不知礼义，故思虑而求知之也。然则生而已，则人无礼义，不知礼义。人无礼义则乱，不知礼义则悖。然则生而已，则悖乱在己。用此观之，人之性恶明矣，其善者伪也。

人追求善，恰恰是因为人性恶。以上文字历来受到人们的误解和诟病，被认为完全是荒唐、主观的论述。之所以如此，就是因为没有理解以上文字所蕴含的逻辑关系。由于荀子主张性恶心善，一方面性有恶端可以为恶，另一方面心好善、知善、为善，二者之间形成了一种张力关系。因此，当人们“从人之性，顺人之情”滑向恶时，由于心好治恶乱、好善恶恶，开始发挥作用，人们就“欲为善”了。正是在这种意义上，荀子提出了“人之欲为善者，为性恶也”。这就好比学生都希望有好的成绩，当考试失误、成绩不理想时，必然会发愤为学；相反，当成绩较为优异时，反而会有所满足，不思进取。这一看法本蕴含于“人之性恶，其善者𢡺也”的命题之中，是其本有之意。至于“苟有之中者必不及于外”，不过是对善、恶之间的这种张力关系的概括，是说：心在无礼义，处于“偏险悖乱”时，必然向外求索；心在知礼义，处于“正理平治”时，反而不必向外探求了。荀子的表述是否恰当、准确，还可以讨论，但其推理过程则无疑是清楚的。

同样，“今人之性，固无礼义，故强学而求有之也；性不知礼义，故思虑而求知之也”也是从“人之性恶，其善者𢡺也”而来。以往人们读到这段文字时，往往不理解既然性无礼义，为何又会“强学而求有之”？不明白二者之间有什么逻辑关系，故认为是荀子自证其说的主观论述，是根本不能成立的。其实荀子这段文字还是从心、性之间的张力关系来立论的。虽然性“固无礼义”“不知礼义”，但由于“善者𢡺也”，心好善、知善、为善，“故强学而求有之也”，“思虑而求知之也”，二者之间的关系已蕴含于《性恶篇》反复陈述的“人之性恶，其善者𢡺也”中。只不过后来由于“𢡺”被抄写成“伪”，人们已不理解荀子的真实主张，读不懂《性恶篇》的相关论述了。相反，若是了解“伪”本作“為”，指心的思虑活动，尤其是对善的思虑活动，则以上文字所蕴含的逻辑关系便清晰可寻、豁然开朗了。

《性恶篇》的主旨是性恶心善说，核心观点是“人之性恶，其善者為也”。全文可以“涂之人可以为禹”一段为界，分为前后两个部分。前半部分虽然也在论证性恶心善说，但重点在于“人之性恶”和“人之性，固无礼义”。后半部分随着提出“涂之人也，皆有可以知仁义法正之质，皆有可以能仁义法正之具”，论说的重心转向了“其善者為也”。文章的前半部分提出“枸（钩）木”“钝金”之喻，以说明“人之性恶，必将待师法然后正，得礼义然后治”，即性恶；后半部分则提出“良弓”“良剑”“良马”之喻，以说明人“有性质美而心辩知”，即心善。以往学者读到这段文字时常常感到奇怪，为何讨论性恶却提出“性质美”的论断？其实只要明白《性恶篇》的主旨并非性恶，而是性恶心善，以及文章前后侧重内容的不同，这一疑惑便迎刃而解。这里的“性质美”乃是针对“心辩知”而言，“而”表示一种并列关系。“心辩知”属于“其善者為也”的范围，称其“性质美”便是自然合理的。良弓、良剑、良马虽然质地优良，但还需要后天的加工、砥砺、培养。同样，虽然“心辩知”，心具有好善、知善、为善的能力，但还需要“求贤师而事之，择良友而友之”，才能真正得以实现。

（原载《中华读书报》2017 年 4 月 5 日）

统合孟荀，创新儒学

一

儒学有心性（内圣）的一面，也有政治（外王）的一面。学界有一个说法，因为港台新儒学主要讲心性儒学，所以大陆新儒学就应该谈政治儒学。这个说法是不成立的。儒学的独特之处就是心性（内圣）与政治（外王）的统一，如果真有大陆新儒学的话，那它一定是心性（内圣）与政治（外王）并重，是重新处理了二者关系的新的学术形态。所以，不应把心性（内圣）与政治（外王）割裂、对立起来，而应探讨二者是一种什么样的关系，历史上的儒者对此做了哪些思考，还存在哪些问题，以及我们今天又该如何对这一两千多年来困扰了无数儒者的问题做出新的回应和解答。

为什么说儒学一定是心性（内圣）与政治（外王）并重的？这与儒学的创立和基本问题有关。孔子创立儒学，提出了两个重要概念：仁和礼。夫子一方面以仁释礼，试图唤起人的道德自觉，认为“人而不仁，如礼何”（《论语·八佾》）；另一方面又以礼落实仁，提出“克己复礼为仁”（《论语·颜渊》）。这样，仁与礼的关系便成为儒学的基本问题，以后的儒者其实都在回应这个问题，并提出了不同的理论形式或形上学建构。的确，在一个礼坏乐崩的时代，如果重建价值秩序，到底是要唤起人们的道德自觉，还是要靠礼乐刑政？是相信良知，还是依靠制度？恐怕不好做出非此即彼的回答，因为二者本身就是相互联系、纠缠在一起的。如果相信良知，那么发明良知还是要落实到制度层面；如果依靠制度，那么制度建构也需要对公平、正义的追求，需要一定的道德意识，否则人们遵循的就可能是丛林法则，信奉的就可能是赤裸裸的暴力。从这一点来看，仁与礼、道德自觉与制度建构是联系在一起的，是不好截然分开的。但在仁与礼的关系上又存在着何者为先的问题，存在着不同的思想进路，故而又会有不同的理解和认识。孔子之后，儒学内部出现了主内派与主外派的分化，便是这种分歧的表现。进一步发展，便出现了孟学和荀学这两种不同的思想体系。

1998—2008 年十年间，我主要做孟子研究，利用郭店竹简研究思孟学派。2008 年后，我转向了研究荀子。为什么要关注荀子？这当然与我之前的研究有关。按照宋儒的说法，尧、舜、禹、汤、文、武、周公以后，代表儒家道统的是孔子、曾子、子思、孟子，反映他们思想的便是传统四书。但是郭店竹简子思遗籍的发现，使我们认识到子思的思想不仅影响了孟子，而且影响了以后的荀子。虽然思想史上不存在一个思荀学派，但从思想的发展来看，子思、荀子之间同样存在着联系。孔子、子思之后，先秦儒学的发展实际是一个分化的过程。分化的好处是深化。孟子把仁落实在心上，提出“仁，人心也”(《孟子·告子上》)，又即心言性，提出性善论，是对孔子仁学的一大发展。荀子则提出“隆礼重法”，认为“礼有三本”，对孔子礼学有所推进。但分化的不利之处则是窄化，儒学本来是内外兼备、仁礼并重的，但到了孟子、荀子这里，则往往取其一端，片面发展了某一方面。所以我说，如果立足于根源的文化生命，以仁与礼的统一为道统的基本内容，以内圣外王的贯通为儒学的根本特征，那么，孟子是有所失，荀子是有所偏。孟子继承、发展了孔子的仁学，但对礼学有所忽略，所以是有所“失”；荀子对孔子的礼学有重大贡献，但对仁学的理解有所不足，所以是有所“偏”。因此，我们就不应该在孟荀谁是正统的问题上争来争去，而应该统合孟荀，重新建构完备的儒学思想体系。这样，代表先秦儒家道统谱系的就不应只是孔子、曾子、子思、孟子四人，而应是孔子、七十二子及其后学、孟子、荀子，代表先秦儒学核心经典的也不应是传统四书，而应是《论语》《礼记》《孟子》《荀子》，可称为“新四书”。其中，《论语》《孟子》《荀子》分别反映孔子、孟子、荀子的思想，而《礼记》则主要是七十二子及其后学的作品，尤其是通论的部分，《大学》《中庸》本来就出自《礼记》，现在可以将其返回。因此，以“新道统”(根源的文化生命、仁与礼的统一、内圣外王的贯通)为纲领，以“新四书”为基本经典，“‘六经’注我，我注‘六经’”，以完成当代儒学的返本与开新，便成为当代大陆新儒学发展中的一项重要工作。

二

“新四书”的观点提出后，受到了学界的关注，也遭到了一些质疑。由于“新四书”的核心在于孟荀的关系，故质疑较多集中在这一点尤其是孟子的性善论与荀子的性恶论上。关于孟子的性善论，学界有很多讨论。我的看法是，孟子的性善论实际是以善为性论，其核心并不在于人性为什么是善的，而在于人性中是否有善，以及为什么要将善看作人真正的性。孟子对这些问题做出了论证和回答，他的性善论也就成立了。以善为性论强调的是，我们的性中并不仅仅有善。孟子说：“口之于味也，目之于色也，耳之于声也，鼻之于臭也，四肢之于安佚也，性也，有命焉，君子不谓性也。”（《孟子·尽心下》）我们的嘴巴想吃好吃的，眼睛想看美女、帅哥，耳朵想听好听的音乐，鼻子想闻好闻的，身体贪图安逸，孟子说这些也是性，但是“有命焉”，能不能实现，有命的限定。所以，“君子不谓性也”，一个有更高道德追求的人不应该把这些内容看作性。孟子又说：“仁之于父子也，义之于君臣也，礼之于宾主也……命也，有性焉，君子不谓命也。”（同上）所以，在孟子看来，人性至少包含了两部分内容，一是“口之于味”“目之于色”等感性欲望，二是仁、义、礼、智等道德禀赋。对于前一部分内容，孟子认为它们事实上也是性，“性也”是一个事实判断；但作为价值选择和价值判断，孟子又认为不应将其看作性。但要注意的是，孟子是说“君子不谓性也”，并没有说

“人不为性也”。也就是说，作为普通人，一般百姓能否将其看作性呢？孟子虽然没有明确回答，但从他的相关论述来看，他显然认为是可以将其看作性的。孟子反复强调“制民之产”，主张（民之）“所欲与之聚之，所恶勿施尔也”（《孟子·离娄上》），怎能否认民之欲望的合理性呢？不过，孟子没有对此做出正面讨论，从这一点来看，他的理论实际存在一个缺环。

孟子止步的地方，恰恰是荀子的起点。荀子回到“生之谓性”的传统，明确肯定生理欲望就是性，也就是一般百姓都可以将其看作性。但这样会导致什么样的结果？会出现什么样的问题？荀子说：“人生而有欲，欲而不得，则不能无求；求而无度量分界，则不能不争；争则乱，乱则穷。”（《荀子·礼论篇》）人有各种欲望，这是属于性的内容，是客观存在的，如果没有“度量分界”也就是规则秩序的话，则必然彼此争夺，从而导致混乱、贫穷。这时，“先王恶其乱也”，有一个聪明人站出来说，大家不要争了，大家一起制定一个规则秩序，也就是礼，大家都来遵守，这样就可以“养人之欲，给人之求”（同上），反而满足、实现了大家的欲望。关于荀子的人性论，学界一般认为是性恶论，主要根据是荀子的《性恶篇》。但《性恶篇》关于人性的判断是“人之性恶，其善者伪也”，既讲性恶，也讲善伪，全文一共讲了八次，没有一次例外。但我们讨论荀子的人性论时，往往只注意到前半句，而忽略了后半句，将荀子完整的人性论仅仅理解为性恶，这是不恰当的。不过，出现这种情况也是有原因的，一是因为“性恶”是篇名，二是因为“善伪”不好理解。唐君毅先生有一个学生叫唐端正，曾在香港中文大学任教，他于20世纪70年代发表过一篇文章，文章中说："通观《荀子》全书，他所能证明及所要证明的，不在性恶，而在善伪。因此，我们与其说荀子是性恶论者，不如说他是善伪论者。"① 但究竟何为善伪？还是不清楚。直到20世纪90年代郭店竹简公布，庞朴先生注意到有一个上"為"下"心"的字，写作"𢡺"。这个"𢡺"与一般的作为不同，不是行为而是心为，是心之作为、心之思虑活动。庞朴先生有个天才的推测，他说"伪"可能本来写作"𢡺"，只是由于后来"𢡺"字消失了，抄书者不识"𢡺"为何物，遂代之以"伪"。② 衡之荀子"心虑而能为之动谓之伪"的定义，庞先生的推测无疑是很有道理的。所以，荀子的"伪"并非一般人们所理解的作为，而首先指心的思虑活动、心的价值判断，荀子的"心"也不是以往学者所认为的认知心，而是可以好善、知善、为善，具有道德判断的能力。荀子讲"人之所以为人者……以其有辨也"（《荀子·非相篇》），又说"人有气、有生、有知，亦且有义，故最为天下贵也"（《荀子·王制篇》），这里虽然没有明确提出心，但"有辨""有义"显然是就心而言的，是心的功能和作用。所以，"人之性恶，其善者伪（𢡺）也"实际说到了恶与善这两个方面，恶来自性，善则来自𢡺，来自心的思虑活动，简而言之，就是性恶心善。

---

① 唐端正．先秦诸子论丛．台北：东大图书股份有限公司，1981：71-72.

② 庞朴．古墓新知：漫读郭店楚简//《中国哲学》编辑部，国际儒联学术委员会．中国哲学：第20辑 郭店楚简研究．沈阳：辽宁教育出版社，1999：11.

在荀子看来，“今人之性，生而有好利焉”，“生而有疾（注：同‘嫉’）恶焉”，“生而有耳目之欲有（注：当为‘又’）好声色焉”，人生而具有各种欲望，其中包含着恶端，如嫉妒憎恶、好声色等，如果不加节制而“顺是”（《荀子·性恶篇》)，就会产生争夺、残贼、淫乱，也就是恶。那么，善是从哪里来的？对此问题，荀子有两个说明。一个是经验的说明，认为我们的善是师长教导的，是通过学习礼义获得的，“必将有师法之化，礼义之道（注：通‘导’)，然后出于辞让，合于文理，而归于治”（同上)，“归于治”也就是归于善。但师长的善又是从哪里来的？礼义又是如何形成的？这样，荀子又须追根究底，做出哲学的说明，这是荀子的另一个说明。为回答这一问题，荀子设定了一种前礼义状态。在这一状态下，由于没有“度量分界”、礼义法度，一方面，人们听从自己的欲望向外求索、争夺，结果陷入混乱；另一方面，“心虑而能为之动”，心开始发挥思虑的作用，“圣人积思虑，习伪故，以生礼义而起法度”（同上)。前礼义时代还没有“圣王”，故这里“圣王”是后设的说法，实际上是先知、先觉者。“积思虑”的“思虑”也不是“圣王”一人的思虑，而是众人的“思虑”，所以说“积思虑”；“伪故”是自发形成的礼义规则，所以要“习”，并在此基础上形成礼义法度，也就是善。

根据以上分析可知，荀子实际上揭示了以性为代表的、向下堕失的力量和以心为代表的、向上提升的力量，从这种紧张和对立中对人性做出了考察。如果说“性恶”构成了人生中的一股逆流的话，那么“心善”则是人生中的一座灯塔，引领人生航船到达善之彼岸。所以，《荀子·性恶篇》必须从性恶心善来理解，否则便会产生误解。例如《荀子·性恶篇》中说："人之欲为善者，为性恶也。"以往学者指责荀子从求善来论证性恶，根本不能成立，甚至认为荀子是一时昏了头脑。其实根据荀子的性恶心善说，性恶和心善之间存在着紧张和张力，当性滑向恶时，心必然有所警觉，从而"欲为善"。就好比学生都希望有好的成绩，在由于松懈懒惰而考试成绩不理想时，一般会发愤为学；在成绩较为优异时，反而会有所满足，不思进取。这本来已蕴含在荀子反复强调的"人之性恶，其善者伪（爲）也"的命题中，人们由于只注意到前半句，而忽略了后半句，故而造成误解，将荀子的人性论简单理解为性恶论。又如《荀子·性恶篇》中说："今人之性，固无礼义，故强学而求有之也；性不知礼义，故思虑而求知之也。"既然性无礼义，为何又会"强学而求有之"？二者之间是什么逻辑？岂不是荀子又在自说自话？其实荀子立论的根据就在于"人之性恶，其善者伪（爲）也"，性"无礼义""不知礼义"，是因为性恶；而"强学而求有之""思虑而求知之"，是因为心善。"学""思虑"都属于心的活动，因为心好善、知善、为善，虽然性"无礼义""不知礼义"，但心却可以通过学、思虑而掌握、了解礼义，甚至发展出新的礼义。这同样已蕴含在"人之性恶，其善者伪（爲）也"的命题中，人们由于将荀子的人性论片面理解为性恶，故反而责怪荀子的论述自相矛盾。凡此种种，都是因为不了解荀子的人性论实际是性恶心善而造成的。

三

人们可能会有疑问：说荀子讲性恶心善，而孟子虽然讲性善，但因为孟子即心言性，实际也可以说是讲心善，那么，岂不是荀子与孟子都讲心善？在心善这一点上，岂不是二人没有差别？当然不是。孟子讲心善，他的心是有内容的，是实心，是四端之心，四端——恻隐、羞恶、辞让、是非——是先天的道德禀赋，是人生而具有的，“我固有之”，“非由外铄我也”（《孟子·告子上》）；扩而充之，就可以由内而外，表现为自觉的道德行为，“由仁义行，非行仁义也”（《孟子·离娄下》）。荀子虽然讲心善，但他的心是没有内容的，是虚心，只是一种能力。荀子说：“人之所以为人者”，“以其有辨也”（《荀子·非相篇》），“人有气、有生、有知，亦且有义”（《荀子·王制篇》），这里的“辨”和“义”作为心的能力，是要在后天中得以实现和完成的。从这一点来看，它更像语言能力，人具有使用语言的能力，这是生而具有的，但并不意味着人生下来就会讲话，使用语言、学会讲话还需要一个后天的学习过程。学习前人创造的语言，并有可能在此基础上丰富、发展它。我们身处的语言环境不同，使用的语言也就不同。虽然人心具有使用语言的能力，但人具体使用的语言则是后天获得的。所以，即使承认孟子、荀子都讲心善，也并不表示他们所讲的心是没有差别的，差别就在于孟子讲的是实心，是道德本心、良心，荀子讲的是虚心，是道德智虑心、理智心。

这样一来，又产生了一个问题：孟子、荀子二人谁的讲法更为合理？我们应接受孟子的心善，还是荀子的心善？其实二人的讲法都有合理之处，只是适用的范围不同。孟子的心善适用于道德领域，更适合解释人的道德活动，适合对儒家的仁做出理论论证；荀子的心善则适用于政治领域，更适合解释人的政治活动，适合对儒家的礼做出解释说明。孟子的心善强调的是，人生而具有四端之心，扩而充之，可达至天下。人的道德活动，尤其是同情、关爱等道德情感，的确如此。我对他人的同情心是生而具有、刹那呈现的，如“乍见孺子将入于井”（《孟子·公孙丑上》）。这种恻隐、同情之心，不仅可施与我身边的人，而且可以扩充到天下任何一个人，任何一个与我毫无关系的人。例如，我从电视上看到一个瘦骨嶙峋、奄奄一息的非洲孩子，我刹那间可以产生同情心，甚至援之以手。这与后天的学习、知识没有关系，关键在于觉与不觉，在于良知的呈现。所以，孟子的心善对人的道德实践活动，如独立人格的塑造，“大丈夫”精神的养成，“尽心、知性、知天”终极关怀的实现等，都有积极意义。但如将其扩展到政治领域，用来解释、说明制度的设置、礼义的安排，就不恰当了。荀子的心善强调的是，心有好善的价值欲求，能够通过学习、了解前人创造的善（礼义）而认知善并实践善，甚至通过“知通统类”发展出新的善。荀子的说法无疑更符合生活经验，我们的善都是用心学来的，是父母、师长教导的，而不仅仅是靠良知提供的。特别在政治领域，如管理一个大学、一个企业，不能仅靠良知，良知最多是一种态度、一种责任心，而管理好一个大学、一个企业，还要了解其历史沿革，研究其规章制度，发现存在的问题，确定发展的方向，制定出相应的发展规划、礼义制度。这实际就是荀子“知通统类”的方法，是其心善的主要内容。既然人的活动包含道德、政治等不同领域，那么这就正好说明孟子、荀子的心善可以互补，也应该互补。用孟子的话说，“徒善不足以为政，徒法不能以自行”（《孟子·离娄上》）。这里的“善”指“仁心仁闻”（同上），是良知之善；“法”指礼义法度，是制度之善。只讲良知之善（孟子的心善），无法治国理政，无法处理政治问题；只讲制度之善，只有一套设定制度的方法（荀子的心善），而无君子、好人去执行，礼义法度依然无法发挥作用。故最好的选择是将孟子的心善与荀子的心善结合起来，善、法合然后天下治。就孟子而言，虽然讲性（心）善，但并不认为性中只有善；对于孟子而言，恶乃善的流失，是失其本心。当良心、本心不发挥作用时，性中剩下的自然就是“口之于味”“目之于色”等感性欲望了，欲望的过度表达就是恶。所以，在孟子那里，实际也蕴含着一个性恶心善的结构，只是不够明确而已。从这一点来看，孟子、荀子二人的人性论不仅不是截然对立的，反而在逻辑结构上是一致的。

四

如何统合孟荀？融合两种不同的人性论，当然需要选择或创造第三种人性论，我觉得孟子后学的性善修习说不失为一个好的选择。我们知道《孟子外书》中本来有《性善》一篇，应出自孟子后学之手，虽今已失传，但其基本观点被荀子引用而保留在《荀子·性恶篇》中。据《性恶篇》，“孟子曰：人之学者，其性善”。杨倞注：“孟子言人之有学，适所以成其天性之善，非矫也。”（见王先谦《荀子集解》）按照“孟子曰”，孟子后学虽然承认性善，但又主张通过学来实现和完成善。较之孟子，增加了学的内涵，而不仅仅是意志的扩充，同时又认为学的目的是成就、完成善。又据《性恶篇》，“孟子曰：今人之性善，将皆失丧其性故也”。“将”，则也。“性故”，性的本来状态。这句话是说，人如果做到了性善，那么就丧失了本来的性。也就是说，完成、实现了的善性与作为原初禀赋的善性是有所不同的，因为增加了所学的内容。这是孟子后学对孟子性善论的发展，与前一观点也是一致的。孟子后学的这一观点在文献中也有反映，《韩诗外传》卷五：“茧之性为丝，弗得女工燔以沸汤，抽其统理，不成为丝。卵之性为雏，不得良鸡覆伏孚育，积日累久，则不成为雏。夫人性善，非得明王圣主扶携，内之以道，则不成为君子。”《韩诗外传》杂采先秦诸子各家的著述而成，在人性问题上持性善说，故主要受到了孟子学派的影响，以上文字可能就是来自孟子后学，或者是对其思想的阐发。在《韩诗外传》看来，茧的性是可以抽成丝，卵的性是可以孵出鸡，但这些都需经过一个加工、孵育的过程。由茧抽成的丝显然已不同于茧，由卵孵出的鸡显然也不同于卵，正好形象地说明“皆失丧其性故也”。由此可见，孟子后学的性善（心善）说，一方面承认心的道德直觉，即良知、良能，故即心言性，主张性善；另一方面又对良知、良能做了限定，否认心可以对一切是非善恶做出判断，认为还需要智性的补充和完善。由此可见，孟子后学所言之心实际是道德本心与道德智虑心的统一，是德性与智性的融合。较之孟子，孟子后学的心善说突出了智性，不再过分夸大良知、良能的作用，是对孟子学说的一个发展。对于荀子而言，也应肯定、承认良知、良能，在强调智性的基础上补充德性，以完善、发展其心善说。这样，孟子的心善与荀子的心善正好借助孟子后学的人性论范式而得到统一。

由于孔子以后，儒学发展出孟子、荀子两大宗，故汉代以后的儒学实际存在着从孟子来理解孔子、儒学，从荀子来理解孔子、儒学，和以孟、荀来理解孔子、儒学的三种不同进路。凡统合孟荀以理解孔子、儒学者，为儒学之大宗，董仲舒、朱熹、戴震、王夫之皆属于此。以孟子或以荀子来理解孔子、儒学者，皆别子为宗。前者如陆王心学，后者如汉代的陆贾、贾谊，宋代的李觏，清代主张以礼代理的学者，等等。虽然宋代以后，随着道统说的确立，孟子地位的提升，出现了荀学的隐形化，但荀学并没有真正退出儒学的舞台，一些大儒依然自觉不自觉地将荀学作为重要的思想资源，将之吸收到自己的思想中。故荀学代表了儒学的一个必要面相，失去这个面相的儒学是不完整的。荀学兴，则儒学兴；荀学衰，则儒学衰。不过，我们虽然强调荀学的重要性，但也应注意到，历史上的荀学只是一个古典版本，其中的一些理论预设，如对等级的过分强调、对平等的忽略等，都有待于现代转化。就人性论而言，荀子虽然提出了性恶心善说，但似乎并没有将其理论贯彻到底。既然性恶心善，那么人到底是趋恶还是向善？应是个人选择的结果。但荀子似乎认为某些人（圣人）是必然趋向善的，而另一些人（凡人）没有师长、圣人的教化，是很难获得善的，似乎又预设了圣人与凡人的差异。这样，在其一般人性论主张与圣凡差异间便存在着紧张和矛盾。荀子思想的价值在于其普遍的人性理论，而不在于他在战国后期针对特殊历史情境问题得出的具体结论。这样，荀子的人性论及其具体结论都需要做出一定的调整，而荀学的自我转化在很大程度上又影响到儒学的自我更新和发展。

（原载赵广明主编：《宗教与哲学》，第 7 辑，北京：社会科学文献出版社，2018）

超越尊孟抑荀，回归同尊孟荀

一

在西方哲学史上，苏格拉底之后有柏拉图、亚里士多德双峰并峙。德国著名诗人海涅在谈及这一现象时曾说：

> 柏拉图和亚里士多德！这不仅是两种体系，而且也是两种不同人性的典型，他们自远古以来，就披着各种不同的外衣，或多或少地互相敌对着。特别是经过整个中世纪，一直到今天为止，斗争还是这样进行着……即使在另外一种名义下，问题总还是关系到柏拉图和亚里士多德。狂信的、神秘的、柏拉图式性质……实践的、善于整理的、亚里士多德式性质。①

在海涅眼里，柏拉图与亚里士多德不仅代表了两种思想学说，更是代表了两种不同的性格类型，以及由这两种不同的性

① 海涅．论德国宗教和哲学的历史．修订2版．海安，译．北京：商务印书馆，1974：63.

格类型所形成的认识与理解宇宙、人生的思想体系，它们虽然彼此对立，但却成为西方哲学史上两个不可或缺的重要传统。从这一点来看，或许更准确的表达应该是：一部西方哲学史就是柏拉图与亚里士多德的注脚。与西方类似的是，在中国哲学史上，孔子之后有孟子、荀子，他们的思想同样构成了中国哲学或者儒学的两个重要传统。如果说孔子创立儒学，主要提出了仁与礼的思想，并以追求二者的统一为毕生使命的话，那么孟子则把仁往心上落，即心言性，提出了性善论，为儒家的仁学奠定了人性论的根基。孟子主张君子应以善为性，养“浩然之气”，把人的精神向上提、往外扩，“以不忍人之心，行不忍人之政”（《孟子·公孙丑上》），走了一条“为政以德”（《论语·为政》）、由道德而政治的道路。荀子与此相反，他主要关注的是礼的建构问题，故主张自然人性论，认为人性中主要包括欲性与知性，一方面用欲性说明现实世界中人与人之间的争夺、混乱，也就是恶，另一方面又用知性或者伪解释人（在荀子那里主要是圣人）何以能制作礼义法度，也就是善，并通过实践礼义法度，化性起伪，积善成德，走了一条“为国以礼”（《论语·先进》）、由政治而道德的道路。虽然孟子、荀子的致思方向有所不同，具体见解和主张各异，但不难看出他们二人实际都继承和发展了孔子的思想，只不过各有侧重。所以，孔子之后的孟子、荀子开启了儒学内部的两个重要传统，于是如何处理二者的关系就成为一个重要问题。纵观秦汉以后的儒学史，关于孟子、荀子的地位和关系，实际存在两种认识模式：一是孟荀齐号，二是尊孟抑荀。前者将孟子、荀子等量齐观，既承认二者思想的差异，又肯定二者对儒学的贡献；后者则抬高孟子、贬低荀子，并由此导致了孟子升格和荀子罢祀的不同后果。由于程朱理学及港台新儒家的影响，尊孟抑荀更为人们所熟知；但从历史上看，孟荀齐号不仅产生的时间更早，而且延续的时间更长，实际上具有更强的诠释力，也应成为今后儒学研究的基本范式和方向。

二

汉代是儒学发展的重要时期，司马迁作《史记》，将孟荀同列为一传，称“猎儒墨之遗文，明礼义之统纪，绝惠王利端，列往世兴衰，作《孟子荀卿列传》第十四”（《太史公自序》）。其中“明礼义之统纪”是指荀子，“绝惠王利端”是说孟子，而这两点正是汉代儒学的核心议题。我们知道，汉代儒学重建，一是用儒家仁义批判秦人的强权、暴力，重建社会的价值观；二是反省、检讨战国以及汉初社会长期动乱的现实，尝试建立可以行之久远的礼义秩序。孟子、荀子正好为其提供了重要的思想资源，所以司马迁将二者并称，无分轩轾。他在《儒林列传》中说：“然齐鲁之间，学者独不废也，于威、宣之际，孟子、荀卿之列，咸遵夫子之业而润色之，以学显于当世。”孟子、荀子二人都继承和发展了孔子的思想，孟荀齐号由此而起，成为当时人们的共识和习惯用语，诚如清儒梁玉绳所说："孔墨同称，始于战国；孟荀齐号，起自汉儒。"① 从思想来看，汉代儒者如陆贾、贾谊、韩婴、董仲舒、刘向等，都受到孟子、荀子的影响，既"绍孟"，亦"绍荀"，可概括为"绍孟荀"。大致而言，在礼治、教化方面他们主要继承了荀子的思想，而在仁义、仁政方面则主要吸收了孟子的思想。一些学者如韩婴、董仲舒则表现出试图融合孟荀人性论的倾向，韩婴的《韩诗外传》虽然援引《荀子》达四十余条，深受荀子的影响，但却并未接受荀子的性恶论，其人性主张更近于孟子的性善论。不过，韩婴虽然承认人有善性，但又认为人生而具有的善性好比茧之性、卵之性，还需经过后天的教化、修习，"夫人性善，非得明王圣主扶携，内之以道，则不成为君子"（《韩诗外传》卷五）。这显然是对孟荀人性论的一种综合。孟荀齐号在西汉中期盐铁会议上也有反映，盐铁会议标志着儒者作为一个政治群体真正开始登上政治舞台，具有特殊的意义。值得注意的是，参加会议的贤良、文学既大量引用孟子的言论，涉及仁政、惠民等内容，同时也有引用《荀子》文句的情况，并直接提到荀子，说明孟子、荀子的思想都成为贤良、文学批判现实政治的思想武器。东汉班固的《汉书》承继《史记》，依然采取孟荀齐号的表述，说明孟荀齐号的现象延续到了东汉时期。

虽然两汉思想界的主流主张是齐同孟荀，但孟子、荀子二人的影响还是有变化的。徐复观先生说："就西汉初期思想的

---

① 梁玉绳．史记志疑：第3册．北京：中华书局，1981：1481．

大势说，荀子的影响，实在大于孟子。”[1] 陆贾、贾谊、韩婴等人，受荀子的影响明显大于受孟子的影响。但到了盐铁会议，孟子的影响则不断上升，有超过荀子之势。到了西汉末年的扬雄，则明确推崇孟子。扬雄推崇“六经”而轻视诸子，认为诸子所见往往“异于孔子”，而孟子与孔子“无异”。扬雄说：“吾于孙卿与，见同门而异户也，惟圣人为不异。”(《扬子法言·君子》）可见，扬雄一方面肯定荀子祖述孔子，仍是儒家传人；另一方面又认为荀子所见与孔子有异，与孟子所见的不异有所不同。扬雄的这一看法直接影响到唐代的韩愈。

韩愈是儒学史上尊孟抑荀的倡导者，对以后的宋明理学家产生了较大影响，但就唐代而言，韩愈的观点并未得到普遍响应，也不能代表唐代学者的一般看法。在《读荀》一文中，韩愈承认尊孟是受到扬雄的影响：“始吾读孟轲书，然后知孔子之道尊……晚得扬雄书，益尊信孟氏。……及得荀氏书，于是又知有荀氏者也。考其辞，时若不粹；要其归，与孔子异者鲜矣。”他对孟子、荀子的评价是：“孟氏，醇乎醇者也。荀与扬，大醇而小疵。”不过，韩愈虽然批评荀子不够纯粹，但认为其异于孔子的地方并不多，是“大醇而小疵”。韩愈后来写《原道》一文，认为儒家存在着自己的道统，经尧、舜、禹、汤、文、武、周公而传给孔子，“孔子传之孟轲，轲之死，不得其传焉。荀与扬也，择焉而不精，语焉而不详”。与之前不同的是，韩愈对荀子的评价已变为“择焉而不精，语焉而不

① 徐复观．两汉思想史：第2卷．上海：华东师范大学出版社，2001：310.

详”，并将其排除在道统之外，表现出明显的尊孟抑荀倾向。但就在韩愈倡道统、尊孟抑荀不久后，为《荀子》作注的杨倞依然坚持孟荀齐号：“仲尼定礼乐，作《春秋》，然后三代遗风弛而复张……孟轲阐其前，荀卿振其后……真名世之士、王者之师……盖周公制作之，仲尼祖述之，荀、孟赞成之，所以胶固王道，至深至备。”（《荀子注·序》）据周炽成先生的考证，杨倞注《荀子》是在韩愈著《原道》之后，其上述观点很可能是针对韩愈的。“在杨倞看来，荀子和孟子都继承了周公、孔子的道统，这就与韩愈把荀子排除在道统之外根本不同。”“韩愈想接上孟子，而杨倞则想接上荀子。”① 这说明在唐代孟荀齐号的主张仍有较大影响，甚至韩愈本人也有类似的表述。他《进学解》一文中说：“昔者孟轲好辩，孔道以明，辙环天下，卒老于行。荀卿守正，大论是弘，逃谗于楚，废死兰陵。是二儒者，吐辞为经，举足为法，绝类离伦，优入圣域，其遇于世何如也？”这里韩愈不仅孟荀并举，还肯定二人“优入圣域”，皆达到了圣人的境地，与他在《原道》中所表达的尊孟抑荀态度有明显的不同，说明韩愈也曾接受孟荀齐号的主张，后来只是出于批判佛老的需要，才倾心于辟杨墨不遗余力的孟子，而对综合百家的荀子有所保留。所以，虽然韩愈尊孟抑荀，且孟子的地位有不断上升之势，但就唐代思想界的整体情形而言，孟荀齐号的主张仍有较大影响。与韩愈同时代的柳宗元、刘禹锡等就重视荀子，在天人观上继承并阐扬了荀子的天人之分说。

① 周炽成．荀孟在唐代的影响．山西日报，2009－12－28（C01）.

三

宋代是孟子地位不断提升的时期，故有所谓的“升格运动”，但从实际的发展过程来看，依然是孟荀齐号与尊孟抑荀并存，这在北宋前期表现得尤为明显。如宋初三先生之一的孙复称：“吾之所谓道者，尧、舜、禹、汤、文、武、周公、孔子之道也，孟轲、荀卿、扬雄、王通、韩愈之道也。”（《信道堂记》）宋初三先生中的另一位石介也持类似的主张，认为继承道统的是“孟轲氏、荀况氏、扬雄氏、王通氏、韩愈氏五贤人”（《尊韩》）。这与韩愈的道统说明显不同，实际是对孟荀齐号的继承和延续。这种“五贤人”道统说在北宋前期影响很大，孔道辅知兖州时曾在孔庙建“五贤堂”，韩琦也曾作《五贤赞》，赞颂孟轲、荀卿等五位贤人。与“五贤人”道统说相对的是曾巩、苏洵等人的“四君子”说。曾巩称：“仲尼既没，析辨诡词，骊驾塞路，观圣人之道者，宜莫如于孟、荀、扬、韩四君子之书也，舍是醨（注：浅薄）矣。”（《上欧阳学士第一书》）苏洵也说：“自孔子没，百有余年而孟子生；孟子之后，数十年而至荀卿子；荀卿子后乃稍阔远，二百余年而扬雄称于世；扬雄之死，不得其继千有余年，而后属之韩愈氏。”（《上欧阳内翰第二书》）“四君子”与“五贤人”这两种说法虽然略有不同，但在同尊孟荀上是一致的，说明孟荀齐号在当时仍有较大影响，同尊孟荀仍是很多学者的选择，欧阳修就是其中的代表。欧阳修既推崇孟子，说“孔子之后，唯孟轲最知道”（《与张秀才第二书》），也肯定荀子，说“汉诸大儒贾生、司马迁之徒，莫不尽用荀卿子，盖其为说最近于圣人而然也”（《郑荀改名序》）。“孟轲最知道”、荀子“最近于圣人”，这与韩愈的尊孟抑荀有根本的不同。

不过，北宋时期尊孟抑荀也有发展，这在理学家那里表现得尤为明显。如张载说：“古之学者便立天理，孔孟而后，其心不传，如荀、扬皆不能知。”（《经学理窟》）“自孔孟而下，荀况、扬雄、王仲淹（注：王通）、韩愈，学亦未能及圣人。”（《性理拾遗》）二程说：“孔子没，曾子之道日益光大。孔子没，传孔子之道者，曾子而已。曾子传之子思，子思传之孟子，孟子死，不得其传，至孟子而圣人之道益尊。”（《河南程氏遗书》卷二十五）朱熹说：“孔子传之孟轲，轲之死，不得其传。此非深知所传者何事，则未易言也。夫孟子之所传者何哉？曰：仁义而已矣。”（《李公常语上》）他们均认为只有孟子传道统，而将荀子排除在外，这便在孟荀间拉开了距离。北宋理学家对孟子、荀子二人的评价也有云泥之别。二程说：“孟子有功于道，为万世之师。”（《河南程氏遗书》卷五）又说：“荀子极偏驳，只一句性恶，大本已失。”（《河南程氏遗书》卷十九）朱熹说：“不须理会荀卿，且理会孟子性善。渠分明不识道理。”（《朱子语类》卷一百三十七）肯定前者，贬抑后者，立场异常鲜明。理学家尊孟抑荀，与韩愈态度相似，但在具体评价上已有较大差别，故对韩愈的“大醇而小疵”说并不认可。二程说：“荀卿才高，其过多。扬雄才短，其过少。韩子称其‘大醇’，非也。若二子，可谓大驳矣。然韩子责人甚恕。”(《河南程氏遗书》卷十八）荀子并非“大醇”，而是“大驳矣”。

北宋时期，关、洛理学只是民间学派，当时真正有影响且居于官学地位的是王安石新学，故其对孟荀的态度同样值得关注。学界一般认为，王安石尊孟，而对荀子多有微词，将其归为尊孟抑荀一派，这当然有一定的根据。如王安石公开赞颂孟子，引孟子为千古知己，如其诗《孟子》云：“沉魄浮魂不可招，遗编一读想风标。何妨举世嫌迂阔，故有斯人慰寂寥。”其诗《扬雄》云：“孔孟如日月，委蛇在苍旻。光明所照耀，万物成冬春。”其所著“《淮南杂说》行于时，天下推尊之，以比孟子”(马永卿《元城语录》卷上）。但深入王安石的思想尤其是其变法的理论设计，则可发现他受荀子的影响更大，如他持自然人性论，重视人的感性生命，从个体之性推出普遍之性，也就是可以共享、共存的性，并以此作为建构礼乐制度的根据，主要关注的是财富的生产和利益的分配问题。“就此而言，王安石虽然对荀子存在较多误解和批评，而与孟子思想一度更为密切，但其所延续的仍主要是‘孔荀之制’，而不是‘孔孟之道’，选择的是孔荀的路线，而不是孔孟的路线。”①借用李泽厚先生的话，王安石实际是“举孟旗，行荀学”。王安石用荀学而不称荀子，与其类似的有李觏。李觏重视礼乐刑政，其思想以礼为核心，但在谈及自己思想的来源时，李觏只承认《礼记》《周礼》《左传》《论语》等，而不提及荀子。夏

① 梁涛．王安石政治哲学发微．北京师范大学学报（社会科学版），2016(3)：105.

长朴教授说：“将李觏的言论与荀子的隆礼言论加以对比，会发现二者对礼的看法有相当多的相合之处，这种相符绝不是偶合的，所以不能以偶然视之，但是通观李觏的集子中，提及荀子的只有两处，这实在是令人费解的一件事。”① “李觏所不曾明言的荀子隆礼理论，才是他礼论的主要来源。……这个现象是我们研究李觏思想时，不能不重视的事实。”② 夏长朴先生所说，我称之为荀学的隐形化，即某些思想家自觉不自觉地接受、运用了荀子的思想，但却不提及或有意回避荀子。出现这种情况主要是因为：第一，当时人们对荀子的人性论有较多误解，认为其只讲性恶，否认了人的道德主体性，不符合儒家正统。第二，荀子的《非十二子篇》批判子思、孟轲，而随着后者的地位不断提升，受到学者的推崇和认可，荀子的批判便显得师出无名、于理不通了。第三，荀子培养出了李斯、韩非，使其往往也被归为法家而遭到排斥。荀学的隐形化是儒学史上的一个重要现象，值得认真研究，而这一现象的出现表明，荀子即使在遭到贬抑的时代也没有退出思想舞台，会以变换形式的方式发挥影响和作用。出现这种情况主要是因为，北宋儒学的主题一是复兴三代礼乐王政以重建人间秩序和政治宪纲，二是阐发道德性命之学以回应佛老的冲击和挑战。前一主题显然与荀学关系更为密切，而孟学则是由于后一主题而受到人们的关注。北宋前期人们主要关注的是治道问题，到了神宗熙宁以后，道德性命成为学者热议的话题，因此荀学与孟学经历了一

---

① 夏长朴．李觏与王安石研究．台北：大安出版社，1989：19.

② 同①26.

个消长的过程。

南宋以后，随着程朱理学得到官方认可，尊孟抑荀终于压到了孟荀齐号，成为学界的主流主张。《孟子》完成升格运动，并由子入经，而荀子则被排除在道统之外，到了明代甚至被罢祀孔庙。这一时期虽然仍有学者为荀子辩护，主张齐同孟荀，但已很难产生影响，荀学只能以隐形化的形式发挥作用。

四

清代的官方意识形态是程朱理学，故尊孟抑荀被定于一尊，成为正统。但与此同时，回归孟荀齐号的声音也从未间断，清初的傅山、费密已开其端，到乾嘉时期达到高峰。清代思想的一个重要主题是检讨理学的过失，在肯定人的感性生命的基础上重建礼乐秩序，而荀子"隆礼重法"，主张义利两有，既重视理智的作用，又不否定情感欲望，正好为其提供了思想资源。因此，荀子受到人们的重视，为荀学辩解、要求回归孟荀齐号者不断增加，形成了不同于理学家尊孟抑荀的另一种声音。

乾嘉学者回归孟荀齐号，主要有两种进路：一是延续王安石"举孟旗，行荀学"的做法，在尊孟的形式下注入荀学的思想；二是公开为荀子辩诬，主张回到孟荀齐号。前者可以戴震为代表，戴震著《孟子字义疏证》，表面上是解读《孟子》，但他持血气心知的人性论，主张"理存于欲"，与荀子主张义利两有，重视情性、知性的认识论实际是一致的。所以，近代以来学者多认为戴震名为尊孟，实际更近于荀子，是"资名于孟子”（章太炎），“虽依孟子道性善，而其言时近荀子”（钱穆）。更多的学者则是通过直接研究《荀子》，为荀子辩诬、翻案。如谢墉称：“荀子生孟子之后，最为战国老师。太史公作传，论次诸子，独以孟子、荀卿相提并论。……盖自周末历秦汉以来，孟荀并称久矣。……愚窃尝读其全书，而知荀子之学之醇正，文之博达。”（《荀子笺释·序》）不仅指出孟荀齐号由来已久，而且认为荀子思想并非“大醇而小疵”，而是“纯正”。孟荀的性善、性恶，一直是儒学史上争论的焦点，理学家尊孟抑荀，在一定程度上就是对性善的肯定和对性恶的否定。然而，郝懿行说：“孟、荀之意，其归一耳。至于性恶、性善，非有异趣。性虽善，不能废教；性即恶，必假人为。……孟、荀之指，本无不合，惟其持论，各执一偏。”（《与王伯申引之侍郎论孙卿书》）钱大昕也说：“愚谓孟言性善，欲人之尽性而乐于善；荀言性恶，欲人之化性而勉于善；立言虽殊，其教人以善则一也。宋儒言性，虽主孟氏，然必分义理与气质而二之，则已兼取孟、荀二义，至其教人以变化气质为先，实暗用荀子化性之说。”（《跋谢墉刊行〈荀子笺释〉》）他认为宋儒的气质之性实际是来自荀子，可谓有见。为反对宋儒“以理杀人”，凌廷堪等人提出了“以礼代理”说，主张用礼学取代理学，故特别强调荀子对礼学的贡献。“守圣人之道者，孟荀二子而已。孟子长于诗书，七篇之中，称引甚广。至于礼经，第曰‘尝闻其略’……盖仅得礼之大端焉耳。若夫荀卿氏之书也，所述者皆礼之逸文，所推者皆礼之精意。……然则荀氏之学，其不戾于圣人可知也。后人尊孟而抑荀，无乃自放于礼法之外乎！”

(《荀卿颂并序》）孟子仅得“礼之大端”，而荀子所述才是“礼之精意”，故从礼学的角度看，荀子的思想与孔子的思想仍然是一致的。汪中则对荀子传经做了详尽的考订，从经学传授的角度肯定了荀子的贡献。“荀卿之学，出于孔氏，而尤有功于诸经。”“六艺之传，赖以不绝者，荀卿也。周公作之，孔子述之，荀卿传之，其揆一也。”(《荀卿子通论》，见王先谦《荀子集解·考证下》）晚清俞樾则提出“升《荀子》为经，与《孟子》配次《论语》之后，并立学官，乡会试首场即用此一圣二贤之书出题取士，允为千古定论”(《宾萌集》卷四)。这一主张最终虽没有实现，但反映了清代学者对荀子的认识和评价。

五

从以上分析来看，孟荀关系经历了从孟荀齐号到尊孟抑荀，再到同尊孟荀的发展过程，尽管尊孟抑荀一度成为主流，并上升为官方意识形态，但荀学并没有因此而退出历史舞台，而是以隐形化的形式发挥作用，并在清代呈现复兴的趋势。出现这种情况主要是因为，无论孟学还是荀学，都是儒学的有机组成部分，都是对孔子思想的发展和继承。如果说孟学主要发展了孔子的仁学，突出人的道德主体性和道德理想，因而被后人称为孔孟之道的话，那么荀学则主要继承了孔子的礼学，着眼于制度建构，因而也可称之为孔荀之制。无论孔孟之道还是孔荀之制，都是完整儒学的有机组成部分，合则两美，分则两伤。从这一点来看，孟荀本身也是相通和互补的，孟子论及制度和认知，往往与荀子相通，或者说需要根据荀学才能得到更好的理解和说明。如孟子论三代赋税：“夏后氏五十而贡，殷人七十而助，周人百亩而彻，其实皆什一也……治地莫善于助，莫不善于贡。”（《孟子·滕文公上》）贡、助、彻都是税法，属于同一类；其有历史的沿革，自成统绪。经过理性的分析、比较，便可得出助法优于贡法的结论。这显然不是靠良知、良能，而更接近荀子“知通统类”的方法。又比如孟子主张“知言”，自称能够做到“诐辞知其所蔽，淫辞知其所陷，邪辞知其所离，遁辞知其所穷”（《孟子·公孙丑上》）。但孟子并没有说明他是如何做到知言的，没有提供一套关于知言的方法，无法使人通过学习而像孟子一样做到知言。这显然与孟子突出良知、良能，强调心的直觉能力，而在一定程度上忽略了经验认知有关。相反，荀子则有系统的“正名”理论，有一套对概念、命题的分析方法，孟子的知言要放在荀学的脉络中才能得到完整的理解。同样，荀子“隆礼重法”，对儒家礼学是一个发展，他认识到礼源于欲望、利益的冲突，以及对这种冲突的调节，这更是难能可贵，触及了礼的核心和本质。但他在论及礼的起源时则语焉不详，只是简单地将之归于圣人之伪，因而受到后人的诟病。其实，圣人之所以能制礼，不仅因为其“积思虑，习伪故”（《荀子·性恶篇》），还因为其能推己及人，“己欲立而立人，己欲达而达人”（《论语·雍也》），秉持了忠恕之道。荀子在这方面的论述恰恰是比较薄弱的。相反，孟子虽然持性善论，主张以善为性，但这主要是对君子说的，面对君主和庶民，他依然承认自然欲望的合理性，进而寻求共存、共享之道。如面对“寡人好货”“寡人好色”的齐宣王，孟子就劝导其“与百姓同之”（《孟子·梁惠王下》），也就是推己及人，与百姓共享，只是没有由此提出一套系统的礼学理论。荀子虽然关注礼，但在礼何以产生的问题上仍有不通、不透之处。荀学甚至整个儒家礼学都需要变换根基，从过分强调“上下有差”回归到忠恕之道，如此方可实现孔子“人而不仁，如礼何”（《论语·八佾》）的理想和期盼。仁需要礼来落实，礼也需要体现仁的价值。

从历史来看，孟荀地位的升降起伏是与道统说密切相关的，所以，如何看待儒家道统是理解孟荀关系的关键。那么，什么是儒家道统呢？韩愈认为儒家道统的核心是仁义，这无疑是正确的；但他将仁义理解为“博爱之谓仁，行而宜之之谓义”（《原道》），则失之片面。实际在儒家那里，仁义存在着由仁而义和由义而仁两个进路：一是强调扩充、培养内在的仁，进而承担起对他人的责任和义务，这就是孟子的“居仁由义”（《孟子·离娄上》），韩愈的仁义即来源于此；二是主张通过公正、正义的制度来实现仁，这就是荀子的“处仁以义”（《荀子·大略篇》）。无论由仁而义还是由义而仁，都可以在孔子思想中找到根据，都是对孔子思想的继承和发展，二者相结合才代表儒家完整的仁义观。用这种完整的仁义观去重新审视传统才是儒家的真道统，在此道统谱系中，孟子、荀子自然各居其位，而如何统孟荀，发展出新的儒学体系，便成为当前儒学研究的重大理论课题。

（原载《文史哲》2020年第2期，注释做了简化和省略）

君子儒学与庶民儒学

——兼论统合孟荀

一

一般认为“成己成人”是儒学的核心理念，其中又以“成己”为根本。因为作为一个儒者，如果没有做到“成己”，没有完善的人格，谈何“成人”乃至平天下？确实，“成己成人”是儒学的一个重要内容，但它只是儒学的一个面向，属于儒家的君子之学，并不等于儒学的全部。这就涉及对儒学的理解。什么是儒学？我认为，从孔子开始，完整的儒学至少包含了两个方面：一是成己安人，“为政以德”（《论语·为政》）；二是先养后教，“为国以礼”（《论语·先进》）。前一方面主要针对君子，后一方面则主要针对庶民。前一方面的内容见于孔子回答“子路问君子”。子曰：“修己以敬”“修己以安人”“修己以安百姓”（《论语·宪问》）。这是强调成己进而成人，是对君子人格的肯定。后《大学》提出“三纲领、八条目”，由“明明德”以至“止于至善”，由“修身”以至“平天下”，主张“自天子以至于庶人，壹是皆以修身为本”，视修身为治国、平天下的根本，即是对此内容的进一步展开。但孔子提出“修己以安人”“以安百姓”，并非只是突出君子的身教和道德感化作用，先养后教，“博施于民而能济众”（《论语·雍也》）才是其向往的圣者境界。而且，就君子的身教和道德感化而言，必须要在一套礼义制度下才有可能。否则，个人的修身或君子人格如何能有如此大的作用，竟然能够“安百姓”？故孔子主张在“道之以德”的同时，还要“齐之以礼”（《论语·为政》）。由此可见，对于儒学，至少要从君子人格和礼义法度两个方面来理解，方可窥其全貌。前者强调修己安人，属于君子儒学；后者突出“为国以礼”，主要针对庶民而言。在儒家那里，虽然礼义由圣王制作，但制作礼义的根据却在民情、民欲，是推己及人的结果。郭店竹简《尊德义》：“察者出，所以知己，知己所以知人，知人所以知命，知命而后知道，知道而后知行。”① “察者出”就是观察我内心的情感、愿望，“出”指内心的表现。我观察自己内心的表现，反求诸己，这样就了解了自己。因为“性相近”（《论语·阳货》），人与人的情性、情感是相近的，所以了解了自己也就了解了他人，我所具有的情感、愿望也是他人想要得到的。推己及人，由了解自己进一步了解他人，这就是知命。“命”有普遍、必然的含义，知道了“命”也就知道了“道”，“道”是准则、法则的意思。郭店竹简《语丛一》：“知己而后知人，知人而后知礼，知礼而后知行。”②

① 李零．郭店楚简校读记（增订版）．北京：中国人民大学出版社，2007：182.

② 同①208.

“知己”就是了解自己，由了解自己而推己及人，也就了解了他人，了解了他人也就了解了礼。所以，礼是规范人我关系、指导庶民生活的原则。

在孔子看来，君子与庶民具有不同的社会品格。“子曰：君子喻于义，小人喻于利。”（《论语·里仁》）关于此句的“小人”，向来存在“德”与“位”的不同理解。以“德”来解读，“小人”指道德品质不好的人，与境界高尚的“君子”相对。此句是说：君子懂得追求义，小人却只晓得追求利。二者境界有高下之分，是一种道德评价。所谓“弃货利而晓仁义则为君子，晓货利而弃仁义则为小人也”（皇侃《论语集解义疏》）。“喻”是知晓、明白之意。以“位”来理解，“小人”“君子”就不是道德评价，只表达了身份的差别，“小人”指庶民也。那么，此句是说：君子方可晓之以义，小人只能晓之以利。“喻”是晓谕、开导之意。此句不是对君子、小人做道德评价，而是强调对待二者应有不同的道德标准。用董仲舒的话说，“明明（注：或作‘皇皇’，即惶惶）求仁义，常恐不能化民者，卿大夫意也。明明求财利，常恐困乏者，庶人之事也”（《汉书·杨恽传》）。扬雄说得更明白：“吾闻先生相与言，则以仁与义；市井相与言，则以财与利。如其富，如其富。”（《扬子法言·学行》）在《论语》中，固然有以德来谈论君子、小人的，但也不乏以位来做区分的：前者如“君子坦荡荡，小人长戚戚”（《述而》），“君子周而不比，小人比而不周”（《为政》），“君子成人之美，不成人之恶；小人反是”（《颜渊》），等等；后者则有“君子怀德，小人怀土。君子怀刑，小人怀惠”(《里仁》),“君子学道则爱人,小人学道则易使也”(《阳货》)。所以,单纯从文字来看,“德”“位”的解释都可以成立;若从义理来分析,以“位”来理解则可能更符合孔子的思想。[①] 如此,我们方可理解孔子为何自称“富而可求也,虽执鞭之士,吾亦为之”(《述而》),方可理解孔子为何教诲弟子“既庶矣”,则“富之”“教之”(《子路》),也方可理解孔子为何主张“因民之所利而利之”(《尧曰》)。这说明孔子对于君子、小人或庶民的要求是不一样的,具有不同的维度,存在着君子之学与庶民之学的分野,孔子思想中除了其倡导的君子儒学之外,还蕴含着一套庶民儒学。

二

孟子讲得更为清楚:“无恒产而有恒心者,惟士为能。”(《孟子·梁惠王上》)没有固定的财产而有固定的志向,只有士人才能做到。对于一般民众,“则(注:若)无恒产,因无恒心。苟无恒心,放辟邪侈,无不为已”(《孟子·梁惠王上》)。如果没有物质生活的保障,就会违法乱纪,什么坏事都干得出来。可见,士与民的社会品格是不一样的,对他们的伦理要求也是不同的。在孟子那里,士也就是君子,故孟子区分士与民,乃是对儒家君子之学与庶民之学的进一步发展。在孟子看来,士与民的差别首先在于社会角色的不同。所谓“或劳

① 张俊.儒家伦理的二维结构体系——从“君子喻于义,小人喻于利”谈起.文史哲,2017(4).

心，或劳力。劳心者治人，劳力者治于人；治于人者食人，治人者食于人。天下之通义也”（《孟子・滕文公上》）。士是劳心者，是管理阶层；民是劳力者，是被管理者。社会角色不同，其社会职责与义务自然也不同。所以，孟子“道性善”——提出性善论，虽然是以普遍主义的形式出现的，但实际上也包含了对于君子、庶民角色的不同思考。对于孟子的性善论，学界有不同的看法，我的理解是：孟子的性善论实际是以善为性论。孟子“道性善”，并不是认为人性的内涵及表现都是善的。相反，他说：“口之于味也，目之于色也，耳之于声也，鼻之于臭也，四肢之于安佚也，性也，有命焉，君子不谓性也。”（《孟子・尽心下》）人的耳目之欲等感性欲望也是性，这里的“性也”是一个事实判断，表示其事实上也是性。但是“有命焉”，能否实现则有命的限定，所以“君子不谓性也”，君子不应将其看作真正的性，“不谓性”乃是一个价值判断。那么，应该把什么看作性呢？应该把仁、义、礼、智这些先天的道德禀赋看作性。需要注意的是，孟子强调的是“君子不谓性也”，而并没有说“人不谓性也”，也没有说“民不谓性也”。那么，我们反过来可以问：民是否可以把“口之于味”等感性欲望看作性呢？对此孟子没有正面回答，但是如果从孟子的整体思想来看，显然是可以的。孟子认为获得民心，就应民之“所欲与之聚之，所恶勿施尔也”（《孟子・离娄上》），老百姓想要的就满足他们，不喜欢的就不要强加给他们。孟子一见到君王，反复强调的是制民之产，满足其感性欲望和物质生活。所以，孟子的性善论实际是有具体内涵的，既强调所有人都应当以善为性，实现自我的完善，又在现实中对君子、庶民有所区分，其“不谓性也”主要是针对君子提出的，对庶民的感性欲望则有所肯定和保留。只不过孟子没有对后者做出正面的讨论，没有说明庶民以欲为性会产生什么样的结果。从这个角度看，他的人性论并不完备。宋明理学家称孟子的性善论为“不备”，这个评价我认为是准确的。

对于庶民之学，荀子有更多的思考，这不仅因为继孟子之后，他对庶民与君子做了进一步的区分，认为“以从俗为善，以货财为宝，以养生为己至道，是民德也。行法至坚，不以私欲乱所闻，如是则可谓劲士矣”（《荀子·儒效篇》），更因为他在人性论上有所发展和突破。在荀子看来，“义与利者，人之所两有也。虽尧舜不能去民之欲利，然而能使其欲利不克其好义也。虽桀纣不能去民之好义，然而能使其好义不胜其欲利也”（《荀子·大略篇》）。义与利是人生而具有的，即使尧舜也不能去除民之好利，桀纣也无法去除民之好义，明确肯定人既有好利的本性，也有对义的追求。传统上一直认为荀子的人性论是性恶论，荀子因此而遭到宋儒“大本已失”的评价，并被逐出道统，罢祀孔庙。其实，荀子的人性论并不是性恶论，而是性恶心善论。我们只要认真阅读《荀子·性恶篇》，就会发现荀子关于人性的判断是“人之性恶，其善者伪也”，一共说了八次，无一例外。既说了恶来自性，又认为善来自伪。其对人性的考察是两面的，而非一面的。人们之所以误以为荀子主张性恶，主要是受了《性恶篇》篇名的影响，另外也不理解“其善者伪也”具体为何意。按照荀子的定义，“心虑而能为之动谓之伪”（《荀子·正名篇》），伪是心的思虑活动。郭店竹简中有写作“𢡺”的字，应该就是其本字。只是后来此字丢失，被抄写为“伪”，造成了误解。因此，“伪（𢡺）”并非以往学者所理解的作为，而是“心之为”，是心的思虑、认知活动及其引发的行为。荀子的心也并非传统所认为的认知心，而是道德智虑心，不仅能认知，而且能做道德判断，可以好善、知善、为善。如果荀子仅仅主张性恶，那其人性论确实存在问题。如果只谈性恶，人的主体性何在？为善的动力又何在？既然没有主体性，没有内在的动力，人之为善就只能依靠圣王的教化，依靠礼法的约束和惩罚。但在荀子那里，圣人或圣王与凡人在人性上并没有根本不同，“凡人之性者，尧、舜之与桀、跖，其性一也；君子之与小人，其性一也”（《荀子·性恶篇》）。那么第一个圣人是如何出现的？他如何又能够制作礼义？这些便成为无解的问题。后人称荀子“大本不正”①、“本源不足”②，根本原因就在这里。但问题是，荀子并不是只主张性恶，而是持性恶心善论，既考察了以性为代表的、向下堕失的力量，也揭示了以心为代表的、向上提升的力量，肯定人是有内在主体性的，有追求善的动力。以往对荀子的批评，是建立在对其人性论的误读之上的。

孟子“道性善”，以善为性，主张“君子不谓性也”，要求君子不以感性欲望为性，而以仁、义、礼、智为性，为儒家的君子人格奠定了人性论的基础，由此发展出“大丈夫”精神、

---

① 牟宗三．名家与荀子．台北：台湾学生书局，1979：198.
② 同①203.

“浩然之气”、“天爵人爵”说等，对儒家的君子之学是一个重要贡献。荀子提出性恶心善论，肯定义利两有，不仅对人性做出了较为全面的观察与概括，而且就其肯定自然欲望、利益诉求的合理性而言，对儒家的庶民之学是一个发展。与孟子即心言性，把人性向上提、向上升不同，荀子对人性的观察恰恰是从自然欲望开始的。“人生而有欲，欲而不得，则不能无求；求而无度量分界，则不能不争；争则乱，乱则穷。”（《荀子·礼论篇》）人有欲望必然向外追求，在没有“度量分界”也就是礼义法度的情况下，必然产生混乱。“先王恶其乱也，故制礼义以分之。”（同上）先王通过制定礼义以消除人与人之间的争夺、混乱。表面上看，先王制定的礼义限制了人们的某些欲望和欲求，但其真正的目的却是“养人之欲，给人之求”（同上），满足百姓的欲望、欲求。在没有礼义的情况下，每个人都为了满足自己的欲望而向外追求，结果是陷入相互的争夺、混乱中，反而无法实现自己的欲望和欲求。有了礼义之后，个人的欲望虽受到一定的限制、约束，但结果却是每个人都更好地实现了自己的欲望和欲求。荀子承认、肯定自然欲望的合理性，并将之落实为礼义法度的制度形式，显然是对庶民之学的发展。礼义虽然由圣王制作，但却包含了对民众利益的考虑，“彼固天下之大虑也，将为天下生民之属长虑顾后而保万世也”（《荀子·荣辱篇》）。所以说“礼者，养也”（《荀子·礼论篇》），而“养”又包括了“养生”“养财”“养安”“养情”等。用今天的话说，实际蕴含着对民众生命、财产、安全等权利的承认和肯定。

我们今天讲“统合孟荀”，并不是要把儒法重新结合起来，更不是要借法家来发展儒学。我恰恰反对对荀子做法家式的解读，而主张恢复荀子在儒家道统中的地位。不可否认，荀子重视外在圣王、礼法，确实存在滑向法家的可能，他的两位弟子最终走向了法家不是没有原因的。出现这种情况，就在于荀子思想中存在圣凡差异与人性平等的矛盾。从荀子的一些论述来看，他似乎预设了世界上存在着两种人：凡人和圣人。凡人只有性恶，没有心善，心蒙蔽无知，若没有圣人、君子的教化、开导，便只能为恶。圣人则似乎不受性恶的影响，也不会为恶；相反，他一旦发现人性之恶，便会起而制作礼义以矫正、改造之。“人之生固小人，又以遇乱世，得乱俗，是以小重小也，以乱得乱也。君子非得埶以临之，则无由得开内（注：纳）焉。”（《荀子·荣辱篇》）“古者圣王以人之性恶，以为偏险而不正，悖乱而不治，是以为之起礼义，制法度，以矫饰人之情性而正之，以扰化人之情性而导之也。”（《荀子·性恶篇》）凡人只知追逐感性欲望、物质利益而没有道德主体性，圣人则不受欲望、利益的影响，而具有驯化、引导民众的能力。顺此思想进一步发展，便有可能走向法家。从这一点来看，我们也可以说荀子实际发展出一套圣王之学，而不是庶民之学。但在人性问题上，荀子又持人性平等说，认为圣人、凡人的本性是相同的，不仅在“饥而欲食，寒而欲暖，劳而欲息，好利而恶害”这些感性欲望上，“是禹、桀之所同也”，即使在“材性知能”上，也是“君子小人一也”（《荀子·荣辱篇》）。按照这种观点，圣人也是凡人，只不过是凡人中的优异者，其成为圣人乃是后天努力、人为的结果。“圣人之所以同于众，其不异于众者，性也；所以异而过众者，伪也。”（《荀子·性恶篇》）这里的“伪”，主要是在荀子关于“伪”之定义的第二义即“虑积焉、能习焉而后成谓之伪”（《荀子·正名篇》）上使用的，所以说“圣人者，人之所积而致矣”（《荀子·性恶篇》）。荀子夸大圣、凡的差异，区别圣人、凡人为二，凡人需待圣人出、礼义兴，而后出于治、合于善，是在战国后期历史背景下的认识和看法，是特殊的、具体的。而其性恶心善论则是关于人性的一般理论，是普遍的、抽象的，是适用于所有人的。上引《荀子·礼论篇》“先王恶其乱也”一段，从文字上看，似乎是说众人只知道追逐欲望而没有理智，结果导致争夺、混乱，需圣王出，然后制作礼义以消除混乱。但既然荀子所说是礼义产生之前也就是前礼义的状态，而这时自然不可能有什么王，那么所谓“先王”就只能是后人追溯的说法。王国维说：“所谓礼义者，亦可由欲推演之。然则胡不曰人恶其乱也，故作礼义以分之，而必曰先王何哉？”① 礼义的产生本是为了消除由欲望、争夺导致的混乱，故人人皆“恶其乱”，而非先王一人“恶其乱”；人人皆参与礼义的制作，而非先王一人决定礼义的制作。所谓先王，不过是其中的先知、先觉者，他因为启发、引导了众人而被尊奉为王。先王制作礼义，需“积思虑，习伪故”（《荀子·性恶篇》），此“思虑”当非先王一人之思虑，而是众人之思虑，故言“积”；“伪故”乃先王制作礼义前在众人

---

① 王国维．论性//王国维全集：第1卷．杭州：浙江教育出版社，2009：8.

中形成的自生秩序，先王学习、了解这种自生秩序方能制作礼义。从这一点来看，也可以说是众人成就了圣人。故圣王制作礼义，并非由于其特殊的才能和智慧，而是因为他顺从了民心、人心。“礼以顺人心为本，故亡于《礼经》而顺人心者，皆礼也。”（《荀子·大略篇》）顺人心也就是要顺民欲，满足、保养民众的欲望。“舜曰：‘维予从欲而治。’故礼之生，为贤人以下至庶民也，非为成圣也。然而亦所以成圣也，不学不成。”（同上）舜顺从民众的欲望进行治理，治理的方式便是礼。从这一点来说，礼并非为圣人而设，而是为庶民而设，礼学就是庶民之学。礼既满足了民众的欲望，又将其限定在合理的范围内，同时还可以培养民众孝悌敬爱之情，故是治理庶民的重要方式。不过，礼虽然不是为了成就圣人，但同样可以出凡入圣，通过实践礼，“涂之人可以为禹”（《荀子·性恶篇》），只不过要经过化性起伪、积善成德的过程。这样，从荀子的性恶心善论又可以推演出不同于荀子推崇圣王、权威的思想，发展出一套庶民之学。

三

有学者指出，儒家重视修身，重视精神修炼，这是一个很好的传统，但问题是：儒家如何解决社会的正义问题？如何解决社会制度建构的问题？在今天，如果回避这样的问题，而一味谈论自我精神的满足和修养，那就会成为犬儒。雾霾来了没有办法，我可以把窗户关上。关上窗户没有办法，我可以不去想它。但真正的儒者不是这样的，他们以道自任，关注人间的政治秩序和普遍利益，是社会基本价值的维护者。他们以士人的身份登上政治舞台，一方面试图规范、引导君权，另一方面又积极维护、争取民权，走了一条“得君行道”的道路。“得君行道”的积极意义在于，将“道”置于君之上，用“道”去规范、引导权力。但同时又将行道的希望寄托在权力上，结果陷入自我矛盾之中。所以，从孔子开始，儒家就一方面主张“士志于道”（《论语·里仁》），希望通过出仕参与政治，改变无道的社会现实；另一方面又感慨“天下有道则见，无道则隐”（《论语·泰伯》），“道不行，乘桴浮于海”（《论语·公冶长》）。本来是希望通过出仕来改变天下无道的状态，但出仕的前提又是天下有道，这不能不说是一种深刻的矛盾和无奈。所以，千百年来，尽管孔、孟、荀等儒者坚守“循道而行”甚至“以身殉道”的理想，为民请命，坚持批判精神，“格君心之非”（《孟子·离娄上》），“从道不从君”（《荀子·臣道篇》），但是却始终无法走出“皮之不存，毛将焉附”的困境。出现这种情况主要是因为，传统社会虽然出现了士的自觉，但却没有经历过民的自觉。与之相应，孔、孟、荀等儒者虽然发展出一套君子儒学，但其庶民儒学却隐而不彰。这样，由于没有可以依靠的社会力量，无法对君权形成抗衡、制约，传统儒者就只能成为民众利益的代言人，而不能成为民众的政治代表。他们对君主的批判也只限于精神和道义方面，而无法对其形成制度、权力的制衡。他们所能成就的也只是“忠臣义士”而已。徐复观先生曾分析指出：由于缺乏民的自觉，“政治的主体未立，于是政治的发动力，完全在朝廷而不在社会……就文化全体而论，究竟缺少了个体自觉的一阶段。而就政治思想而论，则缺少了治于人者的自觉的一阶段”①，结果使得传统儒者“总是居于统治者的地位来为被统治者想办法，总是居于统治者的地位以求解决政治问题，而很少以被统治者的地位，去规定统治者的政治行动，很少站在被统治者的地位来谋解决政治问题”②。从道德角度看，“其德是一种被覆之德，是一种风行草上之德。而人民始终处于一种消极被动的地位：尽管以民为本，而总不能跳出一步，达到以民为主。于是政治问题，总是在君相手中打转，以致真正政治的主体，没有建立起来”③。徐先生所论虽不是针对君子儒学与庶民儒学而发，但对我们的讨论却极具启发意义。他深刻地揭示出，传统儒学的问题主要不在于君子儒学，而在于庶民儒学；由于庶民儒学的缺位，君子儒学无法得到健康发展。

所以，今天讨论儒学，应在重视君子儒学的同时大力发展庶民儒学，完成从“得君行道”向“觉民行道”的转变。庶民儒学的开出，虽然是时代的课题和要求，但却内在于儒学的思想和结构中，故不是无源之水、无本之木，不是凭空而起，相反，庶民儒学的发展可能更符合儒学的宗旨，孔子点出君子、小人对待义、利的差别，意义就在这里。“觉民行道”虽然是今后儒者的选择和努力方向，但一开始就存在于儒家思想中。

---

① 徐复观．儒家政治思想的构造及其转进//学术与政治之间．台北：台湾学生书局，1985：56－57.

② 同①54－55.

③ 同①55.

“天将以夫子为木铎”（《论语·八佾》），即是承认孔子为使民众觉醒者。孟子更是明确提出，“予，天民之先觉也，予将以斯道觉斯民也”（《孟子·万章上》）。我是天下的先知、先觉者，要以道来使天下民众觉醒。孟子所说的道指“尧舜之道”，包括性善、民贵君轻等。人人都具有上天赋予的善性，这是天爵，是人的尊贵也就是价值之所在。天爵高于人爵，但一般民众却浑然不知，觉民就是使其明白“人人有贵于己者，弗思耳”（《孟子·告子上》）。这样就不会向权势低头，从而发展出平等、独立的精神。“说大人，则藐之，勿视其巍巍然。”（《孟子·尽心下》）“彼以其富，我以吾仁；彼以其爵，我以吾义，吾何慊乎哉！”（《孟子·公孙丑下》）只不过孔孟的觉民更多强调的是人伦德性，而不是个体权利。今天的觉民则应包括权利、德性两个方面，以权利唤醒德性，以德性维护权利。

君子儒学与庶民儒学虽然都属于儒学，但二者具有不同的内容和特点。君子儒学以士人或君子为主体，突出君子人格和“大丈夫”精神，主张成己而成人，“先天下之忧而忧”，“为天地立心，为生民立命”，强调的是君子对社会的引领和示范作用；庶民儒学则以一般民众为主体，关注的是民众的自然欲望和物质生活，认为礼不仅产生于民众的欲望和争夺，也是对民众权益的肯定和保障，故主张推己及人、“为国以礼”。君子儒学以孟子式的以善为性论为根据，通过以善为性，扩充善性，“尽心、知性、知天”，达到“万物皆备于我”（《孟子·尽心上》）的境界，具有超越个人私利、关注天下利益的“利他”精神；庶民儒学则以荀子式的性恶心善论为底色，主张义利两有，认为人既有对利益的追求，也有对道义的向往，因此应从利中发现义，用义节制利，故而具有“利己”倾向。君子儒学主张发明本心，“先立乎其大者”（《孟子·告子上》），由“不忍人之心”，行“不忍人之政”（《孟子·公孙丑上》），因而是由道德而政治，由内圣而外王；庶民儒学则从欲性、知性推出礼义法度，并通过实践礼义积善成德，改造人的先天本性，因而是由政治而道德，由外王而内圣。君子儒学主张善优先于权利，善指“仁心仁闻”（《孟子·离娄上》），权利主要指君子的个人利益；庶民之学则坚持权利优先于善，权利指庶民的个体利益，善指人伦教化。君子儒学更多来自孟学，是对后者的继承；庶民儒学则与荀学更为密切，但主要来自其人性平等说，而不是其圣凡差异说。君子儒学与庶民儒学虽然有以上不同，但它们又相激相荡、相辅相成，构成完整的儒学。传统儒学，由于重君子儒学、轻庶民儒学，故而只是古典形态，面临着无法克服的困境，使儒学规范君权、维护民权的宗旨无法真正得到实现。因此，儒学的现代转化就是要克服传统儒学的缺失，通过君子儒学与庶民儒学的并建，发展出儒学的当代形态。提倡君子儒学，就是要培养“先天下之忧而忧”“无恒产而有恒心”的士人、君子，让他们以自身的道德人格为社会做出示范和表率，同时“觉民行道”，推动庶民儒学的发展。而重建庶民儒学，就不能停留在对庶民的人伦教化上，更要启发、培养其权利和自由思想，使其由自在的存在成为自为的存在。如此方可为儒学开出一条新路，也可回应儒家如何面对社会正义与制度建构的问题。成己成人的确是儒学的一个重要内容，是儒学贡献给人类的伟大精神传统。但我认为儒学还有另外一面：推己及人。为什么要及人？就是承认他人与我是相同的人，与我有着相似的情感、愿望，并在这种承认中重新认识、塑造自我。清儒焦循在《君子喻于义、小人喻于利解》一文中说：

> 儒者知义利之辨而舍利不言，可以守己，而不可以治天下。天下不能皆为君子，则舍利不可以治天下之小人。小人利而后可义，君子以利天下为义。是故利在己，虽义亦利也；利在天下，即利即义也。孔子言此，正欲君子之治小人者，知小人喻于利。①

焦循所论正好道出君子儒学与庶民儒学的不同维度：君子以利天下为义，而一般人则往往由利而及义，既然天下人不可能都成为君子，那么就应当既肯定君子坚守义，也允许民众追求利。前者是道德，后者是政治。前者为社会树立了榜样，后者则为民众提供了可以遵循的原则。据《吕氏春秋·察微篇》，鲁国法律规定，鲁国人在国外沦为奴隶，如果有人为其赎身，那么这个人可以到官府报销赎金。子贡替一位鲁国人赎身，却拒绝接受赎金。孔子说："子贡做错了，从今以后，鲁国人不会替人赎身了。"子路救起一名溺水者，被救者用一头牛表示感谢，子路收下了牛。孔子高兴地说："鲁国人一定会勇于救人了。"子贡、子路出于义而不是利去帮助他人，是其君子人格的表现，但子贡拒受赎金，而子路接受赠牛，表面上看似乎

① 焦循．雕菰集：卷九//续修四库全书：第1489册．上海：上海古籍出版社，2002：196-197.

子路不及子贡。孔子肯定子路而批评子贡，显然不是从君子人格立论，而是顾及庶民伦理。既然多数人不能成为君子，那么对于制度建构而言，互利原则就比一味宣扬无私能产生更好的效果。所以，对于一个社会而言，既要倡导君子儒学，使少数人能够超越个人利益去关心他人的乃至社会的利益，也要有庶民儒学，承认人的自利本性，通过推己及人而建构起公正、合理的制度。《吕氏春秋》称赞孔子见微知著，目光深远（“孔子见之以细，观化远也”），道出了孔子既看到人性的仁慈无私，又能够坦然面对人性的自私自利，既倡导君子儒学，又承认庶民儒学的政治智慧。对于一个君子而言，有时适当降低自己，顾及庶民的心理和感受，何尝不是一种智慧的体现?!

（原载《哲学动态》2019 年第 10 期，原题为《统合孟荀的新视角——从君子儒学与庶民儒学看》）

孟荀之间

孟子是孔子之后的又一位大儒，对后来儒学的发展影响深远，宋代以后地位不断提升，有亚圣之尊，孔孟之道几乎成为儒学正统的代称。《孟子》一书也经历了由子书到经书的升迁，特别是在朱熹将其编入《四书章句集注》后，更是受到学者的关注，历代注疏、阐发、评述《孟子》的学者层出不穷，形成了丰厚的学术积累。现代学术转型后，学者的研究更多集中在孟子思想上，这方面成果突出，蔚为大观，对孟学史则关注不够，研究相对薄弱。1998 年郭店竹简公布后，由于子思遗籍的发现，思孟学派受到学界的关注，掀起了研究的热潮。我就是从此时开始集中研究思孟学派尤其是孟子的，十年后于 2008 年出版《郭店竹简与思孟学派》一书，此后又相继完成《孟子解读》《思孟学案》两部著作。这时我的孟子和思孟学派研究暂时告一段落，于是将目光转向一是荀子，二是孟学史。

我关注荀子，主要是因为在研究思孟学派的过程中发现，子思的思想不仅如前人所指出的，是孟子思想的一个重要来源，同时也影响到以后的荀子，虽然思想史上不存在一个思荀学派，但从思想的发展来看，子思与荀子之间实际也存在着联系。从孔子到子思，再到孟子、荀子，实际是儒学内部分化的过程。分化的好处是深化，孟子、荀子分别对孔子的仁学、礼学做了进一步发展；其缺点则是窄化，儒学本来是内外并重、仁礼统一的，到了孟子、荀子则各取一端，使丰富的儒学传统变得狭窄了。基于这种认识，我在《郭店竹简与思孟学派》一书中专门增加了“结语”一章，提出统合孟荀、重建道统。这时荀子研究可以说已经呼之欲出，故在结束思孟学派研究后，我马上申请了国家社科基金一般项目“出土文献与荀子哲学”，同时接受邯郸学院的聘请，担任“荀子与赵文化研究中心”主任。与廖名春教授一起组织、成立荀子研究学会，与康香阁教授一起编辑、出版《荀子研究》，并组织、举办了三届荀子研究国际会议，我的研究方向已全面转向荀子。

至于我从孟子思想研究转向孟学史研究，则更多是出于学术的考虑。《孟子》固然重要，但历史上注《孟子》、释《孟子》的著作数量更为庞大，有些著作的影响同样不容忽视，甚至可以说，不了解孟学史就不可能真正读懂《孟子》。其实不仅《孟子》如此，其他经典亦无不如此。所以，对一部经典的研究相对成熟以后，便转向对这部经典的学术史研究，可以说是学术发展的一般趋势。如《论语》研究转向《论语》学史研究，《老子》研究转向老学史研究，《庄子》研究转向庄学史研究等，《孟子》研究自然也不例外。从这一点来看，“中国孟学史”的立项可谓适逢其时，顺应了学术的内在发展要求。我转向孟学史研究的另一个原因是，孟子研究院成立后，启动了

“孟子文献集成”重大项目，对历代孟学史文献进行搜集、整理。我参与了这一工作，担任副主编，目前已出版宋元卷和明代卷共 46 册。俗话说，巧妇难为无米之炊。现在米已下锅，该巧妇施展厨艺了，孟学史研究自然被提上了议程。不过，由于荀子的缘故，我在从事孟学史研究时，比较重视孟学与荀学的关系，注意考察二者的相互影响和此长彼消，这是我在做课题论证时便向课题组成员强调的。

学界公认，孟子的亚圣地位是逐步确立的，南宋以后孟学才压倒荀学，成为儒学正统，《孟子》一书也完成了由子书到经书的升格运动。但从整个儒学史来看，孟学的地位和影响，特别是孟学与荀学的关系，仍是一个值得深入研究的课题。谭嗣同曾说：“二千年之学，荀学也，皆乡愿也。”① 似夸大了荀学的影响，对荀学的评价不够客观。但仍有一些学者主张，至少在两汉时期荀学的影响要远远大于孟学，这方面以台湾学者徐平章先生为代表。徐先生主要从汉代的经学、子学两个方面进行考察，在经学方面，虽然孟子、荀子均传授六艺，但由于荀子差不多活到“六王毕，四海一”的战国后期，“六经”多是由他才传到后代，汉初的经师，如毛公、申公、穆生、白生、张苍、贾谊、大小戴等，都直接或间接出于荀子之门，所以荀子与汉代经学有着更密切的关系。这一点前人也曾谈到，清人汪中说：“荀卿之学，出于孔氏，而尤有功于诸经……盖七十子之徒既殁，汉诸儒未兴，中更战国暴秦之乱，六艺之

① 谭嗣同．仁学：谭嗣同集．家润国，选注．沈阳：辽宁人民出版社，1994：70.

传，赖以不绝者，荀卿也。周公作之，孔子述之，荀卿传之，其揆一也。”（《荀卿子通论》）梁启超亦称：“汉世六经家法，强半为荀子所传，而传经诸老师，又多故秦博士，故自汉以后，名虽为昌明孔学，实则所传者仅荀学一支派而已。”① 汉代儒学除经学外，亦包括子学，而荀子“隆礼重法”，注重外王事功，对汉代诸子亦影响颇深。“汉世儒者，非仅浮丘伯、伏生、申公一辈博士经生，大部出自荀卿之学。即其卓称诸子，自陆贾以下，如扬雄、王符、仲长统，及荀悦之伦，亦莫非荀卿之传也。盖两汉学术，经学固云独盛，然因承先秦诸家之余风，子学述作亦复不少，其列于儒家者，大抵为荀卿之儒也。吾人读其书，荀卿之色彩颇浓，申、韩之绪余，亦往往杂出乎其间”，并由此认为，“三代以下之天下，非孟子治之，乃荀子治之”②。

徐先生的观点虽有一定的道理，但似乎夸大了荀子的影响。现在学界一般认为，孟子、荀子均对汉代儒学产生了一定的影响，这从司马迁在《史记》中列《孟子荀卿列传》就可以反映出来。《儒林列传》也称：“孟子、荀卿之列，咸遵夫子之业而润色之，以学显于当世。”说明司马迁将孟子、荀子二人等量齐观，学者称为孟荀齐号。就汉代经学而言，孟子、荀子其实都产生过影响。蒙文通有《汉儒之学源于孟子考》一文，对孟子与汉代经学的关系做了初步梳理。徐复观先生在《中国经学史的基础》一书中则指出：“孟子发展了《诗》、《书》之

---

① 梁启超．梁启超论中国文化史．北京：商务印书馆，2012：251.

② 徐平章．荀子与两汉儒学．台北：文津出版社，1988：179.

教，而荀子则发展了礼、乐之教。”① 由于孟子的“孔子作《春秋》说”奠定了汉代《春秋》学的理论基础，其许多学术观点为西汉今文经学所吸取，故甚至有学者认为，孟子对西汉今文经学的贡献绝不在荀子之下。就汉代子学而言，也并非只是荀学的延续，而更多表现为对孟荀的融合。如在人性论上，一些儒者试图在理论上将孟子的性善与荀子的性恶（汉儒的理解，实际为性恶心善）相融合，并提出自己对人性的理解，董仲舒、扬雄均表现出这样的思想倾向；在政治思想上，一些儒者则主要将孟子倡导的仁政与荀子强调的礼法相结合，同样是兼取孟荀，而不是独尊荀学。只不过汉代儒学关注的主题尚不是天道性命，而是礼乐刑政，故荀学更适合时代的需要，受到了诸子的垂青。从孟学史的角度看，两汉时期孟学总体上处于上升、发展中，有两个事件值得关注：一是在西汉昭帝时的盐铁会议上，孟子思想大放异彩，成为贤良、文学抨击时政的理论根据和思想来源，而孟子的地位也得到前所未有的提高；二是扬雄推崇孟子，自比于孟子，仿效孟子批判杨墨，捍卫孔子之道。唐韩愈曾说：“因扬书而孟氏益尊。”（《读荀》）徐复观先生也说：“就西汉初期思想的大势说，荀子的影响，实大于孟子……拔《孟子》于诸子之上，以为不异于孔子的，也是始于扬雄。”② 有学者将孟学史的发展概括为由“孟荀齐号”到“孔孟一体”，实际这一过程在汉代就已经出现了。

---

① 徐复观．徐复观论经学史二种．上海：上海书店出版社，2006：37.

② 徐复观．两汉思想史：第 2 卷．上海：华东师范大学出版社，2001：310.

两宋是孟学史发展的一个重要时期，孟学的地位不断提升，彻底压倒荀学，取得正统地位，《孟子》一书也完成了由子书到经书的升格运动。对于这一变化，学界一般认为，由于两汉儒学偏重制度的建构，对天道性命关注不够，因此随着佛教的传入和道教的兴起，儒学在形上学方面遇到巨大挑战，出现了“儒门淡薄，收拾不住”[1] 的局面。为了迎接挑战，儒者就必须重建道德性命之学，以解决人生的价值和意义问题。孟子讲“尽心、知性、知天”，包含了丰富的天道性命的内容，故受到理学家的重视，被给予极高的评价，孟子的地位也一再提升。但我们如果不局限于理学家或道学家的思想，而着眼于整个宋代儒学的话，那么就不得不承认，宋代儒学的主题是天道性命与礼乐刑政的贯通，宋代儒者是以天道性命为礼乐刑政、名教事业的理论依据，以礼乐刑政、名教事业为天道性命的落实处，故是天道性命与礼乐刑政并重。谈到礼乐刑政就不能不涉及荀学，故有宋一代，表面上孟学一系独盛，但实际上荀学暗中也发挥着重要作用。我将这种现象称为“荀学的隐形化”，即一些学者虽然推崇孟子，贬斥荀子，但又自觉不自觉地吸收、利用荀子的思想，这方面可以王安石为代表。王安石尊孟贬荀为世人所知，其《淮南杂说》一问世，便被世人视为孟子复出，其《性论》一文也表达了与孟子性善论相似的思想。但值得注意的是，王安石思想成熟后便主动放弃了性善论，而采用自然人性论，主张“以习言性”。其对礼乐刑政的

---

① 志磐．佛祖统纪校注：下册．释道法，校注．上海：上海古籍出版社，2012：1091.

论证也主要采取荀学的思路，即从自然情感中推出可以共存的普遍之性（“大中之性”），视其为礼乐的根据与来源，以立法的形式予以肯定，并以刑政加以维护。关于这个问题，拙文《王安石政治哲学发微》中有专门的论述，这里不展开。① 总之，在两宋时期，荀学地位虽然下降，但在儒学的建构上依然发挥着重要作用。出现这种情况主要是因为，对儒家来说，谈内圣、心性，固然要以性善论为根本，但谈外王、制度，则又要回到自然人性论。从这一点来看，荀学依然是宋代儒学不可或缺的重要面向。

谈到宋代的尊孟，就不能不涉及同时并存的“非孟”思潮。如果说尊孟学者往往钟情于孟子的性善论、“浩然之气”、“大丈夫”精神和独立人格，那么非孟学者担忧的恰恰是以上内容可能对大一统君权带来的冲击和影响。据记载，宋时严松曾问梭山（陆九韶，陆九渊之兄）：“孟子说诸侯以王道，行王道以崇周室乎？行王道以得天位乎？”梭山曰：“得天位。”严松又问：“岂教之篡夺乎？”梭山曰：“民为贵，社稷次之，君为轻。”象山叹曰：“旷古以来，无此议论。”（《宋元学案·梭山复斋学案》）陆象山叹息的正是非孟学者着力批判的。在他们看来，孟子游说诸侯，不是劝其尊周王，而是鼓励其行仁政自己称王，这本身就有背于孔子，不仅不符合名教之旨，而且一旦流行起来，还会对当时的统治秩序形成冲击。如李觏批评说：“孔子之道，君君臣臣也；孟子之道，人皆可以为君也。

① 梁涛．王安石政治哲学发微．北京师范大学学报（社会科学版），2016（3）．

天下无王霸，言伪而辩者不杀，诸子得以行其意。孙、吴之智，苏、张之诈，孟子之仁义，其原不同，其所以天下乱，一也。”[1] 因此，跳出心性，如何看待非孟学者对孟子政治思想的批判和评价？尊孟学者又是如何化解这一矛盾的？这些都是值得认真思考和研究的问题。

宋代的孟学及其与荀学的关系，当然不限于以上方面，包含着更为丰富的面向和内容，需要认真梳理和研究。要做到这一点，就需要对第一手材料做全面、细致的收集和梳理。辛亚民的这部《宋代孟学史文献集成》（郑州大学出版社 2018 年版）所做的正是这样的工作，为我们提供了较为完整的孟学史材料，免去了研究者的检索之繁。相信亚民的工作会得到学界的关注与肯定，也会对我们正在写作的《中国孟学史》带来极大的便利和帮助。

（原载《中华读书报》2017 年 10 月 25 日）

---

① 李觏．李觏集．王国轩，校点．北京：中华书局，1981：512.

中庸的艺术

一、《中庸》的成书、思想主旨和作者

很高兴有机会与大家一起学习《中庸》。之前已经有四位教授对《中庸》做了解读，介绍了《中庸》的成书、思想主旨，以及《中庸》的前几章。今天我来讲《中庸》的第十章到第十二章，只有三章，文字不多。但在解读这三章之前，我想讲一下我对《中庸》的理解。西方人有一种说法，一千个读者就会有一千个哈姆雷特。对于《中庸》也是如此，虽然可能没有这么夸张，但是不同的学者对于《中庸》的理解可能是不一样的。我没有听前面四位教授的解读，但是我想在有些问题上我们的看法可能不完全一样，这个很正常。《中庸》是四书之一，是其中最有难度、比较难以理解的一篇，所以我在讲四书时一般把《中庸》放在最后讲。一般先从《大学》讲起，然后讲《论语》，讲《孟子》，最后才讲《中庸》。但是这不等于说《中庸》不重要，相反，《中庸》非常重要，《中庸》对于理解中国文化尤其是儒家文化非常重要。我可以这样说，读懂了

《中庸》，才有可能理解儒家文化，甚至是中国文化。如果没有读懂《中庸》，那么对儒家文化的理解就是有欠缺的。《中庸》这么重要，但理解起来并不容易。对于《中庸》，我下过一点功夫，十几年前我写过一篇文章——《郭店竹简与〈中庸〉公案》，在这篇文章中我谈了一些自己的看法。

《中庸》虽然是一篇，但实际包含了两个主题：一个是诚或者诚明，一个是中庸。请大家记住这一点。所以，不要以为《中庸》的篇名是“中庸”，它的内容就只谈中庸，不是如此。它实际谈了两个方面的内容：一个是诚或者诚明，一个是中庸。这是我的第一个看法。我的第二个看法是，《中庸》本来可能是两篇，后来被人们合在一起，成了目前的一篇。十几年前写那篇文章的时候，这个想法特别强烈，我在阅读《中庸》时总是产生以下这种联想。《中庸》第一章说：“天命之谓性，率性之谓道，修道之谓教。”这就是所谓《中庸》的“三句教”，是《中庸》最核心的内容。但是第二章说：“君子中庸，小人反中庸。”读到这里，你们有什么感觉？这两章的内在联系是什么？天所命的性与中庸是什么关系？如果熟悉《中庸》文本，就能注意到，作者在第一章提出“三句教”之后，并没有立刻对其进行解读；相反，到了第二十章，才对这三句话反复进行解读。所以，我有一个看法，就是读完第一章后，可以越过第二章，接着读第二十章以下，这样理解起来会更容易。比如，何谓“天命之谓性”？并不清楚，作者在第一章也没有解释，但在第二十章说：“诚者，天之道也；诚之者，人之道也。”这样我们才明白，原来在作者眼里，天有道德属性，是真诚无私的。天抚育万物，养育万物，当然是真诚的。既然天是真诚的，那么它赋予我们的性自然也是真诚的，“天命之谓性”要这样来理解。既然天赋予我们的性是真诚的，那么“诚之者，人之道也”，我们要效法天道，把内在的诚表现出来，这就是“率性之谓道”。那么何谓“修道之谓教”？第二十一章说了“自明诚，谓之教”，通过明觉事物也就是认识事物来发明内在的诚，这就是教。所以，到了第二十章以下，作者反复解说第一章的内容。这是我当年读《中庸》时的感受，不知道为什么，总是感到《中庸》的内容不连贯，可能由两个独立的部分组成。

到了 1998 年，郭店竹简公布了，里面包含了部分子思遗籍，子思的很多作品在历史上遗失了，但是在郭店竹简中又被重新发现了。我注意到子思的作品其实可以分成两类：一类是记言体，就是“子曰”的形式，与《论语》的文体差不多；还有一类是议论体，是首尾连贯的议论文，类似于《荀子》的文体。我们读《中庸》，会发现第一章“天命之谓性，率性之谓道，修道之谓教”以及第二十章以下属于议论体。从第二章开始，“仲尼曰：君子中庸，小人反中庸”，一直到第二十章，都是“子曰”的形式。这样，我就有了一点信心，写了上面提到的那篇文章，提出《中庸》可能原本是独立的两篇，后被人合成了一篇。当然，文体只是一个方面，更重要的是思想内容，所以我反复强调，要把讨论“中庸”与“诚明”的内容分开，这样理解起来会更容易。

我写那篇文章时，一开始还是有些犹豫的：我的感觉是否准确？是不是联想过度了？于是我去查了一下，发现历史上竟然有学者提出过与我类似的看法。比如，宋代学者王柏就在一篇文章里说："愚滞之见，常举其文势时有断续，语脉时有交互，思而不敢言也，疑而不敢问也。"意思是说，我在读《中庸》的时候感到文脉时断时续，思路也不连贯，于是心里有所怀疑，但又不敢提出来。后来王柏看到《汉书·艺文志》中有《中庸说》两篇，认为自己终于找到了根据。我们知道，《艺文志》是东汉编的一部书籍目录，其来源是刘向、刘歆父子编订的《别录》《七略》。既然《艺文志》中记载有《中庸说》两篇，那么《中庸》原来就可能是两篇，只是后来被人合为一篇了。不过，《中庸说》两篇能否证明我们今天看到的《中庸》本来也是两篇？还是有些疑问。因为《中庸说》可能是对《中庸》的解读，是解释性的文字，解释性的文字有两篇，并不能就此推论《中庸》本来也是两篇。但是王柏的说法来自他的感受，比如他认为《中庸》文脉时断时续，思路也不连贯，所以他的看法还是受到了后人的关注，比如冯友兰，日本著名汉学家武内义雄，港台新儒家的代表人物徐复观，还有今天的一些年轻学者，比如我的朋友郭沂，都持与王柏类似的看法。

在这种情况下，我写了上面提到的那篇文章，针对《中庸》的成书提出了自己的看法。由于我利用了郭店竹简这个新材料，所以较之前人是一个推进。我写那篇文章可能是在2000年，现在十几年过去了，我的看法有没有改变呢？有改变。为什么有改变？因为2008年我出版了《郭店竹简与思孟学派》一书，讨论《中庸》的那篇文章作为一章被收入其中。

美国夏威夷大学的成中英教授看到我的书后很快与我联系，他说整体上同意我的观点，但有两个问题，其中一个就是关于《中庸》的：既然《中庸》本来是两篇，那为什么被人合成一篇？合成一篇合不合理？有没有根据？若本来是两篇，一旦被合成一篇，文本的意义就发生了改变，读者可以将之作为一个整体去解读，历史上人们就是这样理解的。对于这些问题，是需要做出说明的。我觉得成中英教授的说法有道理，2000 年写那篇文章时，我是从“分”的角度解读《中庸》，是从发生学的角度考察《中庸》材料的来源，至于两篇文章为什么被合在一起，合在一起又有什么意义，我思考得不够。所以，我还欠一篇文章，需要重新从“合”的角度解读《中庸》，既然它已经是一个完整的文本，那么就要对这个完整的文本做出解读。这样的解读，对于我们理解《中庸》同样非常重要，甚至可以说，是理解《中庸》的一把钥匙。

下面谈《中庸》的主题。《中庸》文字较长，它的主题是什么？我认为可以用文中的三句话来概括：“尊德性而道问学，致广大而尽精微，极高明而道中庸。”如果用一句话来概括，我认为是最后一句：“极高明而道中庸”。理解了这句话，也就理解了《中庸》。那么，什么是“极高明而道中庸”？高明在《中庸》文本中指的应该是诚明，指我们精神所达到的一种高超的境界。按《中庸》的说法，天赋予了我们性，天是真诚的，它生生不息，抚育万物，养育万物。那么，我们人也应该效法天道，把我们的诚明之性扩展出去，使其得到充分的实现。这样，我们在尽己之性的同时也在尽人之性，在尽人之性的同时也在尽物之性。最后，参赞万物之化育，与天地参。为什么在尽己之性的同时也在尽人之性？例如，我是一个老师，我在成为一个好老师的同时也帮助我的学生实现他们的性，使他们成为合格的学生；我是一个父亲，我在成为一个好父亲的同时也使我的孩子实现他们的性，成为对社会有益的人；我是一个领导，我在成为一个好领导的同时也使我的下属、员工实现他们的价值，成就他们的人生。在儒家这里，人与人是相互关联的，是联系在一起的，不是彼此分离、孤立的存在。所以，我们在成就自我的同时也在成就他人。更重要的是，我们在相互成就的同时也在成就外部世界，成就外物。例如，我们邹城有一座护驾山，是一块风水宝地，风景十分优美。这是老天的赏赐，来自大自然的伟力。但是在不久的将来，一个漂亮的孟子研究院将会拔地而起，整个护驾山也会重新绿化。到那时我们再来护驾山，情况会完全不一样，护驾山不仅会成为传统文化的传播基地，还会为邹城增加一个旅游景点，吸引游客驻足参观，使之流连忘返。为什么？因为我们的人力参与进去了。我们在赞天地之化育，万物本来是在生长、变化的，但是我们人力参与进去，可以使这个世界变得更加美好。这样，我们就可以与天地参，与天、地并列为三。所以，人是很伟大的，是可以和天、地并列的。“极高明”所表达的就是一个人经过不断的“尽己之性”“尽人之性”“尽物之性”，最后所达到的“与天地参”的境界。这个境界高不高明？当然高明！是极高明的境界。但是《中庸》的作者强调，虽然极高明，但也不能离开中庸，所以说“极高明而道中庸”。“道”是动词，行的意思，“道中庸”就是实践中庸。

那么，什么是中庸？前面几位教授可能已做了解读，我不知道他们的理解与我是否一样。从儒学史来看，学者（包括一些大学者）对于中庸的看法是不尽相同的，甚至存在较大分歧。我的理解，中庸就是中和庸。中是中道，不偏不倚，恰到好处。庸是常道，庸有常的意思，既指平常，又指恒常。所以，中庸是指既符合中道又符合常道，是指要在平常中求中，得中则可以恒常、长久。我再强调一下，中庸是在平常中求中，一旦得中，则可以恒常、长久。所以，中庸就是中道和常道。我举个例子，两个年轻人相爱了，结婚组成了家庭，彼此是不是需要寻找中呢？两个在不同环境下成长起来的人，突然生活在一起，当然需要彼此磨合，寻找那个中。如果中找到了，日子就过下去了；如果找不到的话，恐怕就要出问题，甚至会闹离婚。今天为什么离婚率这么高？就是大家不读《中庸》，不懂得去找这个中了！但是要去哪里找中呢？当然是去一日三餐、柴米油盐中，去平常生活中找了。我从未听说两口子是为了国家的大政方针、联合国的重大决议闹离婚的，都是为了日常琐事、生活习惯，如我爱吃咸，你爱吃甜，就是这些事。中庸就是中道和常道，就是去平常生活中寻找中，做到恰如其分。如果找到了中，就可以长久；如果找不到中，则不仅不能长久，还可能出问题。这就是中庸。

中庸非常重要，体现了儒家文化重视实践理性、人伦日用的一面，但儒家的精神是“极高明而道中庸”，要求人们不能满足于日常生活，不能停留于凡俗人生，而要有更高的精神追求，要与“天地参”。所以，年轻人谈恋爱，认识一个女朋友或男朋友，只懂得柴米油盐，会过日子，还是不满意。为什么？不懂得诗与远方，不够浪漫，没有精神的共鸣和追求。不过，只懂得诗与远方，非常浪漫，但不会过日子，不懂得柴米油盐，也不行。理想状态是什么？是既要极高明又要道中庸。既懂得诗与远方，又懂得柴米油盐，这就是《中庸》的精神，是中国文化的核心内容。所以，对中国人来说，既追求精神的超越，又不否定现实的人生，在现实生活中实现精神的超越，这就是“极高明而道中庸”。一般的宗教，像佛教、基督教，往往对现实人生是否定的，认为人生空幻，执着为苦，或认为人因原罪而失去乐园，不得已来到尘世，只有跳出轮回或回到彼岸世界才能得到解脱或救赎。儒家文化不是这样，它是“极高明而道中庸”，既追求精神的超越，追求诗与远方，又不否定凡俗人生，不否定人伦日用。美国有位学者芬格莱特（Herbert Fingarette），写过一本书叫《孔子：即凡而圣》（*Confucius：The Secular as Sacred*），字数不多，只是一本小册子，但很有影响。我觉得他把孔子思想的核心或者儒家文化的核心抓住了。芬格莱特认为，孔子是从凡俗中追求神圣，其神圣又不离开凡俗人生，所以是即凡而圣。这与我们对《中庸》的理解是一致的。

为了说明《中庸》的“极高明而道中庸”，我在此引几位前辈学者的观点。首先引徐复观先生的看法：“‘庸’者，乃指‘平常的行为’而言。所谓平常的行为，是指随时随地，为每一个人所应实践、所能实现的行为……表明了孔子乃是在人人可以实践、应当实践的行为生活中，来显示人之所为人的‘人道’；这是孔子之教，与一切宗教乃至形而上学，断然分途的大关键。”[①] 所以，君子之道就是中庸之道，“夫妇之愚，可以与知焉”，最蠢笨的男女也可以懂得、明白。为什么？因为它是生活的常道。但是“及其至也，虽圣人亦有所不能焉”，要做到极致，做到完美，即使圣人也难以做到。的确，谁敢说自己的行为都恰到好处、无过与不及呢？连孔子这样的圣人也在感叹“君子之道四，丘未能一焉”，认为自己处理父子、君臣、兄弟、朋友四种关系没有做到完美。这不是孔子的自谦，而是每个人都要经历的人生过程，只有到了七十岁时，夫子才坦称做到了“从心所欲，不逾矩”（《论语·为政》）。“好学不厌”的夫子尚且如此，况且一般的凡夫俗众呢？表面上看每个人都在生活，但每个人对人生的体味是不同的。“人莫不饮食也，鲜能知味也。”每个人都要吃饭，但不一定每个人都懂得美食的滋味。每个人都在生活，但不一定每个人都懂得生活的意义。差别就在于，善不善于反思、总结，懂不懂得发现、寻找中，能否做到中庸。所以，在孔子那里，中庸是很高的德，“中庸之为德也，其至矣乎，民鲜久矣”（《论语·雍也》）。但是今天中庸被负面化了，我们丢失中庸的智慧很久了，“民鲜久矣”。今天大家把中庸当作没有原则、和稀泥、墙头草、随风倒的概念。如果我说某人中庸，他会不高兴，会说你才中庸呢。为什么？因为大家把中庸当作负面的概念。可是，孔子时

---

① 徐复观．中国人性论史：先秦卷．上海：上海三联书店，2001：99－100.

代不是这样，所以徐复观先生把中庸之道称为孔子之教，认为中庸之道是儒学与一切宗教乃至形而上学断然分途的大关键。最近韩剧非常流行，很多女性朋友都喜欢看。韩剧为什么有那么大的吸引力？里面有轰轰烈烈的事件吗？有惊天动地的业绩吗？好像都没有。讲的就是家庭琐事，婆媳、妯娌、夫妇、同事之间的矛盾，人物间的冲突，平常人的喜怒哀乐，就是这些内容。可是大家看起来很亲切，为什么？因为讲的是人伦日用，是中庸，是传统文化。我们把自己的文化弄丢了，不懂得中庸了，倒是韩国人将其部分地保留了下来，这就是"礼失而求诸野"（《汉书·艺文志》）。

再引李泽厚先生的看法：中庸"着重在平常的生活实践中建立起人间正道和不朽理则，此'人道'，亦'天道'。虽平常，却乃'道'之所在"①。中庸之道是凡俗的、平常的，但又极高明，与天道相通，是"极高明而道中庸"。它不仅是凡俗的、平常的，同时也是超越的、神圣的，是儒家文化甚至中国文化的根本特点。当年朱熹把《中庸》从《礼记》中抽出来，与《大学》《论语》《孟子》合为四书，是有其考虑的，其根据就在于《中庸》对中国文化的基本精神做了高度概括，就是"极高明而道中庸"。

下面我来谈一下《中庸》的作者问题。我认为《中庸》应该就是子思所作，因为汉代的司马迁还有其他学者都说子思作《中庸》。司马迁既然这样讲，当然是有根据的。但是后来有学

---

① 李泽厚．论语今读．合肥：安徽文艺出版社，1998：166.

者提出怀疑，认为《中庸》未必是子思所作。到了近代，一些学者把《中庸》的成书时间定得很晚，认为其成书要到秦汉之际。大家看民国以来的哲学史著作，就会发现其大多都将《中庸》的成书时间放在秦汉之际来处理。学者这样做，当然是有原因的，就是第二十八章有一段话："子曰：'愚而好自用，贱而好自专，生乎今之世，反古之道。如此者，灾及其身者也。'"又说："今天下车同轨，书同文。"这更像秦统一后的语言，所以《中庸》成书只能在秦统一之后了。但是若如我所主张的，将《中庸》看作是由两个部分构成的话，那么就会发现，这段话恰恰是在第二十章以后，而第二十章以后都是议论体，只有这一章例外，是"子曰"体，这就显得非常特殊了，所以我认为这一章有可能是后人在传抄中插入的。因为古代的书和今天的书不是一个概念，印刷术出现之前的书与出现之后的书有很大不同。今天出一本书，印五千、一万册，所有的书都是一个样子、一个版本。古代的书则不同，印刷术出现之前，往往是有人写了一本书，或者是弟子将老师的思想记录下来，一开始只有一本书，只有一个版本，别人看到后觉得不错，于是借来抄一本，这样一抄十、十抄百，慢慢流传开来。古代的书更像"文革"时期的手抄本，而且是抄在竹简上、帛书上，流传开来非常不容易。在传抄过程中，文本的内容很容易发生变化，把一些原本没有的内容添加进去，把一些不符合当时人们观念的内容删减掉。这不是主观猜测，而是有客观证据。近些年地下发现了大量古书，有些有传世本，一比较二者就会发现，虽然内容大致相同，但一些文字甚至句子是有变化的。既有添加，也有删减，甚至抄漏、抄错了都是可能的。所以，我认为，在没有更多证据的情况下，《中庸》还是应看作子思所作，反映了子思的思想。子思是孔子的孙子，又是孟子老师的老师，他构成了孔子到孟子之间的一个重要环节，在思想史上的地位是很重要的。以上是我对《中庸》成书、思想主旨和作者的一个大致看法。

二、第十章“子路问强”

> 子路问强。子曰：“南方之强与？北方之强与？抑而强与？宽柔以教，不报无道，南方之强也，君子居之。衽金革，死而不厌，北方之强也，而强者居之。故君子和而不流，强哉矫！中立而不倚，强哉矫！国有道，不变塞焉，强哉矫！国无道，至死不变，强哉矫！”

我们来看《中庸》第十章，这一章非常有名，经常被人引用，但是理解起来有一定的难度，所以要做重点解读。在这一章，子路向孔子请教如何做到强，强是刚强的意思。子路为什么要问强？这就涉及子路的性格和为人。我们知道，子路是孔子的弟子，名仲由，字子路。据《史记・仲尼弟子列传》记载：“子路性鄙，好勇力，志伉直，冠雄鸡，佩豭豚。”子路性情粗暴，逞勇好强，志气刚强，平时戴着鸡冠的帽子，佩戴着公猪皮装饰的宝剑。“豭豚”是猪，这里指用猪皮装饰的宝剑。子路一开始并没有拜孔子为师，甚至“陵暴孔子”，欺辱过孔子，“孔子设礼稍诱子路”，孔子用礼乐慢慢引导他，用自己的德性、学识感染、影响他，最终使子路折服，“子路后儒服委质，因门人请为弟子”（《史记·仲尼弟子列传》），后来子路穿上儒服，带着拜师的礼物，通过孔子弟子的引见，要求拜孔子为师。所以，子路对孔子的态度有一个转变的过程，一开始瞧不起孔子，孔子一个文弱书生，既不勇也不强，有什么了不起？但接触后才发现孔子是自己崇拜、敬仰的人，是自己的人生导师。通过司马迁的记载，我们知道子路是一个逞勇好强的人，喜欢与人争高低，所以他问强就不奇怪了。这在《论语》中也有反映，子路曾问：“君子尚勇乎？”（《论语·阳货》）“勇”与“强”意思相近。君子是否要崇尚勇？孔子是怎么回答的？“义以为上。”（同上）君子要崇尚道义，较之勇敢或勇气，道义更为根本。为什么？“君子有勇而无义为乱，小人有勇而无义为盗。”（同上）只讲勇敢而不讲道义，即使君子也可能为乱，如果是小人，就可能沦为强盗。所以，勇敢虽好，但要看用在什么地方。如果是维护道义，勇敢当然值得肯定，是好的品德；但如果不讲道义的话，勇敢就变成逞强示勇。有些年轻人一句话不合就拳脚相加、拔刀相见，这叫什么勇？这是匹夫之勇，是不值得肯定的。

了解了这个背景，我们再来看第十章的内容。对于子路的问题，孔子反问：“南方之强与？北方之强与？抑而强与？”你说的是哪一种刚强？是南方人的刚强，北方人的刚强，还是你——子路的刚强？“而”是你的意思。子路的刚强是什么刚强？就是《史记》中所说的，“好勇力，志伉直”。对于子路的问题，孔子并没有直接回答，而是将刚强具体化。显然在孔子看来，刚强有不同的表现，所以想做到刚强的话，就要先搞清楚追求的是哪种刚强。紧接着，孔子对南方之强、北方之强以及他心目中理想的刚强做了对比和说明。南方的刚强是“宽柔以教”。“教”一般理解为教导，朱熹就是这样理解的，“宽柔以教”是宽厚、柔和地教导他人，指的是教导他人时的态度。但“教”也可以训为效，是效法、学习的意思。这样，这句话讲的就是宽厚、柔和地效法、学习，指的是效法他人、向他人学习时的态度，也讲得通。“不报无道”，“报”是报复的意思，你对我无道，对我不好，但是我不报复你，甚至以德报怨，这是“南方之强也”，是南方人所理解的刚强。“君子居之”，“居”是处的意思，作为一个君子，往往会选择这样的刚强。所以，南方的刚强不是表现为逞强好勇，而是表现为有一种忍耐力，你欺凌我，以无道待我，但我不与你一般见识，我忍耐下来。历史上有这样的人物，像汉代的韩信就是“南方之强”的代表。据《史记·淮阴侯列传》记载：“淮阴屠中少年有侮信者，曰：‘若虽长大，好带刀剑，中情怯耳。’众辱之曰：‘信能死，刺我；不能死，出我袴下。’于是信孰视之，俛出袴下，蒲伏。一市人皆笑信，以为怯。”这就是著名的韩信忍受胯下之辱的故事。韩信是淮阴人，淮阴就是今天的江苏省淮安市，属于南方。一次，淮阴有一个年轻的屠夫当众羞辱韩信说：“你虽然长得又高又大，喜欢带剑，但其实胆子很小！如果你不怕死，就用剑来刺我；如果不敢，就从我裤裆下钻过去。”于是韩信仔细望了对方一下，俯下身子，趴在地上，竟然从他裤裆下钻了过去。这在他人看来是奇耻大辱，生不如死，但韩信却不这样认为，他认为羞辱他的人不过是个无赖，为何要与其一般见识？韩信的所作所为表面上看是胆怯，实际却是刚强。关键在于韩信有自己的信念、目标，与羞辱他的人不在同一个层次。一个人有了目标，想要实现，就需要极强的耐力、定力，这同样是刚强。后来韩信封侯拜将，衣锦还乡，当年羞辱他的屠夫见了吓得瑟瑟发抖。韩信怎么对待他的？惩罚他了吗？没有！不仅没有，还授予他官职，让他做了中尉，这就是“不报无道”。我们想想，如果当时韩信一怒之下杀了这个屠夫，那还会有后来的韩信吗？他或许被对方的同伙报复杀害了，或许被官府判了死罪。韩信对手下人说：“此壮士也。方辱我时，我宁不能杀之邪？杀之无名，故忍而就于此。”意思是：这是位壮士，当年他侮辱我的时候，我难道不能杀死他吗？但“杀之无名”，杀掉他没有意义，所以我忍受了一时的侮辱而成就了今天的功业。所以，有时候忍耐、退让不一定是懦弱、胆怯，关键看追求的是什么。韩信追求的是封侯拜将的功业，所以就没必要与市井无赖一般见识。他称屠夫为“壮士”，并不是夸奖对方有多么了不起，而是说这个屠夫的出现实际是对他的考验，考验了他的忍耐力，所以他不仅不报复，还要感谢。这也是一种刚强，是南方的刚强，君子会选择这种做法。君子较之一般人，有更多的见识和更好的修养。

北方的刚强则不同，“衽金革，死而不厌，北方之强也”。“衽”指席子，这里用作动词，睡觉的意思。“金”指兵器，因为兵器是金属做的。古人说的金不一定是金子，也可以是铜和铁。“革”，指铠甲。“衽金革”，就是抱着兵器睡在铠甲上。

“死而不厌”，到死也不厌倦。“北方之强也”，这是北方人的刚强。“而强者居之”，刚强者往往会选择这种做法。这段话表面上看不太严谨，既然是讲“强”，又说“强者居之”，似乎是重复了。但《中庸》的意思是说，“北方之强”往往是为强而强，为追求刚强而刚强，所以是“强者居之”，刚强的人往往会选择这种做法。像古代的侠客、武士，司马迁在《刺客列传》中记载的人物，如豫让、荆轲等，就属于这一类强者，是“北方之强”的代表。

为什么“南方之强”与“北方之强”有这么大的差别？当然与风土人情有关了。朱熹对此有一个解释，他说：“南方风气柔弱，故以含忍之力胜人为强。”（《四书章句集注·中庸章句》）南方气候温暖湿润，会影响到人的性格。江南小曲，柔和婉转，与“燕赵悲歌”有很大不同。像陕西秦腔、华阴老腔，不是在唱，而是在吼，龇牙咧嘴地大叫。这是北方人的表达方式，是北方的刚强。南方则不是这样，“以含忍之力胜人为强”，以自我克制、隐忍为刚强。这种刚强不是表现在情绪的宣泄上，而是表现在克制、隐忍上。不跟他人计较，隐忍、退让，最后战胜对方，这也是一种刚强。老子讲“反者道之动，弱者道之用”（《老子·第四十章》），主张以柔克刚、以退为进，就属于南方的刚强。老子是楚国人，楚国属于南方，北方不会出老子这样的思想。“北方风气刚劲，故以果敢之力胜人为强。”（《四书章句集注·中庸章句》）北方的气候刚劲凛冽，会影响到人的性格，北方人做事果敢，逞强好斗。这是从气候、风俗上分析“南方之强”与“北方之强”的差别。

但是，无论“南方之强”还是“北方之强”，都不是孔子心目中理想的刚强。那么，孔子心目中理想的刚强是什么？孔子接着做了论述：“君子和而不流，强哉矫!”“和而不流”就是“和而不同”。《论语·子路》中说“君子和而不同，小人同而不和”。“和”与“同”是不一样的，关于“和”与“同”，最著名的就是晏子的说法。据《左传·昭公二十年》记载，晏婴是齐景公的大臣，齐景公有一个宠臣，叫梁邱据，是个阿谀奉承之徒，对齐景公百般奉迎，很会拍齐景公马屁。有一次齐景公对晏婴说：“唯据与我和。”意思是，只有梁邱据做到了与他和，即顺从他的心意，事事听从于他。晏婴是怎么回答的？晏婴说：“据亦同也，焉得为和？”梁邱据的所作所为只能叫作同，不能说是和。齐景公就问：“和与同异乎？”和与同有什么不同吗？晏婴说：“异，和如羹焉，水火醯醢盐梅，以烹鱼肉，燀之以薪，宰夫和之，齐之以味，济其不及，以泄其过，君子食之以平其心，君臣亦然。”当然不同了。和好比煮粥，要把不同的食料调和在一起，加上水，用柴火煮，添加调味品，这样才能熬出美味的粥。君子吃后能够“平其心”，心情舒畅，浑身舒服；对君臣而言，也是同样的道理。“君所谓可，而有否焉，臣献其否，以成其可。”国君认为正确的，但实际上存在错误，臣子就应当指出来，帮助其改正。“君所谓否，而有可焉，臣献其可，以去其否。”国君认为错误的，但实际上有合理的地方，臣子也应当指出来，使国君了解事情的真相。“是以政平而不干民无争心”，这样的话，政治才会清明，百姓才没有争心，这才叫作“和”。可是，梁邱据是这样做的吗？

不是。“君所谓可，据亦曰可；君所谓否，据亦曰否。”齐景公说对，梁邱据也说对；齐景公说错，梁邱据也说错。可见梁邱据完全没有自己独立的主张和见解，一味迎合、逢迎国君的主张。这就好比只用水来煮粥，这样的粥能吃吗？只用一个音节奏曲，这样的曲子谁愿意听呢？所以，只有同、没有和是行不通的。君子崇尚“和而不同”，小人喜欢“同而不和”。所以，孔子认可的“刚强”首先是“和而不流”，要有独立的见解和主张，不随波逐流、人云亦云，更不会随声附和、逢迎权贵，这样的人才是真正的强者。“强哉矫！”，“矫”是刚强貌，“哉”是语助词，用在句中无意，这句话翻译过来就是，这就是刚强啊！

“中立而不倚，强哉矫！”“中立”，传统的解释是中正、独立，是将中立理解为中和立。我觉得中立也可以理解为立中，据中而立的意思，中指公正。保持公正而不偏私，这就是刚强。“国有道，不变塞，强哉矫！”“塞”的含义比较复杂，既可以指堵塞，也可以指充实、充塞。郑玄注为“实也”（《礼记正义》），取充实、充塞之意。朱熹注为“未达也”（《四书章句集注·中庸章句》），取堵塞之意。堵塞了，就没有达到。我觉得郑玄的说法更合理，塞是充塞之意。国家治理得好，“不变塞”，就是不改变充塞于内心的东西，也就是不改变自己的德行，这就是刚强。“国无道，至死不变，强哉矫！”国家治理得混乱，宁可献出生命也不改变德行，这就是刚强。

总结一下，第十章记录“子路问强”。针对子路的问题，孔子反问：你问的是什么样的刚强，是南方人的刚强，还是北方人的刚强，或者是你的这种刚强？显然孔子是不满意这三种刚强的，然后提出了他所理解的刚强，就是“和而不流”“中立而不倚”“至死不变”。这是孔子心目中理想的刚强。它和前面所提到的南方之强、北方之强以及子路之强有什么不同，差别在什么地方？其实对于这个问题，可以用《论语》所记“子路问勇”做出说明。前面提到，子路曾问孔子君子是不是要崇尚勇，孔子回答道义更重要。如果仅有勇气而不讲道义，那么君子也可以为乱，更不用说小人了。所以，道义比勇气更重要。《论语·宪问》中讲“仁者必有勇，勇者不必有仁”。一个真正的仁者，可以杀身成仁、舍生取义，他有没有勇气？当然有！历史上有很多这样的人物，像张志新等，在那个“举世皆醉”的混乱年代，他们为追求和坚持真理，宁可舍弃家庭幸福乃至生命，以一人之力抗拒一个时代，他们是不是具有勇气？当然是，是大勇，是大仁大勇。而“文革”时期的某些造反派学生殴打自己的老师，甚至跑到曲阜砸孔子像，当时他们肯定觉得自己很勇敢，认为自己很有勇气，可这是什么勇气呢？所以，勇有两种，一种是血气之勇，没有是非曲直；一种是道义之勇，是对真理、仁义的坚守，是大仁大勇。刚强也是一样，所以孔子教导子路，追求刚强的关键在于追求什么样的刚强，南方之强与北方之强虽然有可取之处，但显然流于一偏，对刚强的目的缺乏自觉和思考，甚至为刚强而刚强，真正的刚强不在于逞强好勇，而在于坚持己见，特立独行，公正而不偏私。

《中庸》第十章讨论强，强与勇有密切的关系，故我们用

《论语》中子路与孔子论勇的内容来帮助理解此章。其实《孟子》中也有一段讨论勇的文字，同样可以帮助我们理解此章，这段文字就是《孟子·公孙丑上》中著名的“知言养气”章。为了说明养气，孟子提到了两位著名的勇士，一位叫北宫黝，一位叫孟施舍。他们都有自己培养勇气的方法。“北宫黝之养勇也，不肤挠，不目逃。”北宫黝怎么培养勇气呢？用针刺肌肤，不退缩；用针刺眼睛，不躲闪。大家可以试一试，若有人用针刺你眼睛的话，你是不是会本能地躲闪？但是北宫黝眼睛一眨不眨，用这种方法来培养自己的勇气。“思以一豪挫于人，若挞之于市朝。”受了一点委屈，就好像在大街上被人鞭打一样。所以，北宫黝是不能受一点欺辱的，一定睚眦必报。“不受于褐宽博，亦不受于万乘之君。”“褐宽博”，指用褐布做的宽大衣服，穿这种衣服的是地位低下的人，这里指卑贱者。北宫黝的报复是没有选择的，无论卑贱的人还是万乘之君，只要敢欺负他，他就一定要报复。只报复卑贱者，不算勇敢，同样报复有地位的人，这在北宫黝看来就是勇敢了。“视刺万乘之君若刺褐夫”，“褐夫”就是穿“褐宽博”的人。北宫黝杀死国君就跟杀死个普通人一样。“无严诸侯，恶声至，必反之。”“严”是畏惧的意思，对于诸侯，北宫黝无所畏惧，只要骂他一句，他必然马上反击，这是北宫黝培养勇气的方法。

孟施舍培养勇气的方法与北宫黝有所不同，“孟施舍之所养勇也”，“视不胜犹胜也”。孟施舍培养勇气的方法很特别，他不是在每一件事情上培养勇气，而是首先培养无惧之心，这样就可以在任何事情上都无所畏惧，勇往直前了。所以，他

“视不胜犹胜也”，虽然打不过对方，但在内心坚信自己可以战胜对方。“量敌而后进，虑胜而后会，是畏三军者也。”对比双方的力量之后再决定是否进攻，考虑能否战胜对方之后再决定是否和对方打，这已经是畏惧对方了，气势上已经被对方压倒了。“舍岂能为必胜哉？能无惧而已矣。”“舍”指孟施舍。孟施舍不一定能做到战胜对方，所能做到的只是无所畏惧而已。这是孟施舍培养勇气的方法。

孟子如何看待二人的养勇呢？孟子说：“夫二子之勇，未知其孰贤，然而孟施舍守约也。”他们二人培养勇气的方法，我不知道谁更高明一点，但是孟施舍抓住了根本，因为孟施舍首先培养无惧之心。有了无惧之心，就可以在任何事情上都做到无所畏惧，所以孟子说孟施舍“守约”，抓住了根本。但是孟子马上话头一转，“昔者曾子谓子襄曰：‘子好勇乎？吾尝闻大勇于夫子也”。注意一下，此句之后孟子关于勇的论述到底是谁说的？按照孟子的说法，应该是曾子对子襄说的，而曾子又是听“夫子”也就是孔子说的。就是孔子告诉曾子，曾子告诉子襄，子襄是曾子的弟子，然后子襄又不知经过多少人的口，辗转告诉了孟子。这样，这段话的所有权就应该属于孔子。但是我们一般认为，这段话既然出自孟子之口，就可能是他的假托或者包含了他的想法，这涉及对“子曰”的理解问题。孟子说，他间接听到孔子对“大勇”的看法。“自反而不缩，虽褐宽博，吾不惴焉。”“缩”是直的意思，不缩就是理亏、理不直。我想一想，如果我做得不对，真理不在我手里，那么即使面对一个地位低下的人，我也不恐吓他，不仗势欺人。“自反而缩，虽千万人，吾往矣。”我想一想，如果我做得对，真理掌握在我手里，那么即使面对千军万马，我也勇往直前。孟子说：“孟施舍之守气，又不如曾子之守约也。”孟施舍的养气又不如曾子抓住了根本。为什么？孟施舍也好，北宫黝也好，他们所培养的都是血气之勇，是小勇；而曾子培养的是道义之勇，是大勇，是真正的勇，是儒家所推崇的勇。这里虽然是谈勇，但与刚强是一个道理。显然在子思看来，无论南方之强还是北方之强，都没有上升到道义的高度；而孔子所倡导的“和而不流”“中立而不倚”，因为保持了独立见解，维护了公正、正义，才是真正的刚强、理想的刚强。这种刚强与南方之强、北方之强的不同在于：一是南方之强、北方之强分别代表了刚强的两个极端，南方之强偏于柔弱，北方之强偏于刚强；而孔子讲要中立，取其中道，不要太柔弱，也不要太刚强。二是南方之强也好，北方之强也好，都是血气之强，不是发自道义的刚强；但对儒家来说，真正推崇的是发自道义、发自仁义的刚强。一个人有独立见解，不屈从于流俗，公正、不偏私，不管国家是治还是乱，都不改变自己的德行，这才是真正的刚强，是儒者推崇的刚强。

三、第十一章“素隐行怪”

子曰：“素隐行怪，后世有述焉，吾弗为之矣。君子遵道而行，半涂而废，吾弗能已矣。君子依乎中庸，遁世不见知而不悔，唯圣者能之。”

我们来看第十一章。“素隐行怪，后世有述焉，吾弗为之矣。”“素隐”的“素”一般解释为空，也就是挂名、有名无实的意思。我们说孔子是素王，素王就是有其德而无其位之王，是名义上的王。“素隐”就是空隐，是没有目的、没有理由的隐居。像古代有所谓终南捷径，说的是唐代有一个书生卢藏用，因为没有考取进士，便跑到京城长安附近的终南山隐居起来，结果获得了很大的名声，以至于朝廷出面聘请他出来做官。孔子讲：“邦有道，则仕；邦无道，则可卷而怀之。”（《论语·卫灵公》）明明想出仕也可以出仕，但却故意以隐居来表现清高，这就是素隐。“行怪”，行为奇怪。“素隐行怪”的意思就是，采取一些离奇的行为引起人们的关注，用今天的话说就是博出位。“后世有述焉”，得到后人的称赞。任何时代都有投机钻营、希望不劳而获的人，从《中庸》的记载来看，在子思时代这样的人已经不少，但古已有之，于今为烈。在今天这个网络时代，“素隐行怪”更为常见，像那些所谓的网红，芙蓉姐姐、凤姐，故意做出不合常规、离经叛道的行为，吸引眼球、增加流量，竟然也混得风生水起，“今世有述焉”。但孔子说“吾弗为之矣”，孔子不屑于这样做，因为孔子信奉的是中庸之道，也就是生活的常道，相信一分耕耘一分收获。靠炒作寻找存在感，是君子所不为的。

“君子遵道而行”，这个道当然指中庸之道，是一代代人奉行的生活的常道。“半涂而废”，生活的常道似乎不难做到，即使是君子也不一定会坚持下来。为什么？因为一旦选择了中庸之道，就要承受长期的孤独、寂寞，默默无闻，不被世人所理解。在这个过程中，有些人坐不住了、动摇了，不甘寂寞，也想走捷径，于是“半涂而废”，放弃了中庸之道。人生就是一个历练的过程，一旦确立理想、抱负，一旦选择走一条生活的常道，就要有充分的心理准备，因为“素隐行怪”、投机钻营的人比比皆是，人间的不公也时有发生。如果没有持久的定力，就难免半途而废，也想要博出位了，想去投机、逢迎了。但是“吾弗能已矣”，“已”是停止的意思。我不会停止，仍要奉行中庸之道，奉行生活的常道，默默地耕耘，默默地付出，一点点地积累，等待机会、时运的到来和改变。即使在我有生之年机会不会到来、时运不会改变，我依然不会停止对道的追求，不会改变对道的持守。所以，这里涉及对命运的态度和理解。孔子说“不知命，无以为君子”(《论语·尧曰》)，“知命”是成为君子的条件。《中庸》第十四章也说：“君子居易以俟命，小人行险以徼幸。”君子在平易中等待机会、时运的到来和改变，尽人事以待天命；而小人却会铤而走险，违法乱纪，想侥幸获取一时的利益，关键就在于他们不知命。

“君子依乎中庸，遁世不见知而不悔，唯圣者能之。”“遁”，隐遁的意思，“遁世”就是隐居避世。君子依据中庸之道行为处事，结果不为人知，不被人理解。这里的“遁世”不是主动避世，而是因为他们奉行的是中庸之道、生活的常道，没有哗众取宠之举，没有一时的轰动效应，所以不被人关注，不被人理解。但即便如此，也不后悔，也不改变。做到这一点当然是很难的，“唯圣者能之”，只有圣人才可以做到。

我们注意一下，在第十一章出现了三个称谓：君子、圣人，还有“吾”，也就是孔子的自称。君子是理想人格了，但还会动摇，还会半途而废。圣人的境界则高了一层，比君子更坚定，不为人知而依然无悔。显然“孔子”是以圣人为人生目标的，他自称“吾弗能已矣”，认为自己不会动摇，不会停止，当然也就是做到不为人知而依然无悔，这多少有点以圣人自况了。所以，从这一点来判断，此章的“子曰”可能是子思的假托，而不一定是孔子的言论。这样讲，当然是有根据的。《孔丛子·公仪》记载，鲁穆公曾经问子思：“子之书所记夫子之言，或者以谓子之辞。”你书里记载的夫子也就是孔子的话，有人认为实际是你自己讲的。孔子是子思的爷爷，所以子思可能打着孔子的旗号，开口闭口“我爷爷说”，以至引起人们的怀疑。那么，子思是怎么回答的？“臣所记臣祖之言，或亲闻之者，有闻之于人者，虽非其正辞，然犹不失其意焉。”我记载我爷爷的话，有的是我亲耳听到的，有的是我间接从别人那里听来的，虽然不一定是我爷爷的原话，但是意思差不多。“君之所疑者何?”国君你为什么要怀疑呢？孔子是子思的爷爷，子思当然要利用这个资源了，所以他经常打着孔子的旗号讲出一些“子曰”来。至于子思为自己做的辩护，我们只能参考，他说自己所讲的与孔子的意思相差不远，但毕竟不是实录，所以对于《中庸》中的“子曰”要做具体分析，有些可能确实是孔子的言论，有些则出自子思的发挥。

四、第十二章“君子之道”

> 君子之道，费而隐。夫妇之愚，可以与知焉，及其至

也，虽圣人亦有所不知焉。夫妇之不肖，可以能行焉，及其至也，虽圣人亦有所不能焉。天地之大也，人犹有所憾。故君子语大，天下莫能载焉；语小，天下莫能破焉。《诗》云："鸢飞戾天，鱼跃于渊。"言其上下察也。君子之道，造端乎夫妇，及其至也，察乎天地。

我们来看第十二章。"君子之道，费而隐。""君子之道"就是中庸之道。"费"是光明、光亮的意思，"隐"是隐微的意思。君子之道既光明又隐微，光明是说其易于理解，隐微是说其精微之处难以把握。君子之道就是生活的常道，当然容易理解，所以"夫妇之愚，可以与知焉"，没有多少文化的愚夫愚妇都懂得。谁不懂得生活呢？生活是什么？无非柴米油盐、人伦日用，谁不懂呢？但是"及其至也，虽圣人亦有所不知焉"，真正要做到这个极致，把握其隐微之处，恐怕圣人也不一定做得到。所以，君子之道一方面是光明的，容易理解；另一方面又是隐微的，难以穷尽。是既光明，又隐微。对于生活的常道，我们每个人都懂得一些，但谁敢说自己穷尽了人生的意义？谁敢说自己在为人处世、接人待物上做到了尽善尽美？恐怕没有人敢这样说，我们的行为都有可完善、可提升的地方。这就是中庸之道，一方面普通、平常，似乎谁都可以做到；另一方面又隐微、深奥，要想达到极致，即使圣人也无法做到。

"夫妇之不肖，可以能行焉，及其至也，虽圣人亦有所不能焉。"这句与上面一句的意思差不多，品行不那么好的夫妇也能遵从中庸之道，也就是生活的常道，但是要达到极致、尽善尽美，恐怕圣人也难以做到。

“天地之大也，人犹有所憾。”这句有点突兀，不好理解。怎么突然冒出这么一句？有人说恐怕有缺文，应该加一句“况圣人乎?”，这样就通了，意思就完整了。天地虽然广大，但我们依然会感到有缺憾。例如，天地会风雨失调而导致干旱水涝，会有各种自然灾害。所以，天地虽然广大，养育了万物，但也不能做到尽善尽美，更何况圣人呢？意思是，我们不能对圣人求全责备。因为前面说了“虽圣人亦有所不知焉”，后面应该有一个呼应。虽然圣人有所不知，但我们不能求全责备，因为对于天地尚且不能求全责备，更何况圣人呢？这样就解释通了，否则会有些突兀。

“故君子语大，天下莫能载焉；语小，天下莫能破焉。”从大的方面说，对于中庸之道，天下没有人承载得起，这是文学描述，是一种修辞，主要还是强调人生的道理太深奥、太广博，一代代人都在探索、探求。但是我们穷尽了吗？没有！不仅我们这代人没有穷尽，以后的人也不会穷尽，还会有一代代人继续探索、探求中庸之道、生活的常道。“语小，天下莫能破焉。”“破”就是剖析、分析的意思。从小的方面说，对于中庸之道，天下没有人分析得清楚、说得清楚。这就是“君子之道，费而隐”，其光明的一面容易理解，却难以承载；其隐微的一面细小，却难以理解。

“《诗》云：‘鸢飞戾天，鱼跃于渊。’”这是引诗言志。“鸢”是老鹰，“戾”是至的意思，“于”训自、从。鹰击长空，鱼跃于渊。鹰飞到天空，鱼从深渊中跃出。宋儒非常喜欢引这句诗，二程就说“活泼泼的”，认为是生机盎然之生命的真实呈现。所以，我们说到中庸的时候，不要只把它看作一种约束、限制，似乎恪守中庸就是为了束身寡过，其实更重要的是内在情感、生命的流露，是内与外的统一。“言其上下察也。”“察”是至的意思。中庸之道上达至天，下至于地，不仅包含了人生的方方面面，还与天地具有内在的关联，具有超越的维度，人生乃至宇宙的道理都包含在里面了。

下面紧接着说：“君子之道，造端乎夫妇，及其至也，察乎天地。”“造”是开始的意思，“造端”就是开端。君子之道也就是中庸之道，是从夫妇之间开始的，其极致则达于天地。为什么中庸之道是从夫妇之间开始的？最好的解释是《周易·序卦》中的说法：“有天地然后有万物，有万物然后有男女，有男女然后有夫妇，有夫妇然后有父子，有父子然后有君臣。”中庸之道首先是人伦之道，而人伦关系是从夫妇关系开始的。从时间上说，男女的出现当然更早，但只有男女而没有人伦，还不算是文明，不算是君子之道。君子之道是从夫妇关系开始的，有了夫妇关系，才会有明确的父子关系，有了父子关系，才会有君臣关系，进而有朋友关系，人伦关系就是这样一步步发展出来的。所以，夫妇关系是人伦之始，中庸之道首先体现在夫妻之间，夫妻和睦、家庭和睦是人际和谐的前提和保障。中庸之道始于夫妇关系，但不限于夫妇关系，一步步推扩出去，天地万物都被包含在内，这就是中庸之道。

（原载陈来、王志民主编：《中庸解读》，济南：齐鲁书社，2019）

“道不远人”与“以人治人”

——《中庸》“道不远人”章发微

一

《中庸》本是《礼记》中的一篇，《十三经注疏》中的《礼记》并无分章，朱熹作《中庸章句》时对其分章并加以注释，这就是所谓的章句之学。所以，目前的分章是否恰当，还可以斟酌。“道不远人”见于《中庸章句》第十三章：

> 子曰：“道不远人。人之为道而远人，不可以为道。《诗》云：‘伐柯伐柯，其则不远。’执柯以伐柯，睨而视之，犹以为远。故君子以人治人，改而止。忠恕违道不远，施诸己而不愿，亦勿施于人。
>
> 君子之道四，丘未能一焉：所求乎子，以事父，未能也；所求乎臣，以事君，未能也；所求乎弟，以事兄，未能也；所求乎朋友，先施之，未能也。庸德之行，庸言之谨；有所不足，不敢不勉；有馀，不敢尽。言顾行，行顾言，君子胡不慥慥尔。”

我认为第十三章以“君子之道四”为界，实际可分为两个部分，所以将其分为两个自然段。这两个部分其实分为两章更好，当然“君子之道四”与前面的内容也存在一定的联系，所以朱熹的分章也有一定的道理。至于它们之间的关系，我们后面再谈。

我们先看第一自然段，这一段实际上包含了三个部分的内容，这三个部分的内容是环环相扣、紧密联系的。“子曰：道不远人。人之为道而远人，不可以为道。”这是此段的第一部分，该章主题“道不远人”就出于此。那么，什么是“道不远人”呢？这里的“人”指的是什么？我们阅读古代经典，经常会遇到这样的问题，因为古人的表达比较简约，有些言论不够清晰、明确，给后人留有一定的诠释空间。所以，同样一句话，不同学者的理解可能是不同的。大概在2006—2007年，我在哈佛大学燕京学社访学，在杜维明先生的召集下，国内的一些访问学者还有哈佛大学的博士生聚在一起读了一学期的《中庸》，当时录了音。回国后，我请学生帮着整理成文字，准备出版一本《哈佛读〈中庸〉》。我在整理的过程中发现学者之间的分歧很大，甚至经常发生争吵，这就与文本的特点有关。

“道不远人”，从字面上看很容易理解：道不能远离人。这是中国文化的一个重要主题，但要将其解释清楚还是有一定的难度。“人之为道而远人，不可以为道。”前一个“为”用作动词，追求的意思；后一个“为”是系词，“是”的意思。如果我们追求道，却远离了人，那就不是道了。朱熹的解释是：“道者，率性而已。”（《四书章句集注·中庸章句》）他用了《中庸》第一章的观点：“天命之为性，率性之为道。”道是什么？就是率性，顺着我们的性而为就是道。所以，朱熹说：“固众人之所能知能行者也，故常不远于人。”（《四书章句集注·中庸章句》）朱熹的意思是，道实际来自人的率性而为，是我们能够理解也能够实行的，所以道是不能远离人的。远离了人，超出了人的能力所及，就是好高骛远了。朱子的注释非常有名，对后世产生过重大影响。但朱熹用“率性”解释道，仍有一些不明确的地方。他说的性指的是什么？是天理之性，还是气质之性？在朱熹的义理框架中，这两种性的差别是很大的。

我的解读与朱熹有所不同。我认为如何理解“道不远人”，关键在“人”。而“人”，我认为是指人情，指人之常情，也就是人人都有的情感欲望、喜怒哀乐。所以，道不远人就是道不能远离人人都有的情感欲望、喜怒哀乐，即人之常情。如果我们追求道，而远离了人之常情的话，就不能称之为道。这是我的解读，我之所以这么解读，当然是有根据的。前面提到，第十三章的第一自然段可以分成三个部分，这三个部分的内容是密切相关、层层递进的。正是考虑到这三个部分内容之间的关系，我做出了这样的解读。合不合理？能否成立？要把这三个部分放在一起考虑。

第二部分是引《诗经》的内容，见于《诗经·豳风·伐柯》。“伐柯伐柯，其则不远。”“柯”是斧头柄，斧头是铁做的，但柄是木头做的。“伐柯伐柯”，是说握着斧头柄去砍木头，再做一个斧头柄，前后两个“柯”字的所指略有不同。“其则不远”，“则”是标准。砍什么样的木头、多长的木头、多粗的木头，标准在哪里？就在伐柯人手里。“执柯以伐柯，睨而视之，犹以为远。”握着斧头柄去砍木头来做斧头柄，标准就是伐柯人手里的斧头柄。看都不用看，斜眼去看都会觉得远，因为标准就在伐柯人手里，握一握手里的斧头柄就知道了。这是一个比喻，这个比喻是要说明什么呢？

“故君子以人治人，改而止。”这里出现了两个“人”，君子根据人来治人，后一个“人”指民众，没有问题，那么前一个“人”指什么？如果也指民众，就是根据民众来治理民众，似乎讲得通。但是根据民众的什么来治理民众？这涉及如何理解“以人治人”，非常关键。朱熹注：“若以人治人，则所以为人之道，各在当人之身，初无彼此之别。故君子之治人也，即以其人之道，还治其人之身。”（《四书章句集注·中庸集注》）按朱子的解释，这里的两个“人”都是针对民众而言，只不过前一个指“其人之道”，后一个指“其人之身”，君子用民之道来治理民。那么，什么是民之道？又如何确立民之道？朱熹说：“盖责之以其所能知能行，非欲其远人以为道也。张子所谓‘以众人望人则易从’是也。”（同上）原来朱熹所理解的民之道是就民众可以理解、实践的程度而言的，超出这个程度就不是道了。所以，他引张子之说“以众人望人则易从”，根据民众可以接受的程度去要求民众，民众就容易服从了。朱熹的《四书章句集注》中引用了很多人的观点，但往往不标明姓名，而是称某氏、某子等，这个张子应该就是张载。朱熹《中庸章句》在思想史上的影响很大，但对这句话的解读我并不认同。为什么？因为按照朱熹的理解，“以人治人”与前面的“伐柯伐柯，其则不远”就没有什么关系了。但在《中庸》中，“执柯以伐柯”作为一个比喻，显然是用来说明“以人治人”的。如果“伐柯”喻指“以人治人”的“治人”，那么“执柯”就应喻指“以人”。所以，虽然《中庸》用了“以人治人”的说法，但前一个“人”显然不是一般的人，因为“执柯以伐柯”强调的是，伐柯人握着斧头柄去砍木头来做斧头柄，根据或原则就在伐柯人手里，伐柯人是根据手里的斧头柄来选择砍什么样的木头。所以，根据《诗经》中的提示，“君子以人治人”实际是说君子根据自己掌握的标准或自身的标准来治理民众。“改而止”，对方改正了就可以停止。怎样算是改正了？当然还是根据君子掌握的标准。朱熹的解读显然没有将这层意思表达出来，所以我认为是不恰当的。那么，“以人治人”到底该怎么理解？我将前一个“人”理解为人情或人性，而所谓人情或人性又是君子通过反求诸己、推己及人而获得的，在这个意义上也可以说是“以己治人”。正因为如此，第三部分紧接着谈到了忠恕之道。

“忠恕违道不远，施诸己而不愿，亦勿施于人。”根据孔子的定义，忠是指“己欲立而立人，己欲达而达人”（《论语·雍也》），恕是指“己所不欲，勿施于人”（《论语·颜渊》）。忠恕就是推己及人，讲的是自己与他人的关系。子思点出忠恕是对前文的回应，“执柯以伐柯”是说根据自己就可以推及或了解他人。同理，“以人治人”强调的是以自己所理解的人情事理来治理他人，也就是以己治人，故二者都可以用忠恕来概括，这样上下文义才可以真正贯通，三个部分就具有了内在的联系。朱熹的注释割裂了上下语境，没有说明忠恕与前文的关系，是不可取的。

二

君子为何可以根据自己对人情、人性的理解来治理他人？又为何可以“以人治人”？因为“性相近”（《论语·阳货》），人情、人性是相近的，君子可以根据自己的人情、人性推知他人的人情、人性。这可以说是儒家的一个基本思想，儒家经典或文献中有很多类似的表达。例如，郭店竹简中有一篇《尊德义》，其中说：“察者出，所以知己，知己所以知人，知人所以知命，知命而后知道，知道而后知行。”① “察者出”是什么意思？就是观察自己内心的情感、愿望，这里的“出”是指心之出，指内心的表现。观察自己内心的表现，反求诸己，这样就了解了自己。了解了自己也就了解了别人，因为“性相近”，自己的情感、愿望与他人的情感、愿望是相近、相通的，自己所具有的情感、愿望也是他人想要得到的。同样，自己不想经历或遭受的对待，也是他人不想遭受的。“知人所以知命”，推己及人，由了解自己到进一步了解他人，这就是知命。这里的“命”指性命，性命是人人都有的，是普遍的、必然的，所以“知命而后知道”，知道了命也就知道了道，道有准则、法则的意思，是对命的进一步说明。《语丛一》中也说：“知己而后知

① 李零．郭店楚简校读记（增订版）．北京：中国人民大学出版社，2007：182.

人，知人而后知礼，知礼而后知行。”① 礼也就是道。“知道而后知行”，知道了道或者礼，了解了准则、法则，就知道了该如何行为。如果具体到治人的话，那就是知道了该如何治人，即“以人治人”。所以，根据自己所体察到的人情、人性，以及情感、愿望去治理人，就是推己及人，从积极的一面说是忠，从消极的一面说是恕。忠恕不仅是一个伦理原则，同时也是一个政治原则。

忠恕，也就是推己及人，是儒家的一个重要主张，其哲学根据就是孔子的“性相近”，即人情、人性是相同或者相近的。孔子之后，孟子、荀子都对此做了进一步的发挥。孟子说：“凡同类者，举相似也，何独至于人而疑之？圣人，与我同类者。”（《孟子·告子上》）同类事物都有相似的性质，人也一样，因为人也是一个类，所以人情、人性有相近的一面。即便是圣人，与普通人也属于同类，圣人之心与普通人之心也有相同、相近的地方。何以见得？孟子说：“口之于味，有同耆也，易牙先得我口之所耆者也。”（同上）好吃的饭菜大家都喜欢吃，说明人的口味有相近的地方。“耆”通“嗜”，嗜好的意思。易牙是古代善于烹调的人，相当于今天的大厨，易牙烹调的食物大家都喜欢吃，说明人的口味是相近的。如果口味不同，根本就不是一个类，如人喜欢吃饭，牛、马喜欢吃草一样，那么易牙烹调的食物就应该有人喜欢，有人不喜欢。但事实并非如此，易牙烹调的食物人人都喜欢，说明人的口味是相

---

① 李零．郭店楚简校读记（增订版）．北京：中国人民大学出版社，2007：208.

近的。那么，易牙为什么能做出人人都喜欢的食物？因为他比一般人更了解人的共同口味。当然，口味的差别也是存在的，如北方人喜欢吃咸，南方人喜欢吃甜，但这并不能否定人的口味有相近的地方，如南方的“佛跳墙”北方人也喜欢吃，北方的满汉全席南方人也向往，孟子只说“相似”而没说“相同”。同理，好听的音乐，如师旷（古代著名的乐师）演奏的音乐，大家都喜欢，说明人的听觉有相近的一面；美女、帅哥大家都喜欢，像一些电影明星，已经超越了国家、种族的界限，被不同国家、种族的观众所崇拜和喜爱，说明人的美感也是相近的。既然人的味觉、听觉、视觉都有相近的地方，“至于心，独无所同然乎？”（《孟子·告子上》）人的心难道没有相近的部分吗？当然有。那么，人心相近的部分是什么？孟子说是“理也，义也”（同上）。这个理、义应该如何理解？孟子说：“羞恶之心，义也。”（同上）这是从道德意识上讲，我认为也可以从自然情感上理解，由自己的人情、人性推及他人的人情、人性，意识到自己所喜欢的也是他人喜欢的，自己所追求的也是他人想要得到的，由自己推及他人，将个体的人情、人性上升为普遍的人情、人性，这就是理、义，理、义有法则、准则的含义。所以，《尊德义》中说：“有知己而不知命者，无知命而不知己者。”[1]“知己”还只是“察者出”，是对个体情感的观察和把握；“知命”则是推己及人，上升为普遍和必然了。所以，“知己”还不一定“知命”，但做到了“知命”就一定“知己”。

---

① 李零．郭店楚简校读记（增订版）．北京：中国人民大学出版社，2007：182.

在《孟子》中可以看到类似的思想，所以我的解读是有根据的，并非主观发挥。例如，孟子劝梁惠王行仁政："王如善之，则何为不行?"（《孟子·梁惠王下》）您如果觉得仁政非常好，那为什么不去实行？梁惠王说："寡人有疾，寡人好货。"（同上）不行，我这个人有缺点，我贪财。孟子马上就说，贪财有什么过错？周人的先祖公刘也喜欢财物，"王如好货，与百姓同之，于王何有?"（同上）"同"是"共"的意思，"同之"就是"共之"。大王喜欢财物，如果进一步想到老百姓也喜欢财物，也希望发家致富，与天下百姓共同实现致富愿望，那么实现王道有什么困难呢？这就是推己及人。你喜欢财物，同时认识到天下人都喜欢财物，作为执政者，应该帮助天下人实现他们的愿望，满足他们获取财物的想法和愿望。

梁惠王又说："寡人有疾，寡人好色。"（《孟子·梁惠王下》）不行，我还有缺点，我好色。孟子说，当年文王的祖先古公亶父也好色，他宠爱自己的妃子，《诗经》中都有记载，但是他能推己及人，做到了"内无怨女，外无旷夫"（同上），没有嫁不出去的大龄女子，也没有娶不到媳妇的大龄男子。"王如好色，与百姓同之，于王何有?"（同上）大王好色，如果能认识到天下人都好色，都有对爱情的渴望（古人可能不注重爱情，主要注重的是传宗接代），进而也像古公亶父一样，做到"内无怨女，外无旷夫"，那么实现王道有什么困难呢？仍是劝导梁惠王要推己及人。我们注意到，孟子关于推己及人实际有两种表达形式，一种是推恻隐之心、不忍人之心，是对自己道德情感的扩充，用孟子的话讲就是"推恩"。例如，孟子讲小孩子要掉入井里了，正常人都会有“怵惕恻隐之心”（《孟子·公孙丑上》），这种恻隐之心往往是刹那间的呈现、流露，而且没有任何外在的功利目的。进一步将这种同情心推到所有的人，达之天下，就是“推恩”。所以，孟子说：“推恩足以保四海，不推恩无以保妻子。”（《孟子·梁惠王上》）对于这一点，以往学者讨论得比较多。但在孟子那里，除了“推恩”，还有另一种形式的“推”，可以称之为“推己”，就是推自己的好货、好色之心，实际是将心比心，承认他人感情、欲望的合理性，强调“与民同之”。这两种形式的“推”当然有所不同，以往的研究只注意到“推恩”，而忽略了“推己”，对孟子思想的了解是不全面的。只讲“推恩”，会流于道德说教。在早期儒家那里，道德说教一定要落实为百姓的物质利益。所以孟子说，要获得民心就要“所欲与之聚之，所恶勿施尔也”（《孟子·离娄上》）。老百姓喜欢的就满足他们，不喜欢的就不要强加给他们。老百姓喜欢什么？当然是好货、好色！这是人的基本欲望。作为执政者，首先要满足老百姓的基本需要。所以，孟子对社会精英与普通大众提出的道德标准是不一样的：“无恒产而有恒心者，惟士为能”（《孟子·梁惠王上》），没有固定的资产，但有固定的志向，能够超越个人的利益去关注天下的福祉，这是对士人的要求；“若民，则无恒产，因无恒心”（同上），对老百姓则不必提太高的要求，老百姓关注的就是自己的生活，如果没有固定的财产，也就没有固定的志向，所以满足他们的物质生活需要更重要。

孟子的这一思想还有其独特的理由，就是个人的精神快乐。孟子曾问齐宣王："独乐乐，与人乐乐，孰乐?"(《孟子·梁惠王下》)"独乐乐"的前一个"乐"用作动词，读 yào，喜好的意思，后一个"乐"读 lè，指快乐。这样就读为："独乐（yào）乐（lè)，与人乐（yào）乐（lè)，孰乐（lè)?"也有学者主张把后一个"乐"读为 yuè，指音乐。这样就读为："独乐（yào）乐（yuè)，与人乐（yào）乐（yuè)，孰乐（lè)?"这里我们采用第一种读法。一个人拥有某物的快乐，与和他人一起拥有某物的快乐，哪种更快乐？是一个人满足欲望，实现价值更快乐，还是与天下人一起满足欲望，实现价值更快乐？齐宣王承认："不若与人。"不如和他人一起拥有某物快乐。孟子又问："与少乐（yào）乐（lè)，与众乐（yào）乐（lè)，孰乐（lè)?"和少数人一起拥有某物的快乐，与和更多的人一起拥有某物的快乐，哪种更快乐?"不若与众。"齐宣王很诚恳，承认后一种情况更快乐。看来这是一种普遍认识，具有理智的人都会承认和接受。所以，一个人在满足自己物质需要的同时应推己及人，想到他人也有类似的需要，这既是一种境界，也是一种智慧。在这样做的时候，人就会越来越快乐。相反，只想着自己的物质需要，完全不顾及他人，甚至为富不仁，人就会越来越不快乐。孟子所说的乐，主要指一种精神快乐，但这种快乐来自欲望的满足，同时又经过了推己及人的升华过程，升华后的快乐已有了精神的内涵，物质、精神双重满足的快乐比单纯物质满足的快乐更快乐。不过，孟子虽然谈到"推恩"与"推己"，但还是更重视"推恩"，他的主要思想也是围绕"推恩"展开的，例如其性善论就是要为"推恩”提供人性论根据，其仁政说也是“推恩”的具体落实，所谓“有不忍人之心，斯有不忍人之政”（《孟子·公孙丑上》）。而他谈到“推己”主要是出于规劝执政者的需要，是一般性的提及，并没有落实为制度的设计，这个工作主要是由荀子完成的。所以我认为，在荀子那里“推己”应该占有更重要的地位。

三

荀子对人性的预设与孟子不同，他不主张性善论，而是持性恶心善说，认为人性的内容主要有二：一是欲望，不加节制则导致恶；二是理智，好善恶恶，有追求秩序的愿望。前者是性，后者是心，所以我称之为性恶心善说。[①] 荀子说：“人生而有欲，欲而不得，则不能无求；求而无度量分界，则不能不争；争则乱，乱则穷。”（《荀子·礼论篇》）每个人都有欲望，欲望表现为对财物的追求，但欲望是无限的，财物则是有限的，这样人与人之间就出现了争夺，争夺就导致了混乱。这种争夺与混乱对于人类而言，当然是不好的，这时“先王恶其乱也”（同上），站出来说，大家不要争夺了，大家一起制定一个“度量分界”，也就是礼义法度。荀子描写的是一种前礼义状态，这时还没有严格意义上的王，所谓“先王”只能是先知、先觉者，是某个聪明人。制定礼义法度的目的是什么？是“以

① 梁涛．荀子人性论辨正——论《荀子·性恶》的性恶、心善说．哲学研究，2015（5）.

养人之欲，给人之求”（《荀子·礼论篇》）。表面上看，礼义法度限制了人们的某些欲望，但实际上却更好地满足了人们的欲望，因为人不能生活在一个无规则的社会中，社会必须要有规则，有规则就意味着有限制，但限制是为了更好地满足人们的欲望和欲求。所以，荀子说“礼者，养也”（同上），礼是满足和提升人们的欲望的。荀子认为礼是先王制作的，而先王之所以能启发人们制作礼义，显然是因为推己及人的缘故。推己及人不是来自欲望，而是理智的抉择。荀子认为人性中既有欲望的一面，也有理智的一面；既有性恶，也有心善——我说的心善是指心可以追求善、认识善、实践善，而不是说心已然是善的。所以，人们可以通过推己及人，制定礼义，摆脱混乱，走向秩序，实现孟子所说的“与百姓共之”。可见，在忠恕之道、推己及人上，孟子、荀子有相通的地方，但二人思考问题的角度又有差别：孟子的推己及人是从不忍人之心出发，推己建立在推恩之上；荀子则以理智心、从明分使群的角度来立论，其思想包含了推己及人的维度，但缺乏明确的表达。

这些年，我提出统合孟荀，主张用孟子的思想丰富荀子的思想，用荀子的思想补充孟子的思想，以建构更为完备的儒家学说。[①] 由此，我提出“新道统”和“新四书”，“新四书”指《论语》《礼记》《孟子》《荀子》，而将《大学》《中庸》返回《礼记》。“新四书”的核心问题就是统合孟荀，因为孟荀代表了儒学的两个不同发展方向，二者都是对儒学的丰富和发展，

---

① 梁涛．统合孟荀，创新儒学//赵广明．宗教与哲学：第7辑．北京：社会科学文献出版社，2018. 该文也收入了本书。

不可偏废，最好的选择是将二者结合起来。

回到文本，前面我们结合孔、孟、荀的思想对忠恕做了解读，指出忠恕的核心是推己及人，推己及人既包括推恩也包括推己，既是一个伦理原则也是一个政治原则。推己强调的是，自己想要得到的，往往也是他人想要得到的；自己不想被对待的，往往也是他人所不想的。所以，在满足自己愿望的同时，也要使他人能够实现其愿望；不希望他人侵犯自己的权益，自己也不应侵犯他人的权益。这就是忠恕之道，由于建立在推己及人之上，将其用在国家治理上便是“以人治人”。这样，《中庸》第十三章第一自然段的三个部分才能上下贯通，其中第一部分“道不远人”是说道不能远离人情、人性。但人情、人性怎么去理解、把握呢？当然是反求诸己，并推己及人，使其普遍化。所以，第二部分又引《诗经》云“伐柯伐柯，其则不远”，说明治理民众，其标准在我们自身，以此说明“以人治人”。朱熹认为是以众人之情来治人，这是正确的，但他没有讲众人之情如何而来，没有提及推己及人的过程，这样便与“执柯伐柯”失去了关联。第三部分点出忠恕，对前两个部分做出总结，三个部分的内容最后统一在推己及人上。

四

《中庸》第十三章第二自然段与第一自然段关系不大，反而与第十二章“夫妇之愚，可以与知焉，及其至也，虽圣人亦有所不知焉”联系更密切些，所以单独分为一章应该更好。朱熹将其与上一段合为一章，自然有他的考虑。不过，朱熹的分章不是绝对的，做适当的调整也是可以的。这里按我们的理解来解读。这一段说："君子之道四，丘未能一焉：所求乎子，以事父，未能也。"君子之道体现在四个方面，我孔丘每个方面都没有做到。作为儿子对父母尽孝，我没有做到。我想这绝不是孔子自谦，"未能也"不是说孔子不懂得向父母行孝，而是说君子之道也就是中庸之道，乃生活的常道，主要体现在事父、事君、事兄、与朋友交四个方面，这是"夫妇之愚，可以与知焉"，但要做到极致，做得恰到好处，圣人也难以做到。从这一点来看，孔子感慨自己"未能也"，当然是有感而发了。这是对"事父"而言，其他方面也是一样。"所求乎臣，以事君，未能也；所求乎弟，以事兄，未能也；所求乎朋友，先施之，未能也。"作为下属，对待我的上级，没有做得很好；作为弟弟，侍奉我的兄长，没有做得很好；对待朋友，应该先做到的，我也没有做到。那么，君子之道难以做到，是因为它超出了我们的能力所及，具有很大的难度吗？不是，君子之道就是中庸之道，是生活的常道，是每个人每天都在遵行的。但为什么难以做到呢？《中庸》第三章："道之不行也，我知之矣；知者过之，愚者不及也。"我们做不到不是因为中庸之道太特殊，而恰恰是因为其太平常，所以聪明的人往往过之，愚笨的人则有所不及，因而都不能做到恰当、恰好。实践君子之道并不需要特别的行为，而只需"庸德之行，庸言之谨"，实践平常的德行，谨慎平常的言语。因为其普通、平常，所以更应注意。"有所不足，不敢不勉"，"勉"是努力的意思，做得不够的地方不敢不努力；"有馀，不敢尽"，做得过头的地方要有所保留，这就是中庸之道。"言顾行，行顾言"，说话的时候要考虑能否做得到，行动的时候要考虑是否与言论相符。"君子胡不慥慥尔"，"慥慥"是努力的意思，君子为何不努力呢？这种努力就体现在对中庸之道的践行中。

（原载陈来、王志民主编：《中庸解读》，济南：齐鲁书社，2019）

《大学》“诚意慎独”章解读*

一

《大学》是四书之一，地位非常重要，我们学习儒学，一般应从阅读《大学》入手。孟子研究院有系统解读四书的计划，我们先讲《孟子》，去年讲了《中庸》，今年讲《大学》，计划明年讲《论语》。但若是学习、了解儒家思想，则应首先读《大学》，之后读《论语》《孟子》，最后读《中庸》，这是学习儒学的基本次序。

为什么说《大学》非常重要，为什么学习儒学要从阅读《大学》入手？这就涉及对儒学的理解，以及如何概括儒家思想的问题。《大学》之所以重要，就在于它对儒学做出了一个简明扼要的概括。提到儒学，学者往往引用《论语·宪问》中孔子与弟子子路的一段对话：

---

* 这是新作，并将收入陈来、王志民主编：《大学解读》，济南：齐鲁书社，2020。

> 子路问君子。子曰：“修己以敬。”曰：“如斯而已乎?”曰：“修己以安人。”曰：“如斯而已乎?”曰：“修己以安百姓。修己以安百姓，尧舜其犹病诸?”

子路问老师：怎样才可以成为一名君子？这说明儒学首先是君子之学。孔子教导弟子要成为君子，成为君子是儒家弟子追求的目标。孔子回答：“修己以敬。”“修己”，就是修身；“修己以敬”，指用恭敬的态度修身。也有人解释为，修养自己做到恭敬，类似孔子说的“执事敬”（《论语·子路》）。子路又问：做到这一点就可以了吗？孔子说：“修己以安人。”只修养自己、完善自我是不够的，还要进一步去安人。儒家不仅要求修己，还要求安人，否则就不是真正的儒家。真正的儒家一定是在修己的基础上进一步去影响他人，也就是安人。因为下面接着谈到“安百姓”，所以一般认为这里的“人”是狭义的，主要指上层人物，不包括百姓。我认为这里的人主要指身边的人，这样理解比较合理。

我们今天离儒学传统比较远了，对它的理念缺乏切身的感受。说到修身还容易理解，但说到安人则会产生疑问。我们如何安人？如何影响他人？其实，道理很简单。一方面，我们在自己的成长过程中一定会受到他人的影响，在家庭受父母的影响，进入学校受老师的影响，走上社会受同事、朋友的影响。另一方面，我们又会影响他人，作为父母，会影响到自己的子女；作为丈夫，会影响到自己的妻子；作为领导，会影响到自己的员工。我们在自己的一生中总会受到他人的影响，也会影响到他人，而且总有那么几个人对我们的成长影响深远。当然，我们也会深深地影响到他人。所以，修己和安人存在着必然的联系，要想影响他人，首先要修养自己、完善自我。在完善自我的过程中，自然要向他人学习，所以孔子说“三人行，必有我师焉”（《论语·述而》）。

子路又问：做到这一点就可以了吗？孔子说：“修己以安百姓。”不仅要安身边的人，还要安天下的人，安广大的民众。当然，孔子也认为，做到这一点是非常困难的，即使尧舜这样的圣人也难以做到。但这是儒家的理想，是儒者应该追求的目标。这里有一个问题：做到了修身、完善自我，是不是就一定能安百姓，或者平治天下？恐怕不一定，还必须要有一定的外在条件，这个条件就是位，就是权力。作为一个普通人，道德修养再好，最多可以影响身边的人。若想安百姓、平天下，改造、影响社会，还必须要掌握权力。这样的话，作为君子还是不够的，还要成为“大人”。

这就涉及《大学》的名称，何谓大学？郑玄认为是“博学”，朱熹则认为是“大人之学”。什么是“大人”呢？孟子说：“唯大人为能格君心之非。”（《孟子·离娄上》）“格”，纠正。“君心之非”，指君主的错误。君主做了错事，或者决策出现了错误，谁能纠正他？不是普通人，而必须是大人。大人既有道德声望，又有较高的政治地位，有机会接近君主，所以才能“格君心之非”。大人者，有德、有位之人也。君子有德，但不一定有位。而作为大人，必须既有德又有位，德位兼备。位是什么？就是要具有一定的地位，掌握一定的权力。只有这样，才可以影响更多的人，才可以安百姓。所以，孔、孟、荀等儒者一方面通过教学授徒，为社会培养出一批君子，鼓励他们积极出仕；另一方面又希望有一套好的制度，使君子能够脱颖而出，让他们来管理国家和社会。《论语·为政》中记载了孔子与鲁哀公的问答：

哀公问曰："何为则民服?"孔子对曰："举直错诸枉，则民服；举枉错诸直，则民不服。"

"错"通"措"，放置的意思。鲁哀公问孔子：怎么做才能使百姓信服?孔子回答：把那些正直的人也就是君子选拔出来，放在道德品质不好的人也就是小人之上，让他们管理国家，这样百姓就会信服；反过来，把那些不正直的人选拔出来，放在正直的人之上，让他们管理国家，这就是小人当道，奸佞横行，百姓自然不会服从了。

所以，完整的儒学一方面是君子之学，或者说是大人之学，另一方面还包括了一套制度之学。不过《大学》主要强调、论述的是前一方面，将儒学概括为修齐治平之学，而没有论及后一方面，但这是隐含在其中的，是修齐治平的前提和条件。所以，根据《大学》的概括，儒学就是修齐治平之学。"修"指修己或修身，"齐"指齐家，"治"指治国，"平"指平天下。需要说明一点，《大学》所说的"家"与我们今天所说的"家"不是一回事。我们今天所说的"家"是小家庭，一般是五口之家，包括爷爷、奶奶、父亲、母亲、孩子等。《大学》中的"家"与此不同，指大夫的封邑。周代实行分封制，名义上土地归天子所有，所谓"普天之下，莫非王土"，天子把土地分给诸侯，这便是国。例如今天的山东，当时主要封了两个大国——齐国和鲁国。诸侯把土地再往下分给大夫，这就是家了。所以，家就是大夫的封邑，其规模相当于现在的县，比今天的家要大得多。《大学》“齐家”章说，齐家的关键是要公平、公正，而不能有偏心。为什么？因为“人之其所亲爱而辟焉，之其所贱恶而辟焉，之其所畏敬而辟焉，之其所哀矜而辟焉”。这里的“之”是“于”的意思，人对于亲近、喜爱的人，对于厌恶、憎恨的人，对于畏惧、尊敬的人，对于同情、怜悯的人，态度会不一样，会有偏心。读到这里就会知道，《大学》中的家与我们今天的家是不一样的，今天的家里都是我们亲近、喜爱的人。治国的国指诸侯国，从范围上看，相当于今天的省。古人说的天下，从地域上看，可能只包括今天的中国，实际指普天之下。儒家修齐治平之学的终极目标是安抚天下。

关于儒学的思想宗旨，梁启超先生有一个概括：

> 儒家哲学，范围广博。概括说起来，其用功所在，可以《论语》“修己安人”一语括之。其学问最高目的，可以《庄子》“内圣外王”一语括之。做修己的功夫，做到极处，就是内圣；做安人的功夫，做到极处，就是外王。至于条理次第，以《大学》上说得最简明。《大学》所谓“格物致知诚意正心修身”，就是修己及内圣的功夫；所谓“齐家治国平天下”，就是安人及外王的功夫。①

梁先生显然是用《大学》来理解儒学的。所以，《大学》之所以重要，就是因为它对儒家的思想，尤其是条理次第，怎么从

---

① 梁启超．梁启超论儒家哲学．北京：商务印书馆，2012：4.

修己到安人、从内圣到外王，做了一个概括。但这里有一个问题，梁先生将格物、致知、诚意、正心与修身并列，应该是受到传统注释的影响。传统上一般将《大学》的思想概括为“三纲领、八条目”。“三纲领”指明明德、亲民、止于至善，“八条目”包括格物、致知、诚意、正心、修身、齐家、治国、平天下。大概二十年前，我写过一篇文章：《〈大学〉新解》。我提出《大学》的八条目其实应该是四条目，因为格物、致知、诚意、正心是修身的具体内容，包括在修身之中。说到修身，就是要格物、致知、诚意、正心。不是在修身之外另有一个格物、致知、诚意、正心，也不是在格物、致知、诚意、正心之上还有一个修身。用图可以这样表示：

（格物＞致知＞诚意＞正心＞）修身＞齐家＞治国＞平天下

反过来也一样：

明明德于天下＜治国＜齐家＜修身（＜正心＜诚意＜致知＜格物）

所以，我们今天讨论《大学》，也可以将其概括为“三纲领、四条目”，这更便于理解《大学》的思想。当然，“三纲领、八条目”的说法流传已久，延续旧说也可以，关键是要真正理解。

《大学》一文的文眼或核心观点是：“自天子以至于庶人，壹是皆以修身为本。”“壹”，一概；“皆”，都。用今天的话说，上至国家领导人，下至普通百姓，每个人都要以修身为根本。

中华文化，尤其是儒家文化，其实就是修身的文化。为什么修身很重要？因为人生在世，都想追求快乐、幸福——用李泽厚先生的话讲，中国的文化是乐感文化。但是，怎样才能快乐、幸福？答案很简单：与有修养的人在一起便会快乐、幸福，与没有修养的人在一起肯定不快乐、不幸福。家庭生活中尤其如此，我们一生中生气、吵架最多的地方一定是家庭了，为什么？家庭生活好像没有什么大事，无非就是柴米油盐等各种琐事，但有修养和没有修养差别很大。结了婚的都深有体会，没有结婚的，也不要只看重外表，其实修养更重要，但这往往结婚后才知道。单位也是一样，有修养的人和没有修养的人，给领导、同事的感受是不一样的，他们的发展也会有很大的不同。我们经常说，性格决定命运。这句话有一定的道理，人的命运很多时候是由性格决定的。但性格又是被什么决定的？性格并不完全是天生的，也是可以后天改变的，所以荀子讲化性起伪、积善成德，就是认为性格实际是后天培养的。所以，修身决定性格，性格决定命运，说到底是修身决定命运。说修身决定命运有点绝对，不一定恰当，也不完全符合儒家的思想。儒家认为，命运中有很多偶然因素，不可能完全被人控制、掌握，但是人可以正确地对待命运，这就是尽人事以待天命，尽人事就包括修身。我们都注意到，很多时候人与人之间，特别是同学之间，智力、学历差别不大，但走上社会以后，事业上的成就却有很大差别，除了运气的因素，就在于个人是否努力，就在于个人是否修身。即使修身也有自觉和不自觉的差别，什么是自觉修身？我们读《论语·学而》第三章："曾子曰：吾日三省吾身，为人谋而不忠乎？与朋友交而不信乎？传不习乎？”做到了“吾日三省吾身”，就是自觉修身。每个人都在生活，但只有经过反省、总结的生活才是有收获的，才是可以使我们不断提升、完善的。所以，人与人之间的差别就在于，有人自觉修身，有人一味任性。内圣影响外王，修身影响治国、平天下。用《大学》的话说，前者是本，后者是末。“其本乱，而末治者否矣。其所厚者薄，而其所薄者厚，未之有也。”若修身尚没有做到，却幻想着齐家、治国、平天下，那就是本末倒置。可现实生活中就是有很多人，该努力的没有努力（“所厚者薄”），不该努力的却想入非非（“所薄者厚”），分不清轻重缓急，这样是不会有好结果的。

儒学从孔子开始，就把修身作为重要内容，当然是有原因的。孔子生活于春秋末年，这一时期大夫的势力逐渐兴起，像鲁国的三桓就掌握了鲁国的政权。大夫有自己的封邑，就是家。随着大夫势力的扩大，他们需要一批“职业经理人”替他们管理封邑，儒家正好满足了这个需要。我们读《论语》就会发现，孔子有很多弟子就是给大夫做宰，也就是管家，甚至也有为诸侯提供服务的，像子夏就曾为魏文侯师。所以，儒学的兴起与社会的需要是有关系的。孔子讲学授徒，弟子三千，这么多人愿意跟随他学习，除了敬仰他的学识外，还有学以致用的考虑。孔子对于弟子，也是鼓励他们积极出仕，而出仕就是去大夫、诸侯那里做官，为他们提供服务。当然，对于儒生而言，人生的选择不止出仕一途，还可以经商，如子贡，还可以从事教育，甚至隐居民间，但出仕无疑是非常重要的一个方面。既然出仕，就需要具备专门的知识、技能，这些知识、技能在当时就是礼、乐、射、御、书、数，即所谓的六艺。除了专业技能外，孔子还教导弟子一门更大的学问，这就是君子的学问、做人的学问。所以，孔子的伟大不在于为社会培养了一批“职业经理人”，而在于为当时的士人确立了人生的理想和方向。孔子首先揭示的“士志于道”（《论语·里仁》），便已规定“士”是基本价值的维护者，是“社会的良心”；曾参发挥师教，讲得更明白：“士不可以不弘毅，任重而道远。仁以为己任，不亦重乎？死而后已，不亦远乎？”（《论语·泰伯》）所以，孔子教导弟子，作为士人、君子，首先应该确立一种精神信仰、一种责任担当，应该以道自任，能够超越个人的私利去关注国家、民众的普遍利益。孔子如果只是传授知识、技能，教导弟子如何就业、混碗饭吃，就与蓝翔技校、新东方厨师学校没有区别了，也不会被尊为圣人。孔子之所以被尊为圣人，之所以有“天不生仲尼，万古如长夜”的说法，就在于孔子为我们这个民族，尤其是民族中的士人阶层确立了一种精神信仰，这种信仰就是仁义。一个民族如果没有信仰，沉沦于对物欲的追逐，是没有前途的。古往今来历史上出现过多少个民族，为什么很多都被同化了，或者逐渐消亡了？坚持下来的，有时候并不是靠武力的强大，而是靠精神信仰。儒学就是我们这个民族历史上的信仰，它虽然不是严格意义上的宗教，但一样满足了人的终极关怀需求。这种信仰是由孔子确立的，孔子的伟大应从这个方面去理解。

二

今天我们要讲的是《大学》"诚意"章，或者叫"诚意慎独"章：

> 所谓诚其意者，毋自欺也，如恶恶臭，如好好色，此之谓自谦，故君子必慎其独也！小人闲居为不善，无所不至，见君子而后厌然，掩其不善，而著其善。人之视己，如见其肺肝然，则何益矣。此谓诚于中，形于外，故君子必慎其独也。曾子曰："十目所视，十手所指，其严乎！"富润屋，德润身，心广体胖，故君子必诚其意。

此章的主题是诚意，所以一开始就解释诚意。"所谓诚其意者，毋自欺也"，什么是"诚其意"？就是不自欺。关于不自欺，《大学》给出了一个形象的说明："如恶恶臭，如好好色，此之谓自谦。"前一个"恶"（音 wù）是动词，厌恶的意思；后一个"恶"（音 è）是形容词，不好的意思；"恶臭（音 xiù）"，不好的气味。同样，前一个"好"（音 hào）是动词，喜好的意思；后一个"好"（音 hǎo）是形容词，美好的意思；"好色"，犹言美色。不自欺就好比厌恶不好的气味，喜好美女、帅哥，这就叫"自谦"。注意，谦不要读成 qiān，它是个通假字，通"慊"（音 qiè）。自谦，就是自快于心。我们闻到了难闻的味道，本能就会躲避，看到美女、帅哥，尽管表面上掩饰，但内心还是会感到很愉悦。为什么？因为这是自然、本能的反应。所以，"诚其意"就是真实地面对内心，把真实的自我表现出来，而不要欺骗自己。

但说到这里，产生了一个问题：不自欺，自己能欺骗自己吗？我们撒个谎，只能欺骗别人，而不会骗到自己。从心理学角度讲，欺骗自己几乎是不可能的。不相信，可以做个试验，试着欺骗一下自己。别人向你借一千块钱，你不想借，说抱歉，最近手头紧，没有一千块钱。这对别人讲可以，但有没有钱，难道你自己不知道吗？你真的认为自己没有一千块钱吗？所以欺骗自己是很困难的。

但在现实生活中，我们又会经常自欺欺人，不仅欺人，而且自欺。为什么会自欺？就是因为不敢面对自己的内心，习惯过一种不加反省的生活，不知道自己内心的喜好，不敢倾听内心的声音，盲目屈从外在的力量和影响，每天都在应付外部世界的种种需要，支出精力和精神，以至自欺欺人而不自知。所以，从个体心理学角度讲，自欺似乎做不到，但是一旦进入社会，我们又很可能被社会的力量裹挟而去，丢掉了自我，最后自欺欺人而不自知。

英国哲学家弗朗西斯·培根——那位提出“知识就是力量”的学者，认为社会中存在着四种假相，包括洞穴假相、市场假相、剧场假相、种族假相等，人们都会受到这些假相的影响。例如，一个人处在一个小圈子中，如果信息不畅通的话，那么久而久之，他就会被这个小圈子的价值观所左右。像塔利班等恐怖组织，其行为完全突破了人类文明的底线，但为什么还有许多狂热分子愿意投身其中？这就是洞穴假相，身处洞穴之中，看不到外面的阳光，最后就认同了黑暗。另外，社会就像一个市场，市场流行的语言是经常变化的，有时一个潮流来了，人们往往就被它裹挟而去，被它左右了，尽管流行的不一定是自己喜欢的，这就是从众心理。剧场假相、种族假相与此类似，很多人都深有体会。所以，自欺是普遍存在的，是一种社会现象，我们每个人都曾经历过。那么，如何面对这一现象？如何做到“毋自欺”？《大学》提出“必慎其独也”，将“诚其意，毋自欺”落在了慎独上。

关于慎独，《辞海》中的解释是，“在独处无人注意的时候，自己的行为也要谨慎不苟”，《辞源》中的解释是，“在独处时能谨慎不苟”。按照以上解释，独是一个空间概念，指独居、独处。像今天我在这里讲座，就不是独居、独处，这是大庭广众。但是我回到宾馆，一个人把门关起来，那就是独居、独处了。按照传统的理解，慎独是说：一个人在独居、独处，没有人监督的时候，要谨慎不苟，管住自己的行为。这个理解应该来自东汉的郑玄，郑玄在注《中庸》“故君子慎其独也”一句时说：“慎其独者，慎其闲居之所为也。”“闲居”就是独居。郑玄还有个说明，因为是文言文，不好理解，我直接把它翻译过来。郑玄认为，在独居、独处时，道德品质不好的人——郑玄说的是小人，以为别人注意不到自己，就会肆意妄为。这时我们如果能看到他的话，就一定会发现他比平时在大庭广众之下时放肆得多。所以，按照郑玄的理解，慎独是说在独居、独处时，由于舆论压力被暂时取消，道德品质不好的人往往容易忽视道德规范的约束，做出平时不敢做出的事情。慎独就是要求人们在独居、独处之际仍能保持道德操守，独善其身。郑玄的这个理解，不仅合乎逻辑，而且文义上也讲得通顺，因为独正好有独居、独处的意思，所以千百年来被广泛接受，很少有人对之表示怀疑。但是这个解释是有问题的，甚至可以说是错误的。

当然，能够澄清慎独理解上的错误，新出土的文献起了重要作用。20 世纪 70 年代出土的马王堆帛书中有一篇《五行》，其中提到了慎独，但内容与后人对慎独的理解大相径庭。到了 20 世纪 90 年代，又一次在郭店竹简中发现了《五行》篇，慎独再一次引起了人们的关注。《五行》篇说："'鸤鸠在桑，其子七兮。淑人君子，其仪一兮。'能为一，然后能为君子，君子慎其独也。"前面几句是引《诗经·鸤鸠》，是为了起兴，引出后面的"一"。而按照《五行》篇，慎独就是指"能为一"，"一"是指专注、专一，故思想保持专注、专一就是慎独。根据《五行》篇，一或者专注、专一是有具体内容的，就是内心的德，即仁、义、礼、智、圣这五种"德之行"。慎独就是专注于内心的德或者"德之行"，显然它与独居、独处没有关系，与郑玄包括以后朱熹对慎独的理解也有根本的不同。但是，马王堆帛书《五行》篇发现后，并没有引起人们对慎独的质疑。相反，它维持了对慎独的传统解读。为什么会出现这种情况？这与一位前辈学者——也是我的恩师——庞朴先生有关。马王堆帛书发现后，庞朴先生写过一篇很有名的文章《马王堆帛书解开了思孟五行说之谜——帛书〈老子〉甲本卷后古佚书之一的初步研究》，思孟五行的难题就是被庞朴先生解开的。庞先生也注意到《五行》篇的慎独与传统理解不一样。怎么理解这一现象？庞先生说，这是因为慎独有不同的含义，《大学》的慎独是一种含义，独指独居、独处，《五行》篇的慎独是另一种含义，独与独居、独处无关，指内心的专一。这个解释好像讲得通，所以大家就接受了，不再质疑。这一放就过了二十年，到了 1998 年，《五行》篇在郭店竹简中被再次发现，慎独的问题引起了我的注意。马王堆帛书发现是在 1973 年，公布是在 1978 年，中间隔了五年——当然是部分公布，完成全部整理需要的时间更长。郭店竹简发现是在 1993 年，正式公布是在 1998 年，中间也隔了五年，从马王堆帛书到郭店竹简则整整过了二十年。马王堆帛书公布的时候，我还小，在读小学，不可能涉及这些问题。但 1998 年的时候，我已经博士毕业，来北京做博士后，我的研究题目是郭店竹简与思孟学派，于是就注意到了慎独的问题。按照庞朴先生的看法，《五行》篇是子思一派的作品，在马王堆帛书公布时他认为是孟子后学所作，到了郭店竹简公布时，就认为是子思的作品了。而《中庸》据记载也是子思的作品，《大学》按照传统说法，出自曾子，曾子与子思是一系的。那么，怎么可能一个人或一个学派在自己的两部作品中对同一个概念有两种不同的定义或者理解？这合理吗？对于同一个概念，一个人或一个学派可能在不同的语境下有不同的表述，但内涵应该是基本一致的，而不会在一篇文章中是一种用法，在另外一篇文章中是另一种用法。所以，我感觉庞朴先生的说法是有问题的。我顺着这个思路去想，结果真的发现了问题，特别是我在看到朱熹《大学章句》的注释时，甚至被吓了一跳，朱熹按照自己的思路，把慎独完全曲解了。要知道，传统社会中朱熹的《四书章句集注》影响非常大，当时的科举考试把它作为教科书，以朱熹的注为标准答案，但朱熹把《大学》“小人闲居为不善”一段完全解释错了。

我们首先来看“独”的本义是什么。马王堆帛书《五行》篇，在经文之外还有传文，是对经文的解释。传文对独下了个定义：“夫丧，正绖修领而哀杀矣，言至内者之不在外也，是之谓独。”什么是独？传文没有直接定义，而是举了一个例子，这是古人的表达习惯，不喜欢抽象概括，更愿意用形象的方式来说明抽象的概念。传文举例说，如果你去参加别人的丧礼，在举行仪式的时候老是想着自己的衣服是否整齐，把丧带（绖是古人用麻做的丧带，系在腰或头上）系一系，把衣领整一整，就说明你对死者没有多少感情，“哀杀矣”。为什么？因为“至内者之不在外也”，如果关注内心情感的话，就不会关注那些外在形式。如果死者是你的至亲好友，你还会想着自己的衣服整不整齐吗？你可能一下子扑倒在地，放声痛哭了，完全顾不上自己的形象，完全被自己的悲痛之情所左右，不关心外部事情了。《五行》篇说，这就是独。然后给独下了一个定义：“独也者，舍体也。”“舍体”是什么？就是舍弃身体感官对外部的关注，回到内心，回到内在的意志、意念，实际就是回到最真实的自我，这就是独。这个独显然不是空间意义上的独居、独处，而是内在的意志、意念，是真实的自我，它显然与传统解释不一样。

大家可能有疑问：独有这种含义或者用法吗？如果去查字

典，的确查不到这种含义或者用法。我们今天说独，一般就指单独、独自等。但也有可能后人把独的这种含义或者用法遗忘了，所以才会对慎独产生误解。我们说独还有其他含义，那就必须从先秦典籍中找出例证，不用多，一个就可以。结果我真的在《庄子·大宗师》中找到了例证，这就是“见独”：

> 叁日而后能外天下；已外天下矣，吾又守之，七日而后能外物；已外物矣，吾又守之，九日而后能外生；已外生矣，而后能朝彻；朝彻而后能见独；见独而后能无古今；无古今而后能入于不死不生。

见（音 xiàn）独，应读为现独，是发现内在的独，发现真实的自我。“叁日而后能外天下”，我守住内在的意志、意念，回到自己的内心，三天后就可以“外天下”了，即见不到外在世界了。“已外天下矣，吾又守之”，我继续守住内心，“七日而后能外物”，七天后就看不到外在事物了。“已外物矣，吾又守之”，我继续持守，“九日而后能外生”，九天后我就感觉不到生命的活动了，饥、渴、欲望这些生理现象，我都感觉不到了。我身边有些朋友练习辟谷，只喝点水，吃点水果，但感觉不到饥饿，大概与此类似。“已外生矣，而后能朝彻”，修炼多日，感觉不到生命现象了，这时感觉内心有一道阳光照射出来，这就对了，因为快得道了，要发现真实的自我了。“朝彻而后能见独”，这时我发现了真实的独，发现了真实的自我。“见独而后能无古今；无古今而后能入于不死不生。”这是见独的最高境界，见独之后，就超越了时间、生死，进入了不生不死的境界，进入了永恒。《庄子》的见独有点神秘主义的味道，我们不去管它，需要注意的是独的含义，显然见独的独与慎独的独都在“舍体”的含义上使用的。尽管见独与慎独内涵并不同，一个是道家的，一个是儒家的，但独的含义是一致的，都指“舍体”，指舍弃我们的感官对外部的感受，而回到内心，回到真实的自我。见独的例子可以证明，独并非只有我们今天所理解的含义，还有内在意志、意念的用法，只是这种用法后来被遗忘了，字典中也见不到了。文字就是这样，其含义是不断变化的，有些含义以前经常使用，后来不用了，慢慢就被遗忘了；有时又约定俗成，赋予其新的含义。例如我说猫，你们会想到什么？当然是猫咪了，英文是 cat。但有时你去电子产品市场，你说猫的话，别人会想到调制解调器，就是上网用的那个东西。有一天夫人对我说，咱家的猫怎么不行了？我说咱家什么时候养猫了？她说的是调制解调器，我理解成猫咪了。文字的含义就是这样不断变化的，若干年后，大家上网不用调制解调器了，改用其他产品了——电子产品的升级是很快的，那时再说猫，别人就不会想到调制解调器了，甚至可能连调制解调器是什么都不清楚了。

我们说了独，那么什么是慎独？传统上把“慎”解释为戒慎，“独”指独居、独处。其实“慎”还有“诚”的意思，“独”按我们前面的分析，指内在的意志、意念，指真实的自我，也就是己，所以慎独就是诚己，也就是《大学》所说的“诚其意”。《大学》本来就是将诚其意与慎独对等的，说得很清楚，只是我们的理解出现了偏差。独也可用作动词，有“内”的意思，《五行》篇讲“舍其体而独其心”，“独其心”就是内其心，指舍弃对外物的关注而用心于内。先秦典籍中也有用“内心”表达慎独的。《礼记·礼器》篇：“礼之以少为贵者，以其内心者也……是故君子慎其独也。”慎独就是内心，指用心于内。礼不在于外在形式，不在于繁文缛节，而在于内心的真诚，这样就做到了慎独。

搞清楚了慎独的含义，我们再来看《大学》“诚意慎独”章就容易理解了。这段文字两次提到慎独，第一次是说“诚其意者，毋自欺也”，认为这样就做到了慎独。我们前面做了分析，含义是清楚的。第二次则说“小人闲居为不善，无所不至，见君子而后厌然，掩其不善，而著其善。人之视己，如见其肺肝然，则何益矣。此谓诚于中，形于外，故君子必慎其独也”。我在前面说过，朱熹对慎独的理解有误，就是指这段文字。如果说郑玄的注释是造成慎独误读的第一个原因的话，那么朱熹对这段文字的误解则是第二个原因了。这段文字提到“小人闲居为不善”，以此来说明慎独，那么慎独该如何理解便与“闲居”有一定的关系。朱熹的注释是：“闲居，独处也。”（《四书章句集注·大学章句》）把闲居理解为独处了。接着又说：“此言小人阴为不善，而阳欲掩之，则是非不知善之当为与恶之当去也，但不能实用其力以至此耳。然欲掩其恶而卒不可掩，欲诈为善而卒不可诈，则亦何益之有哉！此君子所以重以为戒，而必谨其独也。”（同上）朱熹的这段话是说，小人暗中做不好的事情，但却在别人面前有意掩盖，这说明他并非不知道人应当做好事而不应当做坏事，只是实际上做不到，因为在没有人监督时会故态萌发。但既然伪装并不能掩盖自己，表现也欺骗不了别人，那刻意地伪装、表现又有什么意义？所以就应当引以为戒，谨其独，过好独居这一关。这是朱熹的解释，他把慎解释为谨，把独理解为独处，显然是受到了郑玄的影响。但是我们稍加注意就可以发现，朱熹的解释并不正确。在《大学》原文中，“小人闲居为不善”并不是“慎其独”的直接原因，而是要说明“诚于中，形于外”。它是说，小人平时喜欢做不好的事情，但在看到君子时却试图伪装自己，掩盖不好的一面而表现好的一面，然而人们内心的想法与外在的表现往往是一致的，内在的意志、意念总会在外在的行为中表现出来。别人观察自己，可以由外而内，如同看到你的肺肝——这是比喻的说法，是说可以由外在的表现看到内心的想法，所以伪装是没有意义的，这就叫“诚于中，形于外”。这句话很重要，《大学》的慎独就是对此讲的。它是说，人内心的真诚会通过外在的行为表现出来。扩大一点讲，人有什么样的内在品质，就会有与之相应的外在表现。一个道德高尚的人，就会有高尚的表现。同理，一个自私自利的人，就会有自私自利的表现。我们都有这样的生活经验，两个人初次接触时，都希望给对方留下好印象。但过了一段时间，彼此接触多了，相互熟悉了，对方是什么样的人，心里就清楚了，伪装是没有用的，日久见人心，这就是“诚于中，形于外”。《大学》的这段文字并不是说“小人闲居为不善”所以要“慎其独”，而是说“诚于中，形于外”所以要“慎其独”。“小人闲居为不善”不过作为一个例子，被用以说明“诚于中，形于外”。而且，闲居也不是独居，《礼记》中有一篇《孔子闲居》：“孔子闲居，子夏侍。”既然有学生侍奉，显然就不是独居了。朱熹将闲居解释为独居，是望文生义，是不正确的。闲居是闲暇而居，也就是平时而居，与上朝相对。古代士人在朝做官，上朝是正式的场合，需要正襟危坐，恪守礼仪。闲暇而居时，则可以随意一点，它强调的是平时，而不是独处。“小人闲居为不善”，小人平时习惯了做坏事，见到了领导，想表现一下，伪装一下，但没有用，因为“诚于中，形于外”，内在品质决定了外在行为，所以只能慎独，从内心下功夫，而不能做表面文章。

大家想一想，慎独的本义，即强调内心的真诚，与后人对慎独的理解，即在独居、独处时要谨慎不苟，哪一个更深刻？我认为是慎独的本义，后人的理解反而显得肤浅。独居、独处时没有人监督，容易做出不好的事情，所以要慎独，这样讲虽然逻辑上能通，但流于常识，并不恰当。因为《大学》接着讲：“曾子曰：‘十目所视，十手所指，其严乎！’”朱熹的解释是：“言虽幽独之中，而其善恶之不可掩如此。可畏之甚也。”(《四书章句集注·大学章句》)“幽独”就是独居暗室，就是独居、独处。朱熹说，即使处于暗室，人的善恶也不可掩藏，所以值得畏惧啊。但朱熹的说法有个问题，“十目所视，十手所指”，应是指大庭广众，而不是指独居、独处，是舆论的焦点，而不是“幽独”。当然，朱熹用了一个“虽”，有假设的意思，他好像是说，假设在独居、独处中，也仿佛有十目所视、十手所指。但是我们仔细读这段文字，就会发现显然没有假设的意思，它是进一步说明“诚于中，形于外”，人的行为一旦表现出来，就会受到大众舆论的评判。这与独居、独处不仅没有关系，而且意思正好相反。朱熹把闲居理解为独居，先入为主，结果造成了误解。我们前面说了，在先秦典籍中，闲居不是指独居，而是指闲暇而居、平时而居。人平时的所作所为反映了人的内在品质，有什么样的内在品质就会有什么样的外在表现，掩盖、伪装是没有用的。所以，慎独作为一种修养方法，就是要从根本、源头上下功夫，诚其意，保持内心的真诚。

总结一下，《大学》“诚意慎独”章的核心是慎独，但历史上对慎独出现了误读，造成误读的，首先是郑玄，其次是朱熹。郑玄、朱熹都是学术史上超一流的学者，分别是汉学与宋学的集大成者。特别是朱熹，因为他的《四书章句集注》影响巨大，是传统社会后期科举考试的必读书，朱熹的注是标准答案，所以朱熹对《大学》“小人闲居为不善”一段的误读对后人的理解产生了深远的影响，同时也使我们离慎独的本义越来越远。2000 年，我在《光明日报》上发表了一篇文章——《郭店竹简与“君子慎独”》，说以前我们可能把慎独理解错了，当时认同的人很少，说明传统观念一下难以改变，毕竟一千多年了。甚至有学者对我说：郑玄、朱熹是什么人，流行了一千多年的看法能说错就错了吗？不能自以为聪明，随便否定古人。我当时在中国社会科学院历史研究所思想史研究室工作，室主任姜广辉教授一直很支持我，我把文章给他看。他说他不看，这种文章不值得看。所以，成见一旦形成，要想改变是非常难的。于是我又写了一篇文章，专门论证朱熹对慎独的理解，发表在《哲学研究》上，这时情况有所变化，几乎所有的学者都认为慎独的理解是错了，很多论文继续讨论这个问题。

后来我一查，竟然有二十多篇，于是我与斯云龙合编了一本书：《出土文献与君子慎独——慎独问题讨论集》（漓江出版社2012年版）。这二十多篇文章中没有一篇说传统解释是对的，都认为是讲错了，这与我2000年发表第一篇文章时的情况正好相反。所以，学术研究就是这样，想改变一个观点是非常难的，但只要讲对了，学界早晚会接受。

三

以上我们对《大学》“诚意慎独”章做了梳理，尤其对慎独做了考察，指出了自郑玄、朱熹以来的误读。独并不是空间概念，而是内在性概念，是内在的意志、意念，是真实的自我。诚意是修身的一项重要内容，《大学》提出诚意，意义何在？我们知道，儒学是积极入世的学说，入世有很多方式，如教育、经商、做工等，但在孔子的时代，最重要的入世方式是出仕。在《论语》中我们可以看到，有隐者讥讽孔子，劝孔子的弟子与其跟随孔子避人，不如跟随自己避世。孔子怎么回答的？孔子说：“鸟兽不可与同群！吾非斯人之徒与而谁与？天下有道，丘不与易也。”（《论语·微子》）就算社会有种种不完满，我们也不能退回去与禽兽相处吧？你不与人类相处，还能与谁相处呢？这样，我们的选择就只剩一个，即积极入世，把一个不理想、不完满的社会改造得较为理想、较为完满。正因为天下无道，还不完满，所以我们才要去治理它，去改变它。怎样去改变？当然首先要改变自己，通过修身使自己成为君子，有机会的话，应积极出仕——出仕不是为自己谋取高官厚禄，而是去实现改造、完善社会的理想。这样，由修身做起，然后齐家、治国、平天下，最后“明明德于天下”。所以，改造社会的动力在于“己”，只有从修身、成己做起，才有可能改造、完善社会。孔子讲“为仁由己，而由人乎哉?”（《论语·颜渊》）而修身、成己的一项重要内容便是“诚其意”，便是慎独。

需要说明的是，儒家既然积极入世，就不能不面对各种社会关系，不能不面对既定的礼义秩序。所以，有一些学者，如安乐哲先生，把儒家伦理称为角色伦理，把儒学解释为关系主义。儒家确有重视关系的一面，如孔子就非常重视礼，这一点与道家有所不同。当年孔子问礼于老子，老子说：“子所言者，其人与骨皆已朽矣，独其言在耳。”（《史记·老子韩非列传》）你所问的事情，人都早已死了，他们的骨头都朽了，只有他们的话还留着。所以，礼是过时的、没有生命力的东西，“夫礼者，忠信之薄而乱之首”（《老子·第三十八章》）。孔子则主张“非礼勿视，非礼勿听，非礼勿言，非礼勿动”，认为“克己复礼为仁”（《论语·颜渊》）。礼是关系性概念，指规范、习俗，成就仁需要从实践礼做起。孟子重视人伦，一个人如果为了洁身自好而否定人伦，孟子是不认可的（见《孟子·滕文公下》6.10论陈仲子）。荀子认为，人虽然力气不如牛，速度不如马，但可以驯服牛、马，为己所用，原因就在于“人能群，彼不能群也”（《荀子·王制篇》）。人与禽兽的根本不同就在于，人是能群的动物，而群就是组织关系，是由承担不同角色的人组成的。儒家确有重视角色、关系的一面，但这只是儒家的一个方面，若将其称为关系主义，就不正确了。儒家讲关系，同时还讲己，讲独，讲真实的自我。如果没有“己”，没有自我，又如何能改造社会？不是完全被社会同化、左右了吗？儒家恰恰不是这样，越是积极入世，越是深入社会，就越是提醒自己还有自我，还有独。“诚其意”、慎独是修身的核心内容，也是齐家、治国、平天下的起点。

人生活在社会中，就被社会所塑造，所以认识自我是一件十分困难的事情，但也是一件非常重要的事情，是各个民族都曾面临的问题。希腊圣城德尔斐神殿上刻着一句著名的箴言：认识你自己。这是从神的角度讲的。从人的角度讲，就是“认识我自己”。苏格拉底就是这样展开他的哲学思考的，让哲学重新关注“人”的问题，关注自我的问题。印度有一位叫克里希那穆提（Jiddu Krishnamurti）的哲人，他讲了下面这段话：

> 弄清楚我们想做什么是世上最困难的事情之一。不但在青少年时代如此，在我们一生中，这个问题都存在着。除非你亲自弄清楚什么是你真正想做的事，否则你会做一些对你没有太大意义的事，你的生命就会变得十分悲惨。……不是吗？因为你一旦发现真正爱做的事，你就是一个自由的人了，然后你就会有能力、信心和主动创造的力量。但是如果你不知道自己真正爱做的是什么，你只好去做人人羡慕的律师、政客或这个那个，于是你就不会有

> 快乐，因为那份职业会变成毁灭你自己及其他人的工具。①

我引这段话就是想说明，认识自我是一件非常困难的事情，但又是我们必须认真对待的事情。儒家主张积极入世、改造社会，但又强调首先要从修身、成己做起，所以首先要承认有一个真实的自我，去追求这个真实的自我，这样才能进一步去改造社会。儒家承认现实世界的真实性、合理性，它是入世的，而不是避世的。但承认不等于无条件地认同，明白了这一点，才能理解孔子所讲的“乡原，德之贼也”（《论语·阳货》）。《论语》中只记录了这一句，没有展开。百年之后，在我们今天邹城这个地方又出现了一位儒者，就是孟子。他对孔子的这句话感同身受，做了进一步的阐发。“孔子曰：过我门而不入我室，我不憾焉者，其惟乡原乎！乡原，德之贼也。”（《孟子·尽心下》）孟子是引孔子的话，说从我的门前经过而不登堂入室的人，如果说我不感到遗憾的，大概只有乡愿了吧。为什么？因为乡愿是“德之贼也”，是对道德最大的伤害。孔子作为一名老师，当然希望有更多的人登门求教，但乡愿除外，可见乡愿不是有一般的缺点，而是有不能容忍的恶行，以至于连孔子都不愿与其为伍。其实孔子的道德标准并没有那么严苛，他的理想首先是与坚守中道之人相处，如果遇不到坚守中道之人，也可以退而求其次，与狂者、狷者相处。狂者的特点是志向远大，经常以“古之人”为榜样，但实际往往又做不

---

① 克里希那穆提．人生中不可不想的事．叶文可，译．北京：群言出版社，2004：284.

到，言行有不一致之处；狷者虽然没有那么远大的理想，但能做到洁身自好，不同流合污。狂者过之，狷者有所不及，都没有做到中道，没有达到中庸的境界，但都有可取之处，可以与之相处、来往。最可恨的就是乡愿了，他们得过且过，取悦于世人，却讥讽别人志向远大。他们很会做人，谁也不得罪，所以在乡里往往有好名声。乡愿，从字面上看，就是乡里的老好人。但他们的可气之处也在这里，说他们不对吧，却找不出毛病；想责骂他们吧，又没有理由。为什么？因为他们很会做人，混同于流俗，迎合于浊世，为人表面上忠诚老实，行为好像也清正廉洁，在乡里有不错的声誉，但是没法要他们去实践尧舜之道，没法要他们去追求理想。这一点很重要，也是孔子包括孟子憎恨乡愿的原因之所在。乡愿最大的特点就是没有原则，没有自我，他们对于现实是无条件地认同和附和。与他们谈理想，谈如何改造社会，这是绝对不可能的。儒家虽然不否定现实人生，但也并不认为人生活于其中的社会就是完满的，相反，认为是需要加以改造的。孔子一生崇尚道、追求道，道就是最高理想，懂得了道，才能明白人生意义何在，才能改造社会，所以“朝闻道，夕死可矣”（《论语·里仁》）。这些恰恰是乡愿做不到的，他们只会混同于流俗，不懂得还有更高的人生目标，还有道和自我。

追求道就必须有内在自我，有道德主体性，所以孔子教导弟子要“仁以为己任”，“死而后已”（《论语·泰伯》），“三军可夺帅也，匹夫不可夺志也”（《论语·子罕》）。志就是独，是内在的意志、意念，是真实的自我。孟子讲“先立乎其大者，则其小者弗能夺也”（《孟子・告子上》），先把心确立起来，耳、目等五官就无法夺取你的心志，所以“自反而不缩，虽褐宽博，吾不惴焉。自反而缩，虽千万人，吾往矣”（《孟子・公孙丑上》）。“缩”是直的意思，“不缩”就不直，也就是理亏。“褐宽博”，指用褐布做的宽大衣服，这里指穿宽大衣服的人，也就是卑贱、地位低下的人，类似我们今天说的乡巴佬。“惴”是恐吓的意思。自问理亏，并不占理，即使面对地位低下的人，我也不恐吓他，不会仗势欺人。自问理直，真理掌握在我手里，即使面对千军万马，我也勇往直前，不会被对方的权势所吓倒。这就是独，指内在的意志、意念，指真实的自我。荀子虽然讲群，但同时也讲诚，讲慎独。所以，在儒家那里有一个重视独、重视真实自我的传统，《大学》的诚意慎独只有放在这个思想脉络中才可以得到正确理解。

儒家重视群，但同时也讲独，所以不能把儒学简单理解为角色伦理、关系主义，儒学是群与独的统一，不是在群与独之间取其一偏，而是保持中道。到了近代，章太炎先生写过一篇《明独》的文章，对群与独的关系做了很好的总结，他提出了“夫大独必群，不群非独也”的观点。“大独”，即真正的独，也就是真实的自我、独立的个体。独立的个体并不是与社会隔绝，并不是遗世而独立，做桃花源中的隐者，而是在社会中成就、完成自己，同时也改造、完善社会。不能参与到社会中，不能与人群，就不是真正的独。同样，“大独必群，群必以独成”。群是由真正的个体组成的，一群奴隶是无法组成群的。专制社会不准人们发展独立个性，把个人变成家族、宗派、山头、地域等宗法封建关系的附属物，只能造成整个社会的分裂，造成无数国中之"国"，是对社会的最大危害，"小群，大群之贼也"。[①] 只有具有独立人格、独立意志的真正的个体，才能形成真正的群，建立起现代国家，"大独，大群之母也"[②]。后来胡适先生也讲，"一个人应该把自己培养成器，使自己有了足够的知识、能力与感情之后，才能再去为别人"[③]，"自由平等的国家不是一群奴才建造得起来的"[④]，表达的也是这个思想。

所以，儒家有重视人伦关系、礼义秩序的一面，这是与其现实主义的人生态度相适应的。但我们也不要忘记，儒家也有重视独、重视个体、重视人的意志自由的一面，这是其理想主义人生追求的内在根源和动力。我觉得章太炎先生的概括非常好，"大独必群"，不能只讲独而不讲群，这样的独只是消极的独，不是积极的独；"群必以独成"，真正的群只能由独立的个体组成，现代国家只能由自主、独立的公民组成，这才是我们今天读《大学》"诚意慎独"章的精益之所在，对于《大学》慎独的"独"必须这样理解。相反，如果把"独"理解为独居、独处，思想境界就低了，也不符合《大学》的原意。

---

① 章太炎．《訄书》评注．梁涛，注．西安：陕西人民出版社，2003：397-398.

② 同①398.

③ 胡适．略谈人生观//容忍与自由．北京：中国言实出版社，2014：94.

④ 胡适．介绍我自己的思想//胡适文集：第5册．北京：北京大学出版社，1998：511-512.

以《大学》理解儒学的意义及局限

——兼论统合孟荀

一

《大学》本为《礼记》中的一篇，从唐代韩愈、李翱开始，逐渐受到儒者的关注，到了宋代，随着理学的兴起，地位得到进一步提升。南宋朱熹编订《四书章句集注》，《大学》被收入其中，成为朱熹理学思想的一个重要来源。到了元代，《四书章句集注》被列为科举考试的必读著作，《大学》更是得到普及和传播，一跃升为儒家的核心经典。在四书中，《大学》字数最少，仅两千余字，但地位却非常特殊，由于它对儒学思想做了简要的概括和总结，故后人往往根据《大学》来理解儒学。如梁启超先生说："儒家哲学，范围广博。概括说起来，其功用所在，可以《论语》'修己安人'一语括之。其学问最高目的，可以《庄子》'内圣外王'一语括之。做修己的功夫，做到极处，就是内圣；做安人的功夫，做到极处，就是外王。至于条理次第，以《大学》上说得最简明。《大学》所谓'格物致知诚意正心修身'，就是修己及内圣的功夫；所谓'齐家治国平天下’，就是安人及外王的功夫。”① 其实《大学》不仅仅是“条理次第”，更是儒学的纲领规模，后人称儒学为修齐治平之学，就反映了这一点。但问题是，用《大学》来概括儒学是否全面？是否反映了儒学的完整面貌？这就涉及对儒学的理解。我认为，如果抛开传统道统说的影响，从孔子开始，完整的儒学至少包括两个方面：一是成己安人，“为政以德”（《论语·为政》）；二是推己及人，“为国以礼”（《论语·先进》）。“成己安人”见于《论语·宪问》“子路问君子”，子曰：“修己以敬”“修己以安人”“修己以安百姓”。可以看到，《大学》其实正是对儒家这一思想的发挥，其特点是强调修身的重要，主张“自天子以至于庶人，壹是皆以修身为本”，把道德看作政治的根本，将政治道德化，走上了一条德治也就是人治的道路。《大学》的这套理论，固然在唤醒士人的道德主体性、激发传统儒生平治天下的豪情、期待“为生民立命”“为万世开太平”上发挥了积极作用，但仔细一想就会有疑问：个人的道德修养何以有如此大的作用，竟然可以“安人”“安百姓”？其实在孔子那里，只有在满足了民众物质生活需求的前提下，只有在一套礼义制度下，个人的道德教化才能发挥作用。所以，孔子主张“富之”“教之”（《论语·子路》），要求“因民之所利而利之”（《论语·尧曰》）。之所以要富民、利民，就是因为民与我有相同的情感、愿望，故应推己及人，“己欲立而立人，己欲达而达人”（《论语·雍也》），自己想要得到的也应

① 梁启超．梁启超论儒家哲学．北京：商务印书馆，2012：4.

该让别人得到，自己想要实现的也应该让别人实现。在“道之以德”的同时，还要“齐之以礼”（《论语·为政》），德治需要礼治来配合。没有完备的制度，君子固然可以独善其身，但却很难做到兼济天下。所以，孔子感慨：“邦有道，则仕；邦无道，则可卷而怀之”（《论语·卫灵公》），“天下有道则见，无道则隐”（《论语·泰伯》）。所谓“有道”“无道”，也就是有礼、无礼，特别是国君能否守礼。可见，成己安人是有条件的，如果条件不具备，就只好“道不行，乘桴浮于海”（《论语·公冶长》）。孔子一方面提出超越性的仁，用仁唤醒人的道德意识，把人的精神向上提、向外推，通过道德人格的自我完善，“修己以安人”，“修己以安百姓”（《论语·子路》），主动承担起扶危济贫乃至平治天下的责任；另一方面又十分重视礼，认为“礼乐不兴，则刑罚不中；刑罚不中，则民无所措手足”（同上），希望通过“克己复礼”（《论语·颜渊》）来确立和谐的政治秩序。前者是“为政以德”，后者是“为国以礼”。“为政以德”强调的是执政者的德性、身教，认为“为政以德，譬如北辰，居其所而众星共之”（《论语·为政》），“子帅以正，孰敢不正”，“君子之德风，小人之德草。草上之风，必偃”（《论语·颜渊》）。“为国以礼”则突出礼义制度的重要性，认为“礼之用，和为贵，先王之道，斯为美”（《论语·为政》），礼是人与人和谐相处的制度保障。“能以礼让为国乎？何有？不能以礼让为国，如礼何？”（《论语·里仁》）礼的产生本身就是为了解决人与人之间的对立和冲突，在前礼义的阶段，人由于有各种欲望，又都希望自己的欲望得到最大满足，于是便相互争夺，彼此对立、冲突。于是，人们通过约定制作了礼，对行为进行约束，将欲望限定在合理的范围内，这样便出现了国家。国家为了维护统治，往往不惜使用暴力，所以礼必然与刑相伴。但一个好的执政者，不只是使民众被动地服从礼，更要使其主动地奉行礼，依据礼彼此谦让。这就需要执政者身体力行，以礼让治国。“上好礼，民莫敢不敬”（《论语·子路》），“上好礼，则民易使也”（《论语·宪问》）。执政者喜好礼，自觉地遵守、维护礼，民众就容易管理。虽然“为政以德”与“为国以礼”为孔子所并重，但二者存在侧重的不同。前者注重执政者道德人格的塑造和培养，强调道德对政治的影响；后者则重视礼义制度的建构，主张用礼来约束乃至完善人性。

根据以上分析，我们可以看到《大学》主要反映的是儒学成己安人、“为政以德”的内容，它虽然抓住了儒学十分重要甚至是核心的思想，并做了恰当的概括，但毕竟只是完整儒学的一个方面，所以用《大学》来理解儒学，虽然提纲挈领，揭示了儒学的主要内容，但显然是不完善、不全面的。它彰显、反映了儒学的一个方面，同时却又掩盖、遮蔽了儒学的另一个方面。出现这种情况，与孔子思想的丰富性与不确定性是密切相关的。古代哲人在开宗立派时，其思想往往丰富而含混，具有向多个方向发展的可能，同时其表述又不够清晰，且常常因材施教，往往使其弟子或后学在理解上产生分歧，结果在宗师去世后，学派内部便出现分化。这可以说是古代学术、宗教发展的一般规律，儒学亦是如此。孔子之后，“儒分为八”（《韩非子·显学》），从思想倾向上看，则可主要分为“主内派”与

“主外派”。① 按照传统说法，《大学》出自曾子一派，属于孔门后学主内派的作品，故其突出修身的作用，主张由内在修养达致外在政治。《大学》之后，孟子“道性善”，提出性善论，为儒家的修身奠定了人性论的基础。孟子云：“天下之本在国，国之本在家，家之本在身。”（《孟子·离娄上》）既然身是家乃至国、天下之本，故“行有不得者，皆反求诸己。其身正，而天下归之”（同上），在突出修身的作用上，与《大学》的思路是一致的。而且，由于确立了性善论，孟子更强调善性的扩充，并以之为仁政的内在根据，所谓“有不忍人之心，斯有不忍人之政矣。以不忍人之心，行不忍人之政，治天下可运之掌上”（《孟子·公孙丑上》），实际走了一条由内而外、由道德而政治的道路。但不应忽视的是，孔子之后还存在一个主外派，此派以子夏开其端，由荀子集大成，其思想同样构成了儒学的一个重要面向。近些年清华简的发现，特别是《逸周书》重新引起人们的关注，为我们了解这一条思想线索提供了重要的材料。例如，《逸周书》中有《文儆》一篇，当为战国前期儒者假托文王与武王的对话，从内容来看，应属于荀子之前主外派的作品。其文云：

> 民物多变，民何向非利？利维生痛（注：同“通”），痛维生乐，乐维生礼，礼维生义，义维生仁。呜呼，敬之哉！民之适败，上察（注：苛察）下遂（注：坠）。信（注：当为“民”之误）何向非私？私维生抗，抗维生夺，

① 梁涛．郭店竹简与思孟学派．北京：中国人民大学出版社，2008：55－63.

夺维生乱，乱维生亡，亡维生死。

“民物”，民性也。民性多变，但有一点是肯定的，就是其追求的无非利。追求利无可指责，关键在于可以“通”，也就是共享。如果在追求利的同时使他人也获得了利，那么彼此便会产生快乐，由快乐产生礼，由礼产生义，由义产生仁。儒家的仁义原来是从利益推导出来的，真可谓“利者，义之和也”（《周易·乾·文言》）。而要做到义利的统一，关键是要推己及人，可以“通”，可以共享。与孟子不同，《文儆》所说的民性是自然人性，具体指情感、欲望等，情感、欲望既可能追求利，也可能追求私。利与私的根本差别在于，利是可以共享的，私却不能共享，只会产生对抗，对抗产生争夺，争夺产生混乱，混乱导致灭亡。而造成私的原因是，执政者过于苛察，不仅不能推己及人，反而与民争利。所以，对于民性，应引导其追求利，而避免滑向私，引导的方法是礼义制度，而遵守礼义制度便是仁。如果说《大学》《孟子》是由内而外，由修身而治国、平天下，由道德而政治的话，那么《文儆》则是由外而内，由政治而道德，由欲望、利益推出礼义乃至仁义，走了另一条与《大学》《孟子》不同的道路。如果说《大学》《孟子》是由内圣而外王，主要建构了一套儒家的内圣之学的话，那么《文儆》则是由外王而内圣，开始发展出一套儒家的外王之学。《文儆》之后，对儒家外王学做了进一步发展的是荀子。《荀子·礼论篇》云：

人生而有欲，欲而不得，则不能无求；求而无度量分界，则不能不争；争则乱，乱则穷。先王恶其乱也，故制

> 礼义以分之，以养人之欲，给人之求，使欲必不穷（注：困窘）乎物，物必不屈（注：音 jué，枯竭）于欲，两者相持而长，是礼之所起也。故礼者，养也。

与《文儆》一样，荀子关注于人的自然欲望，从自然欲望推出礼义制度。人生而有种种欲望，欲望得不到满足便会向外追求，向外追求如果没有“度量分界”也就是礼义法度的话，则必然产生争夺，争夺导致混乱，混乱导致穷困。“先王恶其乱也”——需要说明的是，荀子这里描写的是一种前礼义状态，政治秩序尚未建立，自然不可能有什么王，所谓“先王”只能是后人追溯的说法，实际是指人群中的先知、先觉者。另外，由于传统上认为荀子主张性恶论，而荀子又认为圣人与凡人的人性是一致的，这样便产生了“第一个圣人是如何制作礼义的”难题。其实，如果知道荀子并非性恶论者，实际是性恶心善论者，其完整的人性主张是“人之性恶，其善者伪也”（《荀子・性恶篇》），那么这一所谓难题便迎刃而解。在荀子看来，一方面“人生而有欲”，欲本身虽然并不为恶，但若不加节制，又没有规则约束的话，那么就会产生争夺、混乱，最终导致恶；但另一方面人又有心，心有思虑抉择和认知判断的能力。“心虑而能为之动谓之伪”（《荀子・正名篇》），心的思虑、认知活动便是伪。“情然而心为之择谓之虑”（同上），虑指心的抉择、判断能力；“智所以能之在人者谓之能”（同上），能指心的认知能力。故当人顺从情欲不加节制而导致恶时，其心又会根据认知做出抉择、判断，并制作出礼义，这就是善。如果说礼义的制作是为了解决欲望与物质的矛盾，从而协调二者之关系的话，那么制作礼义的动因则是心，是心的思虑、认知活动，也就是伪[①]，所以荀子的人性主张可以概括为性恶心善论。它与孟子的性善论显然有所不同，它不是通过区分“人之所以异于禽兽者”（《孟子·离娄下》），要求以善为性，从而激励人的道德自觉，确立人的价值、尊严，而是着眼于（广义的）人性中欲望与理智的紧张、冲突，从而建构起礼义制度。如果说孟子的性善论主要为儒家的内圣奠定基础的话，那么荀子的性恶心善论则为儒家的外王提供了理论论证，它们二者共同构成儒学的重要内容。

综上所论，孔子之后，儒学内部发生分化，出现了主内派与主外派，并最终产生两个分别以孟子思想和荀子思想为代表的不同思想体系。如果抛弃成见，就不难发现主内派（孟学一派）与主外派（荀学一派）都是完整儒学的有机组成部分，二者虽然在具体观点上有所对立，但却是相依相存的。前者注重修身、道德人格的塑造，强调道德对政治的引领作用；后者则关注礼义制度的建构，认为礼义制度不仅维系了社会秩序，而且是转化人性的重要手段。前者主要倾向于性善论，关注人性中正面、积极的内容，故往往突出仁性；后者持自然人性论，

---

① 荀子认为“凡礼义者，是生于圣人之伪”（《荀子·性恶篇》），故只承认圣人可以制作礼义。但他又认为圣人与凡人在人性上是相同的，成为圣人是实践礼义的结果，“圣人者，人之所积而致矣”（同上），这样便出现了最早的圣人是如何出现的，以及他又是如何制作礼义的难题。要解决这一难题，就要么承认圣人是天生的，与凡人并不相同，要么承认制作礼义实际是心的思虑、认知活动（伪），所谓圣人不过是充分发挥了其心的功能和作用而已。[梁涛.《荀子·性恶》篇“伪”字的多重含义及特殊表达——兼论荀子“圣凡差异说”与“人性平等说”的矛盾.中国哲学史，2019 (6)]

既正视情感、欲望可能导致的“偏险悖乱”之负面，也承认在心或理智的节制下满足情感、欲望的合理性，故认为人性中包括了情性和智性。前者往往从君子来立论，对其有很高的道德期待，希望君子以善为性，而不以口腹之欲为性，“君子不谓性也”（《孟子·尽心下》），通过人格的塑造与完善，进而影响政治与社会；后者虽然也尊崇君子、圣王，但由于关注礼义制度的建构，所以往往从庶民的特点入手，认为“义与利者，人之所两有也”（《荀子·大略篇》），即使尧舜也不能禁止民好利，即使桀纣也不能消除民好义，因而要求因利以求义、重义以克利，更接近孔子“因民之所利而利之”（《论语·尧曰》）的思想。借用孟子的说法，前者关注的是善，后者重视的是法。但既然“徒善不足以为政，徒法不能以自行”（《孟子·离娄上》），那么就应将二者结合起来，合则两美，分则两伤。从这一点来看，仅仅用属于主内派的《大学》来概括或理解儒学，显然是不全面的，遮蔽、掩盖了儒学更为丰富的内涵。还有一点值得注意，从孔子到孟子、荀子，都主张对于君子、庶民要区别对待，存在着君子之学与庶民之学的分野。① 修身主要针对君子而言，对于庶民则主张先养后教，“所欲与之聚之，所恶勿施尔也”（同上），不做过高的道德要求。《大学》则提出“自天子以至于庶人，壹是皆以修身为本”，说明其思想是较为特殊的，诚如学者所言，重视内圣、修身是《大学》最本质、最核心的内容。这些内容随着《大学》成为儒学的核心经

① 梁涛．统合孟荀的新视角——从君子儒学与庶民儒学看．哲学动态，2019（10）．该文也收入了本书，文章名改为《君子儒学与庶民儒学》。

典而被大大强化了，反过来又影响到人们对儒学的理解。

二

《大学》地位的提升，经历了一个较长的过程，最终完成于南宋朱熹之手，标志是《四书章句集注》的编订。朱熹对于《大学》十分重视，他曾说："某于《大学》用工甚多。温公作《通鉴》，言：'臣平生精力，尽在此书。'某于《大学》亦然。《论》《孟》《中庸》却不费力。""我平生精力，尽在此书，先须通此，方可读书。"（《朱子语类》卷十四）据记载，朱熹去世前仍在修订《大学》"诚意"章。"三月辛酉，改《大学》诚意章。甲子，先生卒。"（王懋竑《朱熹年谱》）朱子可谓一生用心于《大学》，至属纩而后绝笔。学习四书，朱子认为也应从《大学》入手："学问须以《大学》为先，次《论语》，次《孟子》，次《中庸》。""某要人先读《大学》，以定其规模；次读《论语》，以立其根本；次读《孟子》，以观其发越；次读《中庸》，以求古人之微妙处。"（《朱子语类》卷十四）他还建议，"可将《大学》用数月工夫看去。此书前后相因，互相发明，读之可见，不比他书"（同上）。至于《大学》何以如此重要，朱子也有形象的说明："《大学》是修身治人底规模。如人起屋相似，须先打个地盘。地盘既成，则可举而行之矣。""或问：'《大学》之书，即是圣人做天下根本？'曰：'此譬如人起屋，是画一个大地盘在这里。理会得这个了，他日若有材料，却依此起将去，只此一个道理。'""《大学》是个大坯模。《大学》譬如买田契，《论语》如田亩阔狭去处，逐段子耕将去。”“须熟究《大学》作间架，却以他书填补去。”（《朱子语类》卷十四）《大学》好比“规模”“坯模”，是圣人治天下的根本，真正读懂了《大学》，掌握了这一大根、大本，才有可能进一步阅读其他经典，确立修身进德的正确方向。

那么，为何《大学》在宋代受到儒者的重视，并上升为理学的核心经典呢？学界流行的看法是，汉唐儒学主要是章句之学，虽于礼义制度有所建树，但对天道性命的问题却了无新意，缺乏形而上的探索，结果在佛老的冲击下败下阵来，出现了“儒门淡薄，收拾不住”① 的窘境。所以，从北宋开始，儒者开始关注“性与天道”的问题，通过阐发天道性命，以解决人生之价值和意义的问题。在这一过程中，《大学》与《中庸》作为性命之书，受到儒者的重视，地位由此得到提升。如杨儒宾先生就认为：“‘性命之书’是我们了解《大学》、《中庸》地位升降最重要的概念。”② 但“性命之书”的说法可能更适合《中庸》，却不一定适合《大学》。从内容上看，《大学》基本没有涉及天道性命的问题，虽然谈到诚意、慎独，但主要是从修身上讲，没有涉及宇宙本体。借用牟宗三先生的说法，《大学》属于“横摄的系统”，而不是“纵贯的系统”。“《大学》只列举出一个实践底纲领，只说一个当然，而未说出其所以然。”③

---

① 志磐．佛祖统纪校注：下册．释道法，校注．上海：上海古籍出版社，2012：1091.

② 杨儒宾．《中庸》、《大学》变成经典的历程——从性命之书的观点立论．台湾大学历史学报，总第24期，1999：60-61.

③ 牟宗三．心体与性体：第1册．上海：上海古籍出版社，1999：15.

从朱子的论述来看，他重视《大学》也是着眼于为学次第，而不是着眼于形而上的内容。“问：‘欲专看一书，以何为先?’曰：‘先读《大学》，可见古人为学首末次第。且就实处理会却好，不消得专去无形影处理会。’”“《论》《孟》《中庸》，待《大学》贯通浃洽，无可得看后方看，乃佳。道学不明，元来不是上面欠却工夫，乃是下面元无根脚。”（《朱子语类》卷十四）可见在朱子眼里，《大学》代表的恰恰是“实处”，而不是“无形影处”；是“下面”的根脚，而不是“上面”的功夫。“性命之书”的说法显然难以成立。

既然《大学》并非性命之书，那么它受到宋儒的关注就当另有原因。其实如前文所述，《大学》主要反映的是儒家主内派一系成己安人、“为政以德”的思想，其特点在于突出、强调修身的重要性，把修身看作政治的根本，将政治道德化，走上了一条德治也就是人治的道路。《大学》受到关注，恐怕就在于它的这一思想特点。从这一点来看，刘子健先生的观点可能更有说服力，也更值得重视。刘先生认为，儒学从北宋到南宋经历了一个内在的转向，不再关注制度的变革，而热衷于内在道德的完善。这一转向的起因是王安石变法及其引起的一系列后果，而其实质则是对何为儒家正统的不同认识。以王安石为代表的制度改革派人士认为，儒家经典中已经提供了制度典范，其中所描述的制度绝非纯粹理论构想或乌托邦体系，而是曾在历史上出现的客观存在。这种制度之所以没有实现，主要是因为人们没有找到推行真理的途径和方法，因而才将其当作高明而虚幻的空谈束之高阁。为了挽救危局，迫切需要厘清古老经典中的基本原则并将其付诸实践。他们的目标是设计政治、经济、社会和教育制度，以便提高道德水准。他们相信道德价值观与功利主义目的可以达成一致，换言之，好的制度既有助于提高道德水准，又是实用的。然而，王安石发动的熙丰变法（1069—1085，又称熙宁变法），却引起了保守势力的激烈反对。元丰八年（1085），宋神宗去世，宋哲宗即位，其祖母高太后以太皇太后的身份垂帘听政，起用司马光为宰相，保守派接掌政权，恢复旧制，大开倒车，新法几乎全被废除，史称“元祐更化”。元祐八年（1093），高氏去世，哲宗赵煦开始亲政，于次年改年号为绍圣（1094—1097），恢复熙宁、元丰变法，保守派失势，大部分变法措施被重新付诸实施，史称“绍圣绍述”，又称后变法时期。但此时的变法已丧失了王安石的理想主义初衷，改革精神化为乌有，道德上毫无顾忌，贪赃枉法，肆无忌惮，拒绝革除任何改革体制的弊端，对那些继续反对改革的保守派（“元祐党人”）进行了史无前例的残酷迫害，皇帝好大喜功，奢侈无度，整个社会道德沦丧。恢复的变法不仅没有革除弊政，反而聚集了一批声名狼藉之徒，最终招来女真人的入侵和北宋王朝的崩溃。1127 年，南宋王朝建立，改革计划、措施宣告破产，没有人再敢公开鼓吹改革。这时出现了一个“道德保守主义者”集团，集团成员抨击各项改革措施毫无价值、不合时宜、不道德，应当加以唾弃；同时坚定不移地认为，北宋灭亡的近因虽然是恢复变法，但潜在的危害则来自最初的变法本身，王安石将功利置于道德之上，又将国家置于社会之上，本末倒置，犯了根本性的错误。出于对变法及其恶果的强烈反感，他们不仅支持保守主义，而且身体力行，在对儒家经典的解读中极力强调道德，坚信道德的方法是唯一的出路，必须旗帜鲜明地弘扬儒家正统道德原则。① 这种正统观念就来自《大学》，核心是认为建立秩序的关键在于“正心、诚意”，这成为朱熹新儒家学派的一个口号。既然变法的大门已经关闭，制度变革成为不可提及的禁区，权力被高度集中在皇帝手里，至高无上的专制君主是唯一的关键，那么“如果能给皇帝注入新的动力，他就有可能改变政府。这就是伟大的新儒家朱熹教导皇帝治国在于齐家、齐家在于修身、修身依靠正心诚意的奥妙。皇帝必须正其心，诚其意。不是潜研儒学的人也许会觉得这样的教导与国事无关，但是，作为早期道德保守主义者的继承人，新儒家却相信，当任何可以设想的制度改革和其他措施都不能治愈专制主义的病症时，这才是纯正的儒家救弊良方”②。“总的来说，新儒家哲学倾向于强调儒家道德思想中内向的一面，强调内省的训练，强调深植于个体人心当中的内在化的道德观念，而非社会模式的或政治架构当中的道德观念……在新儒家学者的头脑中，最重要的就是修身和内心的思想。他们倾向于转向内在。”③ 刘先生所说虽然是宋代儒学的整体走向，但同样有助于理解《大学》地位的变化。正是南宋儒学的内在转向使得《大学》受到人们的关注，并经朱子的诠释，一跃成为儒家的核心经典。

---

① 刘子健．中国转向内在．赵冬梅，译．南京：江苏人民出版社，2002：36－37.

② 同①119.

③ 同①141－142.

其实早在北宋时期，《大学》就已受到了二程、张载的关注，其关于《大学》的论断对朱熹产生了重要影响。这一时期也出现了司马光的《〈大学〉广义》、王拱辰的《〈大学〉轴》这样的诠释性著作，司马光关于为政的关键在于正心、诚意的主张也被以后的宋高宗所欣赏。但在整个北宋后期学界，居于官学地位的是王安石新学，“自王氏之学达于天下，其徒尊之与孔子等……行之以六十余年”（宋陈渊《十二月上殿札子》）。王安石主张制度变革与《大学》倡导的以修身为本存在认识上的分歧，以上学者往往也对王安石变法持批评和反对的态度，故《大学》尚未被主流学界所关注。到了南宋，随着政治形势的反转，王安石新学逐渐失势，理学成为当时的显学，《大学》才由于朱子等人的提倡，地位得以提升。可见，《大学》受到关注是与理学和新学的对立、冲突，以及二者势力的消长纠缠在一起的，是儒学内在转向的结果。王安石新学与二程理学是产生于北宋神宗、哲宗时期的两个对立学派，虽然它们都对北宋社会现状强烈不满，认为需要进行根本性改革，但在改革的方式和途经上则存在根本性分歧。王安石重视制度变革，谋求建立一个运行高效的政府；二程则关注心性修养，试图建立一个具有自我道德完善能力的社会。由于认识上的分歧，二者在理论建构上也存在明显的差异。王安石关注制度变革，认为“圣人经世立法，常以中人为制也”（宋王称《东都事略·王安石传》）。所谓“中人”，既非圣贤也非恶人，而是趋利避害、追求个人利益同时可以接受教化的普通人。从中人的特点出发，王安石持自然人性论，认可孔子的“性相近也，习相远也”（《论语·阳货》），肯定杨朱“为己”的合理性，“杨子之所执者为己，为己，学者之本也。……是以学者之事，必先为己，其为己有余，而天下之势可以为人矣，则不可以不为人”，但认为杨朱只讲“为己”不讲“为人”，“失于仁义而不见天地之全”（王安石《杨墨》），仍是一偏之学。儒学则要在为己的基础上进一步为人，由个人之性（王安石称为“生”）推出普遍之性（可称为“大中之性”），并通过制礼作乐，以立法的形式将其确立下来，使天下之人皆得以“养生守性”。不难看出，王安石延续的实际是儒家内部主外派——荀子一系的思想路线。笔者曾经指出：“在北宋儒学以仁确立人生意义、价值原则，以礼建构政治制度和人伦秩序的两大主题中，王安石明显偏向后者，其所建构的主要是一种政治儒学，是外王之学，而没有从仁学的角度建构起儒家的内圣之学或心性儒学。”① “就此而言，王安石虽然对荀子存在较多误解和批评，而与孟子思想一度更为密切，但所延续的仍主要是‘孔荀之制’，而不是‘孔孟之道’；选择的是孔荀的路线，而不是孔孟的路线。”②与之相对，二程注重道德的完善，提倡圣人之学，故持道德人性论，认可孟子的性善论，认为“孟子有大功于世，以其言性善也”（朱熹《四书章句集注·孟子集注·孟子序说》引）。而学为圣人，就需要向内用力。“不求于内而求于外，非圣人之学也。……学也者，使人求于本也。”（《河南程氏遗书》卷二

---

① 梁涛．王安石政治哲学发微．北京师范大学学报（社会科学版），2016（3）：104.

② 同①105.

十五）所谓“本”，就是仁心性体。“凡学之道，正其心，养其性而已。中正而诚，则圣矣。……故学必尽其心。尽其心，则知其性，知其性，反而诚之，圣人也。”（《河南程氏文集》卷八）通过存心、养性，就可以下学上达，“尽心、知性、知天”，达到圣人的境界，进而成己安人，完成对社会的改造。所以，二程十分重视《大学》，认为其代表了儒家正确的为学和为政路径。程颢说：“《大学》乃孔氏遗书，须从此学则不差。”（《河南程氏遗书》卷二上）程颐也说：“《大学》，孔子之遗言也。学者由是而学，则不迷于入德之门也。”（《河南程氏粹言》卷一）其延续的主要是儒家内部主内派——孟子一系的思想，所倡导的是孔孟之道，如后人所评价的“出处孔孟，从容不勉”（《河南程氏遗书》附录）。但无论孔孟之道还是孔荀之制，无论“为政以德”还是“为国以礼”，无论成己安人还是推己及人，都是完整儒学的重要组成部分，二者相互依存、不可分割。但随着孔门后学的分化，特别是道统意识的兴起，宋代儒者恰恰是用对立的眼光来看待学派间的分歧，并由此相互攻讦，对儒学的健康发展造成了不可估量的损害。

在北宋时期，由于认识上的分歧，二程对王安石变法持批评、反对的态度，但仍在一定程度上有所反省，如二程说：“新政之改，亦是吾党争之有太过，成就今日之事，涂炭天下，亦须两分其罪可也。”（《河南程氏遗书》卷二上）到了南宋时期，随着王安石及其新法被否定，制度变革已不可能，只剩下道德完善一条路，作为二程的追随者和理学的集大成者，朱熹对王安石新学做了更为激烈的批判和否定，而其批判的理论根据主要就来自《大学》。虽然朱熹对王安石的人格有较高评价，对新法的逐项措施也多从正面予以肯定，但在朱熹看来，王安石搞反了《大学》谆谆教导的“本”与“末”的关系，忘记了《大学》“自天子以至于庶人，壹是皆以修身为本”的教诲，不是以修身、正人心为本，而是以兵革财利、富国强兵为本，不是进行道德拯救，而是从事制度变革。朱熹认为，“大本不正，名是实非，先后之宜又皆倒置，以是稽古，徒益乱耳”（《读两陈谏议遗墨》）。当时社会存在着“法弊”与“时弊”，“法弊但一切更改之，却甚易；时弊则皆在人，人皆以私心为之，如何变得？嘉祐（注：宋仁宗年号，1056—1063）间法可谓弊矣，王荆公未及尽变之，又别起得许多弊，以人难变故也”（《朱子语类》卷一百零八）。法弊是指制度的弊端，改革起来较为容易；时弊是指一个时代的弊端，来自人欲、私心，是人自己造成的，改变最为困难。王安石虽然看到了制度之弊，但未看到人心之弊，其变法只能是舍本逐末、治标不治本，结果只能是旧弊未去、新弊又来。要想真正革除弊端、去除时弊，就要回到《大学》所教导的明明德、修身的路线上来，“自天子以至庶人，人人得其本心，以制万事，无一不合宜者，夫何难而不济?”（《送张仲隆序》）如果不能首先端正人心，却想追求富强、事功，那么结果就只能是“亡人之国而自灭其身，国虽富其民必贫，兵虽强其国必病，利虽近其为害也必远”（同上）。所以，政治的根本不在于变制度，而在于正人心。正人心包括“正其心”“正君心”“正天下之心”三个方面，“既以自正其心，而推之以正君心，又推而见于言语政事之间，以正天下之心”（《与汪尚书书》）。其中“正其心”主要是对士人而言，士人首先要自正其心，进而才能正君主之心，“格君心之非”（《孟子·离娄上》），然后通过君主施行教化、颁布法令，进一步正天下人之心。在正人心的三个方面之中，正君心是根本、关键。“天下事有大根本，有小根本。正君心是大根本。……天下事，须是人主晓得通透了，自要去做，方得。”（《朱子语类》卷一零八）“天下之事，其本在于一人，而一人之身，其主在于一心。故人主之心一正，则天下之事无有不正；人主之心一邪，则天下之事无有不邪。”（《己酉拟上封事》）《大学》有云：“一家仁，一国兴仁；一家让，一国兴让；一人贪戾，一国作乱，其机如此。”朱熹注：“一人，谓君也。……此言教成于国之效。”（《四书章句集注·大学章句》）故朱熹的“正君心”实来自《大学》与《孟子》。尽管朱熹本人并不完全反对求财利、讲事功，但认为其与修德、正人心相比，只能是第二位的，是末而非本，而王安石恰恰在这一点上犯了方向性错误。虽然“王安石改革‘法弊’的出发点是好的，改革措施也有可取之处，但王安石不首先从正其心、正君心、正天下之心入手进行变法，而是把‘君心’‘天下之心’导向求利的误区”，“最大的坏处是坏了人才风俗，坏了天下的‘心’，使私欲泛滥”①。对于正君心，朱熹不仅在理论上言之，更是在实践上行之。在知南康军任上，朱熹就曾应诏上疏：“天下之务，莫大于恤民，而恤民之本，在人君正心术以立纪纲。”（《宋

① 李华瑞．王安石变法史研究．北京：人民出版社，2004：41.

史·朱熹传》）结果使孝宗大怒。但朱熹并未因此而退却，仍继续向孝宗进言国事。有人劝他："正心、诚意之论，上所厌闻，戒勿以为言。"（同上）朱熹答："吾平生所学，惟此四字，岂可隐默以欺吾君乎？"（同上）朱熹认为自己一生所学唯正心、诚意四字，说明《大学》在其心目中占有重要地位；而他决不放弃向皇帝进言正心、诚意，则表明朱熹主要是从明德修身、道德完善来理解《大学》乃至儒学的，这就使其对政治的理解与王安石有根本的不同。他编订《四书章句集注》，用一生的精力注释《大学》，就是想建构与新学不同的理学体系，认为这关系到儒家的道统。《大学》就是在儒学的内在转向中脱颖而出，上升为儒家的核心经典。

三

《大学》地位的提升和四书思想体系的出现，是传统社会后期思想界的重大事件，并对以后的社会发展产生了深远影响。以《大学》为代表的四书思想体系，虽然在应对佛老的挑战、完成儒学的复兴、重新确立儒学在传统社会中的主导地位方面发挥了积极作用，但其一开始就建立在狭隘的道统说之上，仅以孔、曾、思、孟为儒学正统，并以继承这一儒家道统为己任，而将荀子及汉唐儒学排除在外，其所弘扬的主要是孔孟之道，忽略乃至否定了孔荀之制，使本来丰富的儒学传统变得狭窄，其自身也不可避免地具有重道德轻事功、重内圣轻外王的弱点，不仅没有促成儒学的全面、健康发展，反而造成儒学内部更大的对立，使儒学出现内在转向。在孔子那里，“为政以德”与“为国以礼”、“为仁由己”与“克己复礼为仁”、由道德而政治与由政治而道德，是同时并存、相辅相成、互相促进的。虽然孟荀各执一端，在一定程度上造成了儒学的分裂，但汉唐儒者总体上仍将儒学内部的各个部分等量齐观，并试图使之统一，“孟荀齐号”是当时学界的共识和常态。唐代韩愈提出了狭义的道统说，二程等理学家表示认可，但这在整个北宋时期也只是一家之言，宋初的孙复、石介均持一种广义的道统说，其特点是将孟子、荀子以及汉唐时期的扬雄、王通、韩愈均列入道统。所以，如果跳出狭义的道统说，换一种整全的眼光，那么就会发现宋代儒学的发展实际经历了由新学与理学齐头并进到理学独尊的过程。北宋思想界既有主要发展了孔荀之制的李觏思想及王安石新学，也有着力弘扬了孔孟之道的，以周敦颐、二程、张载为代表的理学，虽然二者的思想进路及具体观点有所不同，但二者都是完整儒学的有机组成部分，本应在交流中相互借鉴、补充、完善，乃至融合发展出新的学派，但由于狭隘的道统意识，不仅这种互补、融合的局面没有出现，反而出现了激烈的党争。最终随着北宋的灭亡，王安石新学被否定，失去官学地位，李觏思想也影响式微。朱熹理学由于适应了当时的政治需要（虽然一度遭受挫折），得到了官方的肯定和认可，《大学》也在这一过程中确立起作为儒家核心经典的地位。

关于理学与新学的分歧和对立，学界已有不少讨论，从儒学自身的发展来看，实际涉及治国理念尤其是对道德与政治之关系的不同理解。儒家从孔子开始，主张并追求道德与政治的统一，无论“为政以德”还是“为国以礼”，都不是将道德与政治打为两截，而是以道德引领政治，以政治促进道德。但这并不意味着道德与政治就没有差别：道德的核心是德性，是对他人的关爱和同情，并由此生发出责任和义务；政治的本质是正义，是以制度化的建构实现利益、好处的公平分配。在儒家的语境中，道德主要表现为仁，包括成己、爱人、仁政等；政治更多体现为礼，包括礼、乐、刑、政等。在儒家看来，一方面道德应该引领政治，没有仁则没有礼，“人而不仁，如礼何?”（《论语·八佾》），道德也可以成就政治，如仁政，但主要是以道德的手段实现政治治理，是“以不忍人之心，行不忍人之政”（《孟子·公孙丑上》）；另一方面政治又可以促进道德，礼可以成就仁，“克己复礼为仁”，但主要靠礼义的约束，靠外在的教化。仁与礼有所不同，但又不可截然分开；同样，道德与政治也是分而不分的，既有分别但又不可对立、分开。由于仁与礼、道德与政治的这种复杂关系，孔子之后儒学内部发生了分化，出现了成己安人、“为政以德”与推己及人、“为国以礼”两条路线，前者由道德而政治，后者由政治而道德，孟子主要走的是前一条路线，荀子则侧重后一条路线。从这一点来看，理学与新学的对立实际仍是孔孟之道与孔荀之制的差别的延续。李觏、王安石主张制度变革，更多关注财富的生产和利益的分配问题。在义利观上，他们继承的主要是荀子的义利两有思想，主张义利统一，反对重义轻利。作为王安石的先导①，李觏提出“生民之道食为大”（《平土书》），“衣食之急，生民之大患也，仁君善吏所宜孳孳也”（《安民策第十》），所以“治国之实，必本于财用”（《富国策第一》）。李觏认为治理国家的根本是经济基础，是物质财富，反对把物质利益和道德原则简单对立起来。“人非利不生……焉有仁义而不利者乎?”（《原文》）那么，如何做到义与利的统一，进而治理天下呢?“无他，一于礼而已。……夫礼之初，顺人之性、欲而为之节文者也。”（《礼论第一》）礼既顺应又节制人的性和欲，节制是为了更好地满足，满足建立在节制的基础上。要做到以礼治国，就需要统治者与民同利，“与众同利则利良民，不与众同利则利凶人”（《庆历民言·释禁》）。执政者与民同利就会出现良民，不与民同利则会产生恶人。王安石也认为，“盖聚天下之人，不可以无财；理天下之财，不可以无义”（《乞制置三司条例》）。这里的“义”是指财富分配中应遵循的道义、正义，具体体现为礼。圣人制作礼乐，就是要满足人们养生的需要。“衣食所以养人之形气，礼乐所以养人之性也。……吾于礼乐，见圣人所贵其生者至矣。”（《礼乐论》）儒家的核心概念仁义，其实都可以从养生来理解。“世俗之言曰：‘养生非君子之事。’是未知先王建礼乐之意也。养生以为仁，保气以为义。”（同

① 李觏为了改变北宋积贫积弱的局面，提出“均田”“平土”等主张，为王安石变法做了准备，他的弟子邓润甫也成为王安石变法的得力助手。胡适说：“他（注：指李觏）是江西学派的一个极重要的代表，是王安石的先导，是两宋哲学的一个开山大师。”（胡适．记李觏的学说——一个不曾得君行道的王安石//胡适文集：第3册．北京：北京大学出版社，1998：25）

上）二程、朱熹注重道德完善，故把正人心尤其是正君心放在首要位置，在义利观上强调先义后利，主要发挥的是《大学》与《孟子》的思想。《大学》云："国不以利为利，以义为利也。"朱子注："深明以利为利之害……其丁宁之意切矣。"（《四书章句集注·大学章句》）《孟子·梁惠王上》云："王亦曰仁义而已矣，何必曰利?"朱子注："言仁义根于人心之固有，天理之公也。利心生于物我之相形，人欲之私也。循天理，则不求利而自无不利；殉人欲，则求利未得而害已随之。所谓毫厘之差，千里之缪。"（《四书章句集注·孟子集注》）不难看出，李觏、王安石主要延续的是主外派——荀子一系的路线，走的是由政治而道德的路线，故重视人的感性生命，从个体之性推出普遍之性，也就是可以共享、共存的性，并以此作为建构礼义制度的根据。一方面从利中求义，另一方面又以义节制利，持一种义利统一观。其义虽然是普遍的，但不脱离人的感性生命，是形而下的存在。二程、朱熹主要继承了主内派——孟子尤其是《大学》的思想，并做了理论发挥，走的是由道德而政治的路线，故强调以修身为本，主张由格物、致知、诚意、正心达到齐家、治国、平天下，在义利观上主张义优先于利，尤其强调行为动机要出自义。"凡事不可先有个利心，才说著利，必害于义。圣人做处，只向义边做。然义未尝不利，但不可先说道利，不可先有求利之心。"（《朱子语类》卷五十一）二者虽有不同，但如前面所言，只是儒家内部的两条不同路线，并非截然对立的，道德完善与制度变革也不存在本末、高低的差别，而是可以互补的。李觏、王安石虽然对儒家仁学重视不够，对道德主体性、心性修养有所忽略，但其主张道德价值观不能脱离国家的富强和人民的富裕，对民众的物质利益、情感欲望表现出更多的关注与肯定，仍属于儒学内部的健康力量。

然而令人遗憾的是，由于北宋的灭亡，南宋统治者出于政治的需要，把“国事失图”的责任由蔡京上溯至王安石及其新法，认为“惟是直书安石之罪，则神宗成功盛德，焕然明白”（宋李心传编《建炎以来系年要录》卷七十九）。这本是历史上不断上演的吾皇圣明、奸臣误国的闹剧，是统治者维护个人利益的一贯伎俩，却影响了南宋的思想界。朱熹也概莫能外，他把与新学认识上的分歧上升为政治上的大是大非，把北宋亡国的责任推给王安石，不仅不公允，也影响了后人对儒学的认识和理解。这样，前有二程对荀子“大本已坏”的评价，后有朱熹对王安石“大本不正”的否定，儒学内部孔孟之道与孔荀之制两大传统中孔荀之制的传统被中断，无法得到延续和发展。肖永明教授说：“王安石早在北宋中期，就突破了孔孟以来绵延千年的传统偏见，强调义与利的统一，的确不愧是具有特见著识的杰出思想家。如果理学学者能够以理性平和的态度对待新学，吸取其中这些有价值的见解，在注重精神锻造、道德建设的同时，也对制度建设及物质财富的生产、管理予以同样的重视，使二者不偏废，使新学与理学相互取益、相须为用，则无疑北宋以后儒学会朝着更为健康、理性的方向发展，历史不容假设，却能给人以思考与启示。”① 历史无法假设，但可以借鉴。日本著名学者丸山真男指出，在日本社会向近代形态的转变中，荻生徂徕等古学派学者发挥了积极作用，他们解构了“修身—齐家—治国—平天下”的连续性思维，将朱子学的道德性转化为政治性，并从中区分出了个人道德与国家政治的不同分野。“在朱子学中，治国平天下被化约为德行，而德行又进一步被化约为穷理。由于这种‘合理主义’的解体，政治逐渐就从个人道德中独立了出来，到了徂徕学，儒学已完全被政治化。然而，规范在向政治之物升华的同时，另一方面就走向人的精神解放，并打开了自由发展之路。”② 日本古学派对《大学》修齐治平模式的解构，可以从另一位学者伊藤仁斋评论朱熹向孝宗进言正心、诚意之事中得到鲜明的反映。

> 愚谓其说固善。然在学者则可，非所以告于人君也。如学者固不可不以此（注：指正心、诚意）自修。在人君，则当以与民同好恶为本，其徒知正心、诚意而不能与民同好恶，于治道何益?③

在仁斋看来，治国的关键不在于正心、诚意的道德动机，而在于国君能够“与民同好恶”，使民获得具体福利的实际效果，这与朱熹一味强调正人心，视君主之心为政治的根本正好相

① 肖永明．北宋新学与理学．西安：陕西人民出版社，2001：235－236.

② 丸山真男．日本政治思想史研究．王中江，译．北京：三联书店，2000：115.

③ 伊藤仁斋．童子问//井上哲次郎，蟹江义丸．日本伦理汇编．东京：育成会，1901：111.

反，而与李觏、王安石的主张更为接近。至于其对道德与政治做适当的区分，认为前者的核心是个人的自修，而后者的根本是与民同利，根据丸山真男的分析，实乃开启了日本近代化的转向。程朱理学与日本古学对《大学》的不同诠释、理解及其所产生的后果，值得我们反省和思考。

综上所论，《大学》在儒学思想体系中占有重要地位，在历史上也产生过深远影响，但以《大学》来概括、理解儒学则是不全面的。程朱对《大学》的过分强调，从理学立场对《大学》所做的诠释，在突出孔孟之道的同时，却掩盖乃至否定了孔荀之制，甚至在儒学内部造成了不必要的对立和冲突，损害、影响了儒学的健康发展。所以，今天讨论儒学，首先要超越狭义的道统说，不能仅仅以《大学》来概括、理解儒学，而应将孔孟之道与孔荀之制相贯通，将成己安人、“为政以德”与推己及人、“为国以礼”相结合，构建起完整的儒学思想体系。基于这种考虑，笔者提出了“新道统”“新四书”，试图借鉴宋儒以经典诠释建构思想体系的方法，完成当代儒学的重建。儒家道统的核心无疑是仁义，但韩愈将其理解为“博爱之谓仁，行而宜之之谓义”（《原道》）则不够全面。儒家的仁义，具体理解起来既指仁→义，也指义→仁，实际包含了由仁而义和由义而仁：前者是孟子的“居仁由义”（《孟子·离娄上》），由内在的仁心表现出对他人的责任、义务；后者是荀子的“处仁以义”（《荀子·大略篇》），也就是以义成就仁，以正义、公正的制度来实现仁；前者是孔孟之道，后者是孔荀之制。以这种广义的仁义去重新审视传统才是儒家的真道统，才是我们倡导的“新道统”。这种“新道统”显然无法以传统的四书来代表，其精神也无法简单以《大学》的修齐治平来概括，故需要新的经典体系，以作为儒学重建的理论依据。这一经典体系，在我看来，应该包括《论语》《礼记》《孟子》《荀子》，可称为“新四书”。在“新四书”中，《大学》被返回《礼记》，需与《礼运》《王制》等篇结合，方可对儒学做出完整的概括和理解。通过对“新四书”的理论诠释，统合孟荀，“合外内之道”（《中庸》），便成为当代儒学重建的重大理论课题。

（原载《深圳社会科学》2019年第6期）

儒学的根基：习性还是精神？

儒学的复兴和重建，其根基在哪里？有学者提出在于习性，在于国民性。儒学经过两千多年的传承，已积淀在民族心理中，成为民族的习性，所以儒学是最适合我们这个民族的，也是最容易被我们这个民族接受的。说实话，我一直反对用什么民族心理、超稳定性来讲儒学在今天的适用性、合理性。如果要讲，就应该讲 idea，讲精神（黑格尔意义上的），这才是超越的、恒常的、靠得住的，而不是所谓的民族性、民族心理。idea、精神体现在什么地方？就体现在儒家的经书中，只要中国人存在，只要中国人还在阅读四书五经，这些 idea、精神就会“活”起来，就会发生作用，并会被不断地丰富、发展，“人能弘道，非道弘人”（《论语·卫灵公》）。我们今天讲经学，讲中华民族的核心价值观，讲“根”和“魂”——经学是中国文化的根，经学的价值是中国文化的魂，就是这个意思。习性论则完全搞反了。

当然，idea、精神有个落实的问题，在这个意义上，也可以讲民族心理，讲民族无意识，讲民族习性。因为民族心理、民族习性本来就是各种因素——包括政治、经济、文化、宗教、艺术——的综合产物，是气质之性而非天理之性，是相对稳定的而非恒常不变的。只要历史条件变了，它自然也就变了。宋儒说得好，“气质之性，君子有弗性者焉”（张载《正蒙·诚明》）。对于民族心理、民族习性这些东西，我们也要拿出“君子不谓性”的态度，而不能像习性论者那样死死抱住不放。

据刘禾等人介绍，所谓民族性的问题最早是德国学者提出的，目的是论证日耳曼人的优越性。此说到民国时期被鲁迅等人接过来，转变为思想启蒙、改造国民性的利器。其实无论日耳曼人的“优越性”还是中国人的“劣根性”，都只能是一时一地的民族习性，是气质之性而非天理之性，一旦被绝对化，就成了梦魇，成了宿命，就是荒诞不经的了。为什么阿Q精神就是中国人的国民性？哪有这样的道理？鲁迅时代的人们接受这样的说法，那是当时的社会氛围、市场效应使然，今天的中国人还会接受这样的看法吗？以后李泽厚先生又用积淀来说明传统文化的生命力，走的也是这个路子。但积淀只能是形而下的、经验的，用它来解释传统的某些积习、习惯也许可以，一旦把 idea、精神也还原到积淀上，就出大问题了。李泽厚先生以后思想止步不前，根本原因就在这里。

前一段时间刘笑敢教授来信，讨论中国人“窝里斗”的问题。对于这一问题，其实也应该这样看。谈论中国人的“窝里斗”，一定不能撇开 1949 年后一段时间内的阶级斗争文化。比如中国人一向是以家庭为本位的，但“文革”时期夫妻、父子互相揭发的事件特别多，这只能从当时的政治文化中找原因，而不能说中国人天生就喜欢互相揭发。当然如果往上推，还可以找到其他原因，比如中国比较早地形成了幅员辽阔的大一统帝国，权力高度集中，而在权力集中且封闭的地方，权力斗争一般就比较激烈。但除了这些现象之外，没有资料显示，当时的中国人比如汉代、唐代的中国人，比同时期其他民族的人更喜欢窝里斗。谁如果要坚持这一点，就必须拿出证据来。我们说中国人喜欢窝里斗，其实主要建立在对20世纪华人世界的观察之上，是将一个特殊命题偷换为一个普遍命题。但我们不要忘了，20世纪的中国人生活在一个什么样的环境中！先前是列强入侵，军阀混战，然后是抗日战争和解放战争，新中国成立后又是一场场的政治运动，一直到“文革”，在这样不断的折腾中，恐怕大多数中国人的精神都是有问题的。精神有了问题，行为必然反常，喜欢窝里斗也就不奇怪了。但我相信随着中国民主法制建设的不断完善，随着资源的逐渐丰富，中国人的窝里斗会大大减少，至少不会比其他民族的人更突出。总归资源匮乏才会互相斗。将窝里斗看作中国人的宿命、国民性，是犯了和习性论者一样的错误。

习性论者接受了一种流行观点，认为中国人是重视人际关系、重视亲情的，而西方人是重视独立性、重视个体的。他们举出了一个例证：中国的子女往往与父母比较亲昵，喜欢与父母睡在一起；而西方父母则较早就让孩子独自就寝，孩子成人后就鼓励其离开家庭自立。但不知习性论者是否想过，由于大陆推行独生子女政策，大陆独生子女的孤独感普遍要强于西方同龄儿童——西方家庭中往往有两个以上的子女，这些独生子女长大成人、成为社会的主体后是否还重视亲情，重视人际关系，这是很值得怀疑的。如果没有孩子，可能对此体会不深，我则有一种深深的担忧。所谓习性之类根本靠不住，拿它来为儒学立论，是找错了对象。我们以前还有一个说法，西方人在性问题上比较开放，中国人则比较保守。如果在 20 世纪 70 年代以前，这样说没有什么问题。那时年轻人谈恋爱，如果婚前有性行为，就会被当作流氓，很快会被抓起来。大家记不记得有部电影——《被爱情遗忘的角落》，讲的就是这样的事情。新时期第一部为爱情正名的文学作品是《一封公开的情书》，讲的是某工厂青年在私下传抄一封情书，内容很“流氓”，被视为阶级斗争的新动向。一追查，结果原来是伟大导师马克思写给燕妮的情书。在那样的环境下，中国人的性观念怎能不保守？但时过境迁，今天只要看看中文互联网上充斥的大量色情信息，以及肆无忌惮的表白，还敢说中国人的性观念比西方人保守吗？

习性论者说在西方文化心理学是一门成熟的学科，这没有问题。但不要忘了，所谓文化心理学只能是一门经验学科，而不是超验学科。只要有人群，就会有相对稳定的心理模式和行为方式，就会有对其进行研究的专门学科，这是很正常的事情。我们借用其研究方法也没有什么不可以，但一定要限定适用的范围。学界一般将儒学分为理论化（超越化）的儒学、宰制化的儒学和生活化的儒学。用文化心理学来分析、研究生活化的儒学，说明儒学对民众心理、行为方式的影响，不失为一个好的进路。但如果想以此来发现某种恒常的文化心理，作为儒学的根基、立足点，那就只能是跑进了无尽的沙漠。因为找到的是气质之性，而不是天理之性！今天谈论儒学，固然不能忽视气质之性，但更不能脱离天理之性。“孔子以仁发明此道”，孔子的仁岂能用鲁国的文化心理习俗来解释、说明?！杨泽波教授就曾试图这样解释孔子的仁，但这只能是发生论的，岂能概括孔子之仁的全部?！所以，仁只能是 idea，是精神，它虽然不脱离经验世界，但又超越了经验世界，成为引领中国人精神的永恒灯塔。

希望我们的学者能由习性、心理回到 idea、精神，由文化心理学回到经学、哲学，由民族习性、习惯回到孔子用全部精神生命开创的仁学。我想提倡习性的学者认识到这一点应该不难，但迟迟不能觉醒，就让人感到奇怪，故草拟此文以为“棒喝”。

（原载潘耀明主编：《国学新视野》，第 6 期，桂林：广西师范大学出版社，2012；原题为《关于儒学的通信》）

孔老对话与儒学反思

历史就是这样奇怪，儒学在遭受毁灭性打击，几乎被铲除殆尽之后，又一阳来复，顽强挺过那段屈辱时光，再度呈现复兴之势，以至出现“儒学热”。当儒学处于低潮时，我们敬佩那些坚持己见，不随波逐流、出卖良知的人，如梁漱溟先生，在他身上真正体现了儒者“三军可夺帅也，匹夫不可夺志也”的独立人格和“大丈夫”精神。那么在今天儒学研究处于高潮的时候，我们又需要一种什么样的态度？杜维明先生强调，儒学首先应自我反省和批判，只有经过反省和批判，重新确立自己的根基，儒学才有可能真正获得新生，迎来又一次复兴。我觉得杜先生的看法很有价值和意义。

儒学的反省和批判可以有多种方式，其中一种重要的方式就是儒道对话，通过与道家的对话，儒家完成自我反省和理论重建。我们知道，孔子当年在雄心勃勃踏上政治舞台，开始社会、人生的探索，创立儒家学说的时候，首先想到的是老子，他“适周”，去了当时的首都今天的洛阳，向身为“守藏室之史”的老子请教。二人围绕周礼有一段对话，虽然话不投机，甚至老子对孔子有所批评，但孔子依然感叹“吾今日见老子，其犹龙邪！”（《史记·老子韩非列传》）最近两年，我经常讲：一部中国哲学史要从孔子问礼于老子讲起，孔子何所问？老子何所答？这是理解中国哲学的关键。读懂了孔老对话，也就读懂了中国哲学。然而遗憾的是，司马迁对这场重要对话的记载并不让人满意，他更多停留在人情世故、处事原则上，从这个角度展开叙述。毕竟，司马迁只是一位史学家，无法深入两位哲人的思想深处。不过我想，或许我们可以在了解孔子、老子的核心概念和思想主张的基础上重建或者再现孔老对话。

儒家的核心概念是什么？仁义。道家的核心概念是什么？自然。仁义如何理解？孔子的仁既指成己，也指爱人，通过成己达到爱人。从消极方面说，“己所不欲，勿施于人”（《论语·颜渊》）；从积极方面说，“己欲立而立人，己欲达而达人”（《论语·雍也》）。这虽是儒学的基本义理，但推敲起来仍有不少问题。例如，这里的“己”如何理解？是个体之“己”，还是普遍之“己”？如果是普遍之“己”，那么又如何达到这种普遍的认识？如果说孔子当年生活在一个礼俗的社会，价值相对单一，容易达成共识的话，那么我们今天生活于其中的这个多元社会，问题就要复杂得多。你想要的，也是别人想要的吗？你所追求、实现的，为什么也要求别人去追求、实现呢？当年“夫子以仁发明斯道”（《陆九渊集》卷三十四），就是有鉴于周文疲敝和礼坏乐崩的现实，希望以仁释礼，为礼重新寻找内在的价值根据。这当然有划时代的意义，孔子确立自己在文化史上的地位也在于此。但老子的思路则有所不同，在他看来，爱的背后往往隐藏着控制、专断，所以只讲仁爱还不够，更重要的是符合自然，所以他的核心概念是自然。自然如何理解？刘笑敢教授说是自己如此，我认为自然实际包含了两层含义：任其如此和自己如此。任其如此是道、圣人的品德，自己如此是万物、百姓的状态；道、圣人的任其如此，成就了万物、百姓的自己如此；前者是任其自然，后者是自然而然，二者构成自然的完整内涵。有人说老子、道家反对仁义，不讲爱，恐怕不符合事实。老子讲“我有三宝”（《老子·第六十七章》），第一宝就是慈，慈不就是爱吗？老子用慈不用爱，就是要避开人们对爱的狭隘理解，强调要符合自然地爱、自然而然地爱。老子讲“天地不仁，以万物为刍狗”（《老子·第五章》），天地生养万物，岂能不仁？唯其不控制、不操纵也，故称其“不仁”。在老子看来，“生而不有，为而不恃，长而不宰，是谓玄德”（《老子·第五十一章》）。剔除或否定了占有、主宰、控制欲望的爱才是真正的德、真正的爱。所以，道、天地并非没有仁，没有爱，它们生育万物、养育万物，其实都是仁，都是爱。它们只是不居功、不自傲，不主宰、不控制、不干涉，顺其自然，尊重万物的特点与个体之“己”。圣人效法道与天地，自然应以道与天地的方式去行仁，去施爱。套用老子的表达，无仁而无不仁，无爱而无不爱。正因为不爱——不控制、不占有的爱，所以万物才得其爱，正因为不仁——不干涉、操纵的仁，所以百姓才得其仁。理解了仁义与自然的分歧和不同，我们便可以对孔老对话做出正确的分析和判断。孔子想以仁释礼，通过“修己以敬”“修己以安人”“修己以安百姓”（《论语·宪问》)，重建礼乐秩序，突出的是君子的担当和责任，故强调“己欲立而立人，己欲达而达人”。老子担心的是，如此建立起来的礼乐秩序是否自然？是否考虑或尊重了百姓的个体之“己”？孔子的理想固然高远，气魄固然宏大，勇气固然可嘉，但这种理想、气魄和勇气中是否蕴含着一种独断？是否会强人所难而不宽容？解读孔老对话，恐怕要从这里去思考。

孔子、老子当年的不同选择决定了儒家、道家不同的价值取向：儒家积极入世，富有理想，以治国、平天下为己任，故常常以圣贤自居，居高临下地安人、安百姓；道家清醒冷静，富有智慧，更多关注文明发展的负面后果，对仁义道德保持高度警惕，希望通过自然无为做出适当的矫正。道家并不是不讲爱，而是警惕人们以爱的名义滑向专制和独断。所以，儒家的“己欲立而立人”与道家的任其如此，表面上看似乎相互对立，实际上却相互补充和完善，儒家可以通过与道家的对话完成自我反省和批判，反之亦然。我们都读过张载的四句教：为天下立心，为生民立命，为往圣继绝学，为万世开太平。我想在读到这些文字时，很多人都会热血沸腾，充满了人之为人的自豪，因为其对儒家的道德理想主义做了完美的概括和表达。但是换一个角度，站在道家的立场，其内容实际是值得检讨和反省的。例如，在什么意义上可以为“生民立命”？有学者考证说张载的原话是“为生民立道”。但无论“立命”还是“立道”，都是由我来确立民众的命，规定其生命的意义。孟子说过“夭寿不贰，修身以俟之，所以立命也”（《孟子·尽心上》），但这是对个体自己而言，我确立自己对于命运的态度。

张载将其扩展到民众，是否有过分膨胀、自大的嫌疑呢？其实历史上有儒者对此做出过反思，那就是王夫之。王夫之写过《张子正蒙注》，自称“希张横渠之正学而力不能企”，说明他对张载的学说十分认同，并心向往之。但王夫之也写过《老子衍》《庄子通》《庄子解》等著作，受到道家的影响，正是在与道家的对话中，他对张载式的儒家信念做出了反省甚至提出了挑战。王夫之的看法，至今读来仍觉精辟：“自圣自贤，必将临人。”（《庄子解·徐无鬼》）如果总是以圣贤自居，就必然会产生强烈的支配欲、控制欲。“谓民之生死在我，则贼其民。”（《庄子解·应帝王》）如果自认为可以控制、主宰民众的命运，那实际就在残害民众。王夫之的逻辑是：“民未尝不自知爱也，而乌用我爱？”（《庄子解·天运》）民众都知道爱护自己，不一定需要你去爱护。“物之自治者，天之道也。”（《庄子解·在宥》）真正的爱护是让民众自治、自理，这才是最好的爱护，才是符合天道的。所以，“帝王之道，止于无伤而已”（《庄子解·应帝王》）。统治者不要伤害民众，给民众发展空间，让其自治、自理就可以了，而不必事事去关心民众、爱护民众，更不必为其立命。王夫之是一位真正的儒者，他有自我反省和批判的精神，这种反省和批判的精神就来自道家，是他从与道家的对话中获得的。所以，儒家需要道家，仁义需要自然，符合自然的仁义才是真正的仁义；同样，道家也需要儒家，自然也需要仁义，包含了仁义的自然才是有温度的自然，结合了儒家的道家才能体现出济世情怀。

（原载《中华读书报》2018 年 1 月 17 日）

激进与保守之间

——五四九十周年回望

在“国学热”、弘扬传统的热潮中回望五四是一个颇不轻松的话题，这不仅关涉如何看待当前的文化现象，也对我们如何继承五四文化遗产、如何评价五四提出了挑战。所以，在五四九十周年尚未到来之时，便已有学者惊呼：此时纪念五四是否有些不合时宜？或者，此时应该怎样纪念五四？面对“国学热”，五四精神真的已经暗淡无光，真的要被传统吞没了吗？应该说，这种质疑不是个别的，而是有代表性的。长期以来，在人们心目中，五四就是反传统，虽然它提倡“科学”“民主”有功，但它的底色是激进的，一旦向传统回归，就意味着对五四精神的背离，这可以说是现代以来一个根深蒂固的成见，一个制造出的“神话”。然而问题是，五四时期的思想界并非只有一种颜色、一种色调，而是激进与保守并存，二者交织在一起，整个五四可以说就处在激进与保守之间。

一

余英时先生曾指出，西方的激进主义与保守主义都是相对于自由主义而言的，先有了自由主义的基本系统（system），然后才有激进与保守的区分，激进与保守的中间是 liberal，这样便是一种 conservative—liberal—radical 三足鼎立，而不是两极对立。激进与保守可以具有共同的立场（common ground），有些地方甚至可以联盟。保守是保自由主义的守，激进也是对自由主义而言；保守并非对现状完全不做变动，激进也不是对现状一概否定，二者的差别只在于保留或改变的多少。同时，西方激进、自由、保守三派都是相对于一种存在了两三百年的社会现状而成立的。在这两三百年中，西方已完成了传统向现代社会的转化，西方社会已是一个现代化的开放系统，基本上具有了自我调节的功能。因此，保守派、自由派、激进派都已越过了传统与现代之争。① 五四时期的中国则不同，由于社会的现代转型尚在进行中，激进与保守主要都针对传统，激进自然是反传统，保守则要保留传统，而传统又是一个多层次的复杂结构，需要具体分析，不可一概而论。即以当时处于风口浪尖、争论中心的儒学而论，也至少可分为理论化的儒学、宰制化的儒学和生活化的儒学等。理论化的儒学是孔子、孟子等人的思想创造，凝固在儒家的经典中，反映了儒家的基本价值观，包括做人方式、安身立命、人生意义等，具有超越性、开放性、适应性，被后世儒生不断诠释、发展，历久常新；宰制化的儒学是理论化的儒学之部分内容与专制体制结合后的官方形态；生活化的儒学是前二者进一步在民众生活方

---

① 余英时．中国近代思想史上的激进与保守//钱穆与中国文化．上海：上海远东出版社，1994：188－222.

式、行为习惯等中的体现。所以，五四时期的激进与保守有着具体的内涵，从当时的情况来看，实际经历了政治保守—文化激进—文化保守的演变过程。

对于五四时期陈独秀、李大钊等人的“打倒孔家店”、激烈反传统，不少学者视为激进，斥其割裂了文化传统，但陈、李等人的激进针对的是袁世凯、张勋之流的保守，是对后者的反动，而袁、张之流的保守是保封建帝制之守，是复辟，是政治保守，他们实际是顽固派。他们提倡“尊孔读经”，名为弘扬儒学，实际是为复辟帝制制作舆论，保守的恰恰是儒学中“宰制化”的部分。这说明，作为一种文化传统，儒学在长期的发展中已与封建帝制紧密结合在一起，甚或其本身就是依附于帝制才得以传播、发展，故最终沦为袁、张之流欲以利用的工具。痛定思痛后，陈独秀等人认识到，民国虽已建立，但民主、共和的观念并未真正得以传播，儒家“别尊卑、明贵贱”的三纲伦理仍在国民头脑中作祟。“如今要巩固共和，非先将国民脑子里所有反对共和的旧思想，一一洗刷干净不可。因为民主共和的国家组织社会制度伦理观念，和君主专制的国家组织社会制度伦理观念全然相反，——一个是重在平等精神，一个是重在尊卑等级，——万万不能调和的。若是一面要实行共和政治，一面又要保存君主时代的旧思想，那是万万不成。”① 可见，陈独秀等人的反传统、反儒学，实际主要是反传统中的名教、礼教，是反“保护君主政治之偶像”，矛头主要指向的

① 陈独秀．旧思想与国体问题//独秀文存．合肥：安徽人民出版社，1987：103.

是纲常名教。如果说辛亥革命建立共和宪政，是吾人“政治的觉悟”，那么破除纲常名教之不平等伦理，代之以平等、自由、独立之价值观念，则是吾人“伦理的觉悟”，“此而不能觉悟，则前之所谓觉悟者，非彻底之觉悟……伦理的觉悟，为吾人最后觉悟之最后觉悟”①。

所以，五四时期的激烈反传统，实际是引进平等、自由、独立的价值理念，是对传统的一次彻底批判和改造，其直接目标是反封建、反帝制、反复辟，在更深层次上则提出了传统文化现代化的重大历史课题。五四先贤开创而未完成的事业，仍是我们努力的方向；五四先贤提出的科学、民主，仍是我们追求的价值目标。

不过，九十年后回望五四，我们不能因为其方向的正确性而回避其思想、认识的片面性，继承五四、超越五四才是我们对待五四文化遗产应有的态度。今天看来，五四激进派人士对待传统的局限是显而易见的。他们提出“打倒孔家店”，虽然主要针对的是纲常名教，但并没有对传统、对儒学做出具体的分析，没有对宰制化的儒学与理论化的儒学做出适当的区分，没有认识到纲常名教虽然必须被打倒，但孔孟的真精神、真思想却未必可以被打倒，他们在泼脏水时连孩子也泼了出去。

还有，激进派以社会进化论为理论依据，信奉法国学者孔德“宗教—玄学—科学”的三阶段文明进化图式，而这一图式在今天看来不过是二三流学者的大胆预测而已，其有多少可靠

① 陈独秀．旧思想与国体问题//独秀文存．合肥：安徽人民出版社，1987：41.

性很值得怀疑。按照这一图式，人们无法理解为何西方的启蒙思想家虽然反对宗教愚昧，反对宗教专制，但除了个别人之外，一般都不反对宗教信仰，不反对上帝；无法理解为何欧美国家在经历了现代化之后，基督教传统依然长期存在，且依然是维系社会安定，“正人心，美风俗”的重要精神力量。更重要的是，从这种直线的社会进化论出发，东西文明被分别归结为“古代文明”与“近世文明”，东洋文明是“未能脱古代文明之窠臼”的劣等文明，而“可称曰‘近世文明’者，乃欧罗巴人之所独有，即西洋文明也”①。根据这种东西古今之论，传统只有历史的价值而没有现实的意义，孔子的思想只适应于封建时代，它违逆于现代生活，不能成为新文化的精神资源。这样，中国文化的现代化就只能是全盘西化，只能是全面抛弃、否定自己的文化传统，全面接受外来的西方文化。这可以说是激进派进化论范式下文化选择的必然结果。

当然，激进派人士提出全盘西化，主要还是为了吸收、接纳西方科学、民主的价值原则，且不乏策略上的考虑。但他们多少忽略了科学、民主乃是西方文化长期发展、演变的结果，是近代文明的产物。对于西方人而言，科学主要是知识范畴、认知方式，不具有人文价值，而民主主要是一种制度安排及处理政治问题的态度，是一种俗世的政治伦理，不关涉超越性的终极信仰，科学、民主的背后是古希腊文化的理性主义、希伯来文化的宗教信仰，以及近代以来对个人的重视和肯定，科

---

① 陈独秀．法兰西人与近世文明//独秀文存：第1册．上海：上海书店出版社，1989：11.

学、民主本身并不能代表整个西方文化。激进派人士主要从科学、民主来理解西方文化，且主张“以科学代宗教”，这就决定了：一方面，虽然他们高举反传统的大旗，试图在学习西方的坚船利炮、政治制度之后，进一步学习西方的思想伦理，“全盘”、整体地接受西方文化，但其“西化”实际又是不彻底的，也不可能是彻底的，只能是“半截子西化”；另一方面，在传统被彻底打倒、否定之后，中国人在做人方式、安身立命、人生意义上的缺失以及文化认同上的危机，又绝不是科学、民主所能填补的。激进派人士从事的工作主要是在政治伦理层面以西方的自由、平等对中国的纲常名教所做的批判、改造，而非中西整个价值系统尤其是终极关怀层面的交流、沟通，然而他们却误以为是整个西方文化对中国文化的取代，并名之曰“全盘西化”，这可以说是他们思想认识上的一个重要偏差。既然全盘西化不可能实现，且科学、民主虽然源自西方，但并不仅仅属于西方，那么我们就不能以科学、民主为理由来全面否定自己的文化传统，而应立足本民族的文化，在接受源自西方的普遍价值及现代化经验的基础上完成传统文化的现代转型，这才是新文化运动最终应有的方向，而这一方向又必须从对传统的保守开始。

二

对于五四新文化运动“打倒孔家店”，贺麟先生曾有一鞭辟入里、至今读来仍耐人寻味的分析：“表面看，新文化运动是一个打倒孔家店、推翻儒家思想的……大运动。但实际上，其促进儒家思想新发展的功绩与重要性，乃远远超过前一时期曾国藩、张之洞等人对儒家思想的提倡。……新文化运动的最大贡献在于破坏和扫除儒家的僵化部分的躯壳的形式末节，及束缚个性的传统腐化部分。它并没有打倒孔孟的真精神、真意思、真学术，反而因其洗刷扫除的工夫，使得孔孟程朱的真面目更是显露出来"，"五四时代的新文化运动，可以说是促进儒家思想新发展的一个大转机"①。贺先生所论，实际揭示了五四新文化运动中不同于激进派的另一路向，即文化保守主义的路向，这一路向的代表为梁漱溟，其理论纲领是梁先生 1920 年演讲于北京大学，后经整理发表的《东西方文化及其哲学》。

如前所论，同样是面对传统，袁世凯、张勋之流是保封建帝制之守，保宰制化儒学之守，陈独秀、李大钊、胡适等人主要是反纲常名教，但又笼而统之将传统文化看作古代文化，将西方文化等同于近代文化，故主张"全盘西化"，梁漱溟等人则要保优秀传统文化之守，保孔孟真精神之守，故是文化保守。就反对帝制，提倡科学、民主而言，梁与袁、张之流绝对对立，而与陈独秀等人处于同一战线；但就对待传统文化的态度而言，梁又与陈独秀等人存在较大分歧，是对后者的一种反弹与纠正。什么是文化？这是文化保守者首先要回答的问题。在梁漱溟看来，所谓文化，不外乎人类生活的样法。人类各民族之间的文化之所以存在差异，就在于各民族的生活样法不

---

① 贺麟．儒学的新开展//文化与人生．北京：商务印书馆，1988：5.

同，在生活中解决问题的态度、方法不同。梁先生将文化的差异最终归于意欲，并提出著名的中西印人生三意欲说，现在看来不免有简单、粗糙之嫌，但他却敏锐地抓住了文化的民族性问题，文化不仅有时代的差异，更有民族的差异，这种差异是不能简单地用古、今来说明的，更不能因为有现代化而一笔勾销。自然，梁漱溟是承认中国文化落后于西方文化的，认为这都是“西洋人比我们多进了一步的缘故”①。所以，中国文化的当务之急是“思想的改革”“哲学的更新”，需要经历西方那样启蒙的冲击与洗礼。

因而，对于陈独秀等人倡导的科学和民主，梁先生表示了一种由衷的赞同，认为“现在西方化所谓科学和‘德谟克拉西’之二物，是无论世界上哪一地方人皆不能自外的”②。“这两种精神完全是对的，只能为无条件无批评的承认”和“全盘承受”，否则“我们将永此不配谈人格，我们将永此不配谈学术”③。对于西方民主精神的核心，梁先生认为其实就是“人”的观念，“必要有了‘人’的观念，必要有了‘自己’的观念，才有所谓‘自由’的。而西方人便是有了这个观念的，所以他要求自由，得到自由。大家彼此通是一个个的人，谁也不是谁所属有的东西，大家的事便大家一同来做主办，个人的事便自己来做主办，别人不得妨害。所谓‘共和’、‘平等’、‘自由’不过如此而已，别无深解”④。中国最缺乏的恰恰就是“人”

① 梁漱溟．东西文化及其哲学．北京：商务印书馆，1999：19.

② 同①18.

③ 同①209.

④ 同①45.

的观念，人不过是“皇帝所有的东西”，是“皇帝的臣民，他自己一身尚非己有，哪里还有什么自由可说呢?”① “因此，中国‘治人者’与‘治于人者’划然为两阶级，就生出所谓尊卑来了”，“西方一个个人通是‘治人者’，也通是‘治于人者’，自无所谓尊卑上下而平等一般了。于是这严尊卑与尚平等遂为中西间之两异的精神”②。梁先生进一步指出，民主、共和制度之所以迟迟不能在中国社会安设，虽然部分是由于袁贼的野心和军阀的捣乱，但从深层来说，“全然不是某一个人的罪过，全然不是零碎的问题”，其真正的原因在于，中国一般国民虽身处西方政治制度之下，却仍保持着在东方政治制度下所持的态度。此种态度不改，西方的政治制度绝对不会安设上去！可见，梁漱溟对西方自由、民主、平等的理解绝不在陈独秀等人之下，其对尊卑贵贱、纲常名教的抨击，对改造“国民性”的呼吁，也与陈独秀等人一脉相承，同属于五四新文化的范畴。

与激进派视孔子为“君主政治之偶像”“封建道德之代表”不同，在梁漱溟眼中，孔子思想的核心是一种人生哲学，是一种“不计利害”“一任直觉”的人生态度。这种态度要求人们不弃世、不厌世、不离世，而“以生活为对、为好”，不是教人在彼岸求涅槃、得拯救，而是教人在此岸、在现世中发现人生之乐。这种态度的核心就是仁。“所以孔子教人就是‘求仁’”，“一个‘仁’就将种种美德都可代表了”。孔子的人生哲

① 梁漱溟．东西文化及其哲学．北京：商务印书馆，1999：45.

② 同①43.

学虽然缺乏“一般宗教所有的一二条件”①，但通过礼乐、孝悌的提倡和实行，又与“其他伟大宗教对于人生有同样伟大的作用”，不仅在历史上产生过深远影响，而且仍将是国人安身立命的精神家园。所以，只有回到孔子的仁，“踏实的奠定一种人生，才可以真吸收融取了科学和德谟克拉西两精神下的种种学术、种种思潮而有一个结果”，由此形成一种新的文化，“否则我敢说新文化是没有结果的”②。

三

五四新文化运动中的激进派、保守派代表了在科学、民主原则下重建中国文化的两个方向：激进派依据进化论来看待中西文化，以中国文化为“古”，以西方文化为“今”，故主张全面否定中国传统文化，通过“全盘西化”来重建未来的中国文化；保守派则认为中西文化虽有古今之别，但也有民族性的差异，西方文化不可能取代中国文化，故主张“掘发固有宝藏”而“善护其元气”，在对传统文化“掘发”“护养”的基础上吸收、容纳西方文化。激进派以中国固有文化为“旧”，以外来西洋文化为“新”，认为二者相互对立，绝无调和折中的余地，故主张舍旧求新，破旧立新；保守派则认为，在思想和文化的范围里，现代绝不可与古代脱节，有历史渊源的新，即旧中之新，才是真正的新，故主张从旧的里面去发现新，叫作推陈出

① 梁漱溟．东西文化及其哲学．北京：商务印书馆，1999：132.

② 同①215.

新。激进派提出“重新估定一切价值”，以现代批判传统，以西方现代性重估中国文化，以外来西方文化启自己思想之“蒙”；保守派则持一种“双向批判精神”，在传统与现代之间展开双向批判，既以西方的科学、民主批判传统的尊卑贵贱、纲常名教，又通过回到中国文化的价值本源，对西方文化进行反向的“价值重估”。激进派着力于反传统，揭露传统的弊端，鞭笞国民性格的阴暗面，以使国民获得个性的自由与解放；保守派则通过洗汰，重新认同传统，发掘其特殊的文化价值，以达到文化的自觉与反省。激进、保守两派虽然存在以上种种差别，但又形成了以下共识，具有共同的立场：第一，两派都接受科学、民主的价值原则；第二，两派都反对帝制，反对以“三纲”为核心的封建伦理。正因为如此，两派既相互对立又相互补充，共同推动了五四新文化运动的发展。

长期以来，学界形成了一种固定的成见，将新文化运动仅仅理解为以陈独秀为代表的激进派所发起的一场启蒙运动，而将梁漱溟等人视为新文化运动的对立面或将其排除在新文化运动之外，这不能不说是一种极大的偏见。按照这种理解，五四新文化运动只能是激进，只能是反传统，人们一旦发现传统其实是不能被完全否定的，“全盘西化”之路行不通，便会回头质疑五四，否定五四。同样，人们在感慨科学、民主的大业步履维艰，阻碍重重时，又会回望五四，重新举起五四的大旗，但他们手里紧握的却只有激进和反传统。凡此种种，都与对五四的片面理解有关。其实，早在五四运动达到高潮的1919年，李大钊就在一篇题为《新旧思潮之激战》的文章中表达了

“新”“旧”并存的思想。其文云：

> 宇宙的进化，全仗新旧二种思潮，互相挽进，互相推演，仿佛像两个轮子运着一辆车一样；又像一个鸟仗着两翼，向天空飞翔一般。我确信这两种思潮，都是人群进化所必要的，缺一不可。我确信这两种思潮，都应该知道须和他反对的一方面并存同进，不可妄想灭尽反对的势力，以求独自横行的道理。……我又确信这二种思潮，一面要有容人的雅量，一面更要有自信独守的坚操。①

李大钊反对“横暴政府的压制”和试图借助“强暴势力”压制不同意见的人，但认为在排除了政治势力的干扰后，新、旧思潮并不会因此而被取消，而是如车之两轮、鸟之双翼，“并存同进”，共同推动思想、宇宙的进化。今日读李大钊此文，是何等的气魄，何等的启人深思！与今日对五四新文化运动非此即彼的片面理解，相差又何止千里！日本著名学者岛田虔次曾指出，“五四运动一方面是彻底反儒教主义、反传统主义、破坏偶像的运动；同时一方面又形成了与以上相反的重新评价和继承传统的倾向”②，认为梁漱溟、熊十力等“‘新儒家’实际上是和五四运动同时并行的”，主张应“将熊十力哲学的形成看成五四运动的一部分”③。这些论述可谓精辟深刻，相当程度地反映了五四新文化运动的真实全貌。

---

① 李大钊．李大钊文集：上册．北京：人民出版社，1994：660.

② 岛田虔次．熊十力与新儒学哲学．徐水生，译．台北：文明书局，1992：34.

③ 同②41.

其实，人们之所以将文化保守派排除在五四新文化运动之外，主要是因为片面地、形式地理解了新文化运动的“新”，认为既然是新，自然就与旧无关，“新旧之间，绝无调和之理”，这实际还是用激进派的眼光看五四，最终落入了激进派的窠臼中。九十年后的今天，我们需要的恰恰是一种更为宽阔的视野，一种超越激进与保守的眼光，去重新回望五四，审视五四，继承五四，庶几才能走出所谓“中国意识的危机”，才能以包容的胸怀、宏大的气魄去重建曾经灿烂辉煌的中华文化。换一种视野就会发现，五四与传统并不截然对立，正是在五四之后出现了国学运动的第一次高潮，整理国故派与弘扬传统派在国学研究中达成了共识：“再造文明”，绝不可简单地抛开传统。这与20世纪80年代的激烈反传统，到90年代后向传统回归，直至今天的“国学热”，实际是一致的。人为地将五四与国学对立起来，恐怕还是因为对五四的理解出现了偏差。

九十年后回望五四，一方面，五四先贤开创的科学、民主大业尚未真正实现，任重道远，青年仍需努力；另一方面，现代化在解放人的个性、释放人的物欲的同时，也给人类带来了种种负面问题——人文精神的沦丧、价值和存在的迷失、道德意识的危机、生命本性的困惑等。面对这些问题，就要抛弃偏激、狭隘的思维方式，避免从传统与反传统中寻找答案，而应努力在传统与现代之间寻求一种平衡。一方面，回到中国文化的人伦之理，重新反省生命的意义，重建人的本体和“人道之尊”；另一方面，继续思想的启蒙，推动中国的现代化进程。

激进者可以继续高举科学、民主的大旗，着力对传统及现实中一切不合理的制度、现象进行抨击、批判、改造；保守者则可以着力阐发传统的人生智慧、核心价值，以和谐、仁爱去唤醒现代迷失的人性。激进者应检讨自己对传统的粗暴简单和缺乏理解，以免这种激进反成为一种“保守”；保守者亦应警惕滑向复古顽固，重要的是二者要达成共识、形成共同的立场。

康德在回顾德国启蒙运动时曾意味深长地说：自由和平等还是我们的座右铭，它们的结合点则在看不见的教堂。九十年后回望五四，我们也应在五四科学、民主的大旗上加上和谐、仁爱。科学、民主、和谐、仁爱，这才是五四精神，是五四留给我们的一份丰厚文化遗产。

（原载《中华读书报》2009 年 5 月 13 日）

不是请回上帝，而是多元一体

一、有必要重新请回上帝吗？

1840 年以来，中国一直向西方寻求真理，但西方文化有两个源头，一个是古希腊罗马文化，一个是希伯来文化。以往我们更多是学习古希腊罗马文化，科学、民主、法制等都是从古希腊罗马文化这个源头发展而来。其实，向西方学习还有向希伯来文化学习的问题，即学习基督教的上帝文化。只不过与古希腊罗马文化相比，这是一条隐线。若隐若现，从未间断。杨鹏先生的《"上帝在中国"源流考》就属于这条隐线。① 近些年由于基督教发展得比较快，这个问题就被凸显出来了。但是，一旦说到学习希伯来，学习基督教，牵涉的问题就比较复杂。今天说学习科学、民主、法制，谁也不会反对。但如果说到学习基督教，学习上帝文化，就是一个见仁见智的问题。学习什么？为什么要学习？

杨鹏显然认为是应该学习的，他焦虑的是上帝的问题。那

---

① 杨鹏．"上帝在中国"源流考．太原：书海出版社，2014.

么，中国人今天需要一个上帝？是否需要将上帝重新请回来？这些问题其实都是可以讨论的，大家的看法可能很不一致。认为需要的，当然有自己的理由。一个理由是：中国人缺乏信仰，或者说中国人的信仰不够真诚，中国人追求实用、比较现实，所以需要一个上帝，需要一双上帝的眼睛，使中国人变得虔诚起来。不过任何事情都有两个方面，有利就有弊，重实用对于信仰而言固然可能是一个弱点，但也可能不那么偏狭，从而具有了包容性；而信仰过于绝对，就会有严苛、排他的一面。所以，仅仅以信仰为理由还是不充分，除非认为中国传统的儒、释、道都不算信仰。

再有一个理由是：如果没有上帝，就缺乏限制、制约君权的力量。杨鹏的书中也提到了这一点，但这个说法也是可以讨论的。因为神权同样是需要制约的，而且神权往往比君权更严酷、更可怕。想想中世纪神权下的欧洲与同时代君权下的中国，哪个更严酷？哪个社会中的老百姓生活得相对自然、轻松一些？如果让我选择，我会选择君权下的中国。皇帝只管交税纳粮，虽然也有教化的问题，但对思想不会管得那么严、那么多。中国古代有“日出而作，日入而息。凿井而饮，耕田而食。帝力于我何有哉”（皇甫谧编《帝王世纪》）的传统，基督教社会中恐怕就没有这么自由、这么洒脱了。

还有一个理由是：因为没有上帝，所以中国人没有培养起独立人格。仔细思考就会发现，这个说法也是有问题的。如果我们仅仅从儒家传统来看，哪些儒者更具有独立人格呢？显然是心学一派的儒者，最早可追溯到孟子，以后有陆、王。可这一派的儒者恰恰是不那么强调天或者上帝，他们重视的是心，“宇宙便是吾心，吾心即是宇宙”（《陆九渊集》卷三十六）。对于心学一派的独立人格，如何评价？这是另一个问题，但至少说明独立人格不一定非要有上帝。信仰上帝是否就一定有独立人格？我没有研究过，不好下结论，但我感觉恐怕主要还是一种奉献精神、一种救赎精神，是不是独立人格很难说。反过来说，独立人格的确立，不一定非要有上帝，通过信仰其他的超越者，比如天命、天道，或者本心之类的，也可以有独立人格。

所以，以上所列的几点理由并不充分。不过说这些，并不意味着我反对向基督教文化学习，相反，我认为向基督教文化学习是我们这个时代面临的重大课题！面对这样一种在世界范围内影响巨大，近些年在国内传播迅速的宗教文化，我们怎能视而不见、置若罔闻？所以，就像当年宋儒出入佛老数十载，然后返之于“六经”，通过学习、借鉴同时也是回应佛老，完成了儒学的复兴一样，我们今天也有一个向基督教文化学习的问题。如果个人选择了基督教信仰，自不必说。即使持本民族的文化立场，也必须面对这一问题，并做出回应。所以，基督教的话题越来越受人关注，这是有原因的。

二、天人关系：中国讲合，西方讲分

回到杨鹏的这本书，我觉得涉及以下几个问题。首先是中国有没有上帝？中国人是否信仰过上帝？答案当然是肯定的。

对于这个问题，我认为没必要绕一个弯子，绕到利玛窦、南怀仁等人那里去，用传教士的观点来证明中国人曾经信仰过上帝，这个弯子绕得有点大。其实人类学、宗教学已经证明，人类各民族都有一个神权时代，都有一个信仰神的时代，中华民族自然也不例外，因此“上帝在中国”是成立的。但我们有过什么样的上帝？这个问题很关键，我觉得应该用比较宗教学的视野来思考这个问题。中国文献比如甲骨文中的“上帝”是否就是西方的 God（耶和华）？与此相关的问题是：中国人为什么后来又放弃了上帝？或者说上帝为什么隐遁了？让位给了“天”或者“天道”？这是因为中国的上帝与西方的上帝根本不是一回事，此上帝非彼上帝，上帝的类型不一样。类型不同发展也就不同，不同类型的上帝决定了中西不同的宗教发展路向。把这个问题搞清楚了，后面的讨论就容易了。

关于中国古代宗教的类型，学界有讨论，不过一般是以天人关系的形式出现的。如果大家去过香港中文大学，到了大学山顶上就会看到著名的“天人合一”亭，旁边刻着钱穆的《天人合一》。这是 1989 年钱穆去香港中文大学参加新亚书院成立四十周年的一个发言。钱穆是 1990 年去世的，所以这是钱穆的最后一次演讲。不过，其中的一些观点在《湖上闲思录》中已有表达，《湖上闲思录》约成稿于 1948 年，所以它代表了钱穆四十多年的思考。最近余英时先生出版了他的封笔之作《论天人之际》[①]，也是讲天人关系的。可见，他们师徒二人都是

---

① 余英时．论天人之际：中国古代思想起源试探．北京：中华书局，2014.

用一生来思考这个问题。

钱穆先生的“天人合一”显得有些抽象，比较中西文化都会有这个问题，但还是有助于我们对中西宗教做出思考。钱穆说：“中国文化过去最伟大的贡献，在于对‘天’‘人’关系的研究。中国人喜欢把‘天’与‘人’配合着讲。我曾说‘天人合一’论，是中国文化对人类最大的贡献。”① 然后又说：“西方人喜欢把‘天’与‘人’离开分别来讲。换句话说，他们是离开了人来讲天。”② 这句话也比较抽象，可能会引起争议。但如果把这句话中的“天”换成“上帝”，说西方人将上帝与人分开来讲，是离开了人来讲上帝，那么这个讲法还是可以成立的。因为上帝不受人的影响，人不能要求、影响上帝，更不能对上帝发号施令。钱穆认为，在这一点上中西是不同的。他说：“中国人是把‘天’与‘人’和合起来看。中国人认为‘天命’就表露在‘人生’上。离开‘人生’，也就无从来讲‘天命’。离开‘天命’，也就无从来讲‘人生’。”③ 这句话很关键，是钱穆关于天人关系的重要表述。天对我们有所命，“命犹令也”（朱熹《四书章句集注·中庸章句》），天向我们下命令，不过这个命令是抽象的、方向性的，它虽有一个基本的规定，但却有待我们去充实、完善、丰富，所以天命是未定的，是有待完成的。正是在这个意义上，孔子说“人能弘道，非道弘人”（《论语·卫灵公》），如果上帝将道规定好了，那我

① 钱穆．中国文化对人类未来可有的贡献．中国文化，1991（4）：93.

② 同①.

③ 同①.

们就只能服从，只能以“道弘人”；但如果上帝只是规定了一个大致的方向，就像一条道路——道的本义就是道路，那我们就要通过一生的实践去丰富、完善这个道，所以是“人能弘道”。道不只是来自天，也有人参与其中。这才体现了人的自由、人的主体性。

所以，饶宗颐教授认为，中国古代的天人关系上实际是“天人互益”，也就是天人互助，是一种行动境界，通过实践把天道呈现出来。这是中国古代天人观的特点。这个特点决定了中国古代天人关系中的天一定是向天道发展的，而不是向上帝发展的。上帝是有位格的，而天道可能是一个法则，是创生的根源，却不必具有人格性。

杜维明教授写过一篇文章《存有的连续性》，从哲学角度谈论中国古代的宇宙观，认为天与人之间是连续性的，具有连续性、整体性和动力性的特点，不存在连续之外的存有。① 所以，中国不会有上帝无中生有的观念。中国古代也有创世的神话，如盘古开天地，但盘古与上帝还是不同的。正是基于这种考虑，美国夏威夷大学的安乐哲教授反对使用“超越”概念来表述中国思想，因为根据西方对“超越”的严格定义，A 能决定 B，但 B 不能决定 A，A 对 B 就是超越的，但在中国是 A 影响 B，B 也影响 A，是天人互动、天人互益，所以二者是不一样的。②

---

① 杜维明．存有的连续性：中国人的自然观．世界哲学，2004（1）.

② 郝大维，安乐哲．孔子哲学思微．蒋弋为，李志林，译．南京：江苏人民出版社，1996：5.

杜维明、安乐哲是从哲学角度讲的，美国哈佛大学的张光直教授则是从人类学、考古学角度来讲中西天人观的不同。他认为，中西天人观的不同在于一个是连续的，一个是断裂的。中国天人观是连续的，天与人可以相互作用、相互影响；西方天人观是断裂的，天（上帝）发号施令，人被动服从。人曾不知天高地厚，想建一个巴别塔来通天，结果惹得上帝大怒，打乱了人的语言，使其彼此无法交流、沟通，人的异想天开遭到了惩罚。张光直认为中国有一种类似萨满式的宇宙观，宇宙分为多层，诸层之间为一个中央之柱所穿通，这个柱与萨满所谓的“世界之轴”非常近似，是诸层之间的升降通道，所以天与人是相通的、连续的。另外，宇宙的每一层往往都有神灵，所以中国古代是多神崇拜，当然也有最高的神灵，这个神灵固然控制着人类和其他生物的命运，但也可以为人所操纵，例如通过供奉牺牲，等等。①

张光直提出了自己的看法，也找到了一些文献根据。《国语·楚语下》中有一段记载：楚昭王问观射父，《周书》中记载的“重、黎实使天地不通”如何理解？难道古代“民将能登天乎”？观射父有一个解释：古代有一个阶段，“夫人（注：人人）作享，家为巫史”，人人都是祭司，都可以通过巫术与天相通，所谓“登天”就是这个意思。后来颛顼对这种“民神杂糅”的情况非常不满，于是派重、黎隔断天人之间的联系——“绝地天通”。“绝地天通”不是说人与天之间的联系完全中断

---

① 张光直．连续与破裂：一个文明起源新说的草稿//美术、神话与祭祀．北京：民族出版社，1999：117－151.

了，而是说只有重、黎才能跟天沟通，天与人的联系依然存在，只是通天权或祭祀权被少数统治者掌握了。《尚书·吕刑》中也记载了此事："乃命重黎，绝地天通，罔有降格。"孔安国的解释是："使人神不扰，各得其序，是谓绝地天通。"较之早期宗教，这是一个变化，但天人关系的连续性还是没变，尽管与天相通只限于少数人了。

三、中国古代天人观的发展

现在很多学者根据甲骨文中有"上帝"二字，认为中国古人也信仰过上帝，但这个上帝与希伯来《圣经》中的上帝恐怕还不太一样。晁福林先生有一篇文章《论殷代神权》[①]，他在此文中提出商代的神灵是三位一体：祖先神、自然神和上帝，最高的是祖先神，而不是上帝，所以甲骨文中的上帝与《圣经》中的上帝还是有差别的。另外，甲骨文中的上帝道德属性不强，虽然有"帝令风""帝令雨"的神力，但喜怒无常。学界一般认为，周代才出现超越宗族的至上神。另外，周人提出"以德配天"的观点，认为"皇天无亲，惟德是辅"（《尚书·周书·蔡仲之命》），天或上帝的道德属性才呈现出来。还有一个现象值得注意，中国古人很早就认为，"天视自我民视，天听自我民听"（《尚书·周书·泰誓中》），"民之所欲，天必从之"（《尚书·周书·泰誓上》）。陈来教授称之为"民意论的天

① 晁福林．论殷代神权．中国社会科学，1990（1）．

命观”，认为是世界文化史上十分独特的现象。那么，西方的上帝是不是也会一味地顺从民意？不会！人类一思考，上帝就发笑。上帝怎么可能听命于人？

孔子是商朝贵族的后代，但更崇尚周文化，是在对周文化的继承上创立儒学的。从孔子的论述来看，他的确保留了天或上帝的观念，如说“获罪于天，无所祷也”（《论语·八佾》），“予所否者，天厌之！天厌之！”（《论语·雍也》），“吾欺谁？欺天乎？”（《论语·子罕》）。孔子在处境艰难时经常与天对话，称“不怨天，不尤人。下学而上达。知我者其天乎！”（《论语·宪问》）可谓世无人知，唯天知之。但孔子之为孔子，孔子在中国文化中的崇高地位，绝不仅仅是因为他保留了天或上帝的观念。孔子之为孔子，孔子的伟大之处是，他提出了“仁”的思想，“夫子以仁发明斯道”（《陆九渊集》卷三十四），“孔门之学，以求仁为宗”（《潘子求仁录辑要》卷一《辨清学脉上》），一部儒学史实际就是对仁的阐释史。

近些年我有一个感悟，我们以前谈论孔子，往往是从人文主义去理解，把古代思想史解读为从宗教到人文的进步路线，例如徐复观就是这样处理的。① 这与杨鹏关注的问题正好相反，杨鹏关心的是上帝为什么被我们丢掉了。我觉得，孔子提出仁的确有一个天命的背景，或者说是在与天的对话中呈现出来的。所以，孔子讲“天生德于予”（《论语·述而》）。“德”是什么？似乎并不清晰。但他说“我欲仁，斯仁至矣”（同

① 徐复观．中国人性论史．上海：华东师范大学出版社，2005：第二章“周初宗教中人文精神的跃动”．

上），故德至少是可以包含仁的，这说明仁是与天有关的。孔子又说："下学而上达。知我者其天乎！"通过实践仁可以了解天，也让天了解我。牟宗三先生将此概括为"践仁知天"，实践仁而了解天。[①] 孔子的这一思想当然意义重大，前文说过，颛顼令重、黎"绝地天通"后，与上帝相通的渠道就被天子垄断了，从而与大众无关。孔子提出"下学上达""践仁知天"，认为通过仁即可上达天道，打破了自重、黎"绝地天通"以来少数贵族对天命的垄断，使天与个人发生联系，为个人成圣提供了可能。从这一点来看，我们可以说孔子创立了一个"新教"，一个属于所有士人、君子的"宗教"。

孟子进一步发展了孔子的思想，他说："尽其心者，知其性也，知其性，则知天矣。"（《孟子·尽心上》）天是什么？天是在我内心的呈现，通过我的心、性就可以了解、领悟天。这实际是把天落实在心上，开启了心学的传统。在孔子那里，天还是外在的超越者，有上帝的味道，但孟子的天则完全主观化了。以后陆象山说"宇宙便是吾心，吾心即是宇宙"，就是从孟子这里发展而来。陆九渊有一首诗："仰首攀南斗，翻身倚北辰。举头天外望，无我这般人。"二十岁时读这首诗，热血澎湃，现在再读，感觉就不一样了，不能不有所警觉。所以，尽管孟子对中国文化的贡献很大，但他对人性的态度还是过于乐观了。在天人关系上，他过分强调了人的一面，忽略了天的一面，是有偏颇的。不过儒家还有《易传》的系统，推天道以

---

① 牟宗三．中国哲学的特质．上海：上海古籍出版社，1997：第六讲"由仁、智、圣遥契性、天之双重意义"．

明人事，肯定天道的客观性，主张仰观俯察，而不仅仅是讲心性。《易传》讲“穷理尽性以至于命”，既讲“穷理”，也讲“尽性”，较之孟子只讲“尽性（心）”显然更为完备，所以《易传》的传统更值得关注。不过《易传》的天属于天道，与上帝无关。

宋明理学的复兴主要是面对佛老的挑战，但佛教主张缘起性空，并不主张有一个主宰者或者上帝，所以宋儒并没有遇到上帝的问题，在天道观上受道家、道教的影响可能更多。宋儒中程朱一派讲天理，朱熹承认天有主宰的作用，但又否定其有人格，认为“而今说天有个人在那里批评罪恶，固不可”①。陆王一派则讲本心，从孟子一系发展而来，陆九渊自称是“读《孟子》而自得之”（《陆九渊集》卷三十五）。牟宗三把宋明理学分为三系，认为朱子是“别子为宗”，把朱子给否定掉了。那么陆王一系是正宗吗？也不是。牟先生另外找出了一位胡宏，认为胡宏才是大宗之大宗。因为胡宏既讲天道，又讲人道，在天道与人道之间保持了一种平衡。② 牟先生的观点值得我们思考，他的看法建立在对天人关系的深刻洞见之上。

四、未来中华文化：多元一体，和而不同

现在回到主题，我们究竟应该向基督教文化学习什么？是

---

① 朱熹．朱子全书：第14册．朱杰人，严佐之，刘永翔，主编．上海：上海古籍出版社，2002：118.

② 牟宗三．心体与性体．上海：上海古籍出版社，1999：第一部第一章第四节“宋、明儒之分系”.

重新请回上帝，还是有其他选择？当然这里有个立场的问题：你如果是基督徒，那么当然会坚定地相信有一个绝对的上帝，并要在中国的历史中寻找到上帝的踪影；你如果没有基督教的立场，而是立足于民族文化的重建，那么你的选择就可能有所不同。未来的中华文化恐怕还是多元一体，传统的儒、释、道加上回、耶，多元互补，和而不同。这样一种多元结构并不能靠上帝来完成，相反，请回上帝还可能引起诸神之争。毕竟基督教是一个非常排他的宗教，如果没有经过启蒙运动或者宗教改革，它是很可怕的。西方的启蒙运动也曾受到中国文化的影响，例如康德出身于路德宗的家庭，受基督教影响很大，但康德突出人的主体性，称人为自然立法，则可能是受到中国文化的影响，杜维明、成中英都有这样的看法。在西方传统中一定是上帝立法，人怎么敢立法？所以，康德称他的哲学是哥白尼式的革命，而这个革命也可能是受中国文化的影响而促成的。

用比较的眼光看，多元一体无疑才是中国文化的突出特点。春秋战国时期诸子兴起，儒、道、墨、法争鸣驳难，但都共同享有“六经”的知识体系。汉武帝以后，虽然“罢黜百家，独尊儒术”，但实际是以儒家为主又融合了各家思想，尤其是法家思想，“阳儒阴法”是中国政治文化的重要特点。正因为如此，中国古代没有出现西方中世纪基督教那样的“独尊”，而是儒、释、道三教合一，这在世界文化史上都是非常独特的现象，值得充分重视。儒、释、道各家虽然强调自身的贡献，但也承认、肯定其他各家的价值。例如，在唐宋“三教合一”思潮中，道家、道教往往突出老子尤其是《庄子》中的

“大道”观念，以“道之序”来统贯三教；佛教学者则提出真俗二谛说，以儒道为俗谛，佛教兼真俗，故三教可以统贯于佛；儒家学者则主张“和而不同”（《论语·子路》），“道并行而不相悖”（《中庸》），并依此来看待三教的关系，虽然强调仁义忠信、礼乐刑政的重要性，但在诱掖人心、佐助王化的意义上亦承认佛道二教的合理性，故是以儒为主、以佛道为辅。儒家有一套治世理论，属于入世法，这是其所得，但若只知恪守礼法，没有更高的形上追求，则易陷入俗儒之陋碍。佛道属于出世法，倾向于栖息遁世、修炼身心，但由此治世则是行不通的。因此，儒、佛、道实际是各执一偏，合理的做法是三者彼此补充、相互融合。正是有了这样一种包容心态，中国古代才没有出现宗教战争、异端迫害。曾有西方宗教学者对我说：西方人近百年才争取到的宗教宽容，中国人在一千年前就做到了，中国人处理宗教问题的态度是人类的宝贵经验。我想，这恰恰是因为中国人比较早地走出了神权统治，用更具包容性的天道取代了上帝。今天中国文化的复兴，显然并不能靠引进基督教的上帝来完成，而首先应该是诸子各家的复兴，不仅有新儒家，还应该有新道家、新法家、新墨家等，期盼出现一个新诸子时代，并在此基础上会通、融合，吸收外来的佛教、基督教等，形成多元一体的当代中华文化。

简单归纳一下我的看法：没有必要从中国历史中找出一个上帝，即使找到了也与西方的上帝不是同一种类型。民族文化的重建不在于请回上帝，而在于建立多元一体的文化结构，传统的天道较之上帝更具包容性，更有利于多元一体的民族文化重建。基督教值得重视的是博爱精神，谈上帝不能不谈基督，基督既是神性的也是人性的，是以人性的方式将神的博爱精神展现于人间。对于儒家文化来说，将基督教的博爱精神与儒家的“生生之仁”“天地之大德曰生”思想相融合，可能是儒学重建的一个努力方向。

（原载《江苏行政学院学报》2016 年第 1 期）

附录一　儒家经学的历史作用

——中华民族的核心价值观

一、经学是根，是中国人的核心价值观

梁涛：经学在中国传统学术中占有最高的地位，在历史上也产生了重要的影响。但近代以来，特别是五四以后，经学却在迅速衰落。这一时期学界出现的整理国故派、疑古派，对经学都采取了否定、颠覆的态度。马克思主义学者中范文澜比较重视经学的研究，但对经学评价很低，基本上将其等同于封建糟粕，认为其是为统治阶级服务的。1949 年以后，经学基本上退出了学术领域，也退出了社会生活。值得注意的是，近些年来经学又开始受到学界的重视，研究经学的著作也逐渐多起来了。但是，如何认识、评价经学？如何看待经学在历史上的作用？特别是我们应如何研究经学？对于这些问题，学者们的看法应该说还是存在很大分歧的。那么，我们不妨就从这个问题谈起。

姜广辉：我以为今日谈经学，要有重新审视它的新角度。经学在中国传承了两千多年，其内在的原因在于经学构成了中

国人的核心价值观。我们现在强调，每一个国家、每一个民族都有自己的价值观，那中国的价值观、中华民族的价值观在哪里？主要就在经典上。经典是载体，把载体弄没了，中国人的价值观就飘浮在空中了。大家知道，中国传统学术分为经、史、子、集四个部分，经学是中国文化的根。现在我们讲弘扬优秀传统文化，如果这个根你不去培植、灌溉，那么枝叶再繁茂也不过是“卖花担上看桃李”，无根之木是不会有长久的生命力的。

现在很多人还没转过弯来，说经学是封建意识形态，还要把它打入十八层地狱。最近我在凤凰卫视录制的节目上看到朱维铮先生讲经学，他讲的一些观点使人很难接受。比如，他说汉代“罢黜百家，独尊儒术”的文化政策是由汉武帝、田蚡与窦太后的宫廷矛盾这一偶然事件引发的，窦太后喜欢黄老之学，汉武帝、田蚡这一派喜欢儒学，于是就要用儒学去战胜黄老之学。这么一个偶然事件可能管二十年、三十年，但它能决定两千多年吗？经学能传承两千多年，就一定有它内在的历史合理性和必然性。那么，经学的合理性是什么？我说就是它的价值观。不要小看了经学中的价值观，它对我们国家的统一、民族的融合是起了极大作用的。很多人看不到这一点，认为有没有经学无所谓。在坚持经学这一点上我很佩服严复，他是中国近代一个有远见卓识的人物。严复传播了很多西方科学知识，但他同时坚持尊孔读经。他说，中国区域广大（当时是二十二个行省），许多民族凝聚成一个统一国家，延续两千多年之久，靠的是什么？靠的就是儒家经学。而不是像罗马、波斯等大帝国那样，虽然有过短暂的统一，但不久便解体了。

我们中国有这么一个经学传统，有这么一种经学文化底蕴，中国是不可能分裂的。中国几千年的历史，统一始终是大趋势。中国人的民族意识、国民性就是追求统一。英国著名历史学家汤因比（Arnold Joseph Toynbee）讲得很好，他说，世界的潮流将来一定是走向融合、统一的，这是大潮流，中国能维持两千多年的政治统一，其无与伦比的政治智慧是值得世界上其他国家学习的。这个无与伦比的智慧来自哪里？就来自中国的传统经学。这些好东西不要了，就是把维系中华民族长期发展、可持续发展的精神支柱丢掉了。

余敦康：经学是中国文化的源头，历史、哲学、文学，包括唐诗宋词，所有这些都是从经学这个源头发展而来，有了这个源头，才有了源远流长的中国文化。

经学为什么重要？我们可以做一个比较，与欧洲国家、美国、伊斯兰世界国家、以色列、印度、日本做比较，就可以发现其实每个国家都有自己的“经学”。基督教有《圣经》的“经学”，伊斯兰教有《古兰经》的“经学”，印度教有《奥义书》的“经学”，日本有神道教，也是它的“经学”。这样来说，“经学”就是每个国家几千年来立于世界之林的核心价值观，非常重要。

2008年哈佛大学的亨廷顿（Samuel Phillips Huntington）教授去世了，亨廷顿生前讲文明的冲突，认为冷战以后世界就是七八个文明之间互相冲突的世界，每个文明都有自己的核心价值观，都有自己的“经学”。亨廷顿去世前不久写了一本书

《我们是谁?》(*Who are We: The Challenges to America's National Identity*),提出了一个很重要的问题:美国发展到今天,成为世界上的超级大国,但出现了精神危机,不知道美国人是谁了——民族的特性模糊了。美国这样一个移民国家,它的核心价值观是什么?亨廷顿为此感到很大的忧虑。以前美国的国民性可以用WASP来表示:W,White,白的;AS,Anglo-Saxon,盎格鲁-撒克逊人;P,Protestant,基督教新教。WASP组成了美国的核心价值,离开这个价值,美国人就不存在了。现在ASP成了问题,W也成了问题,总统成为黑人了,美国人除了英国后裔还有其他人,甚至很多伊斯兰教徒也都生活在美国,拳王阿里就信仰伊斯兰教。亨廷顿一定要把美国人的核心价值凝聚起来,以重振美国特性,这实际就是美国的"经学"啊!

我们现在也要思考"我们是谁"。我们中华民族几千年的历史在世界上是独一无二的,什么叫独一无二?五千多年没断过!美国历史加起来三四百年,英国历史是一千多年,俄罗斯历史也是一千多年,印度历史长一点,但是断的。唯有我们中华民族五千多年的历史一直没断,结果我们中国人自己给忘了,不知道我们中国人是谁了。现在我们谈经学,首先要解决这个问题。就是在救亡图存、经济发展、生活提高的问题解决了以后,要找出"我们是谁"。要回答这个问题,就要认识到经学在我们民族凝聚中所起的作用,这中间有很多糊涂认识。

改革开放头一炮是谁打响的?不是学者,不是政治家,而是安徽凤阳小岗村的十几户农民。干什么?家庭联产承包。用

“家庭”两个字把人民公社给否定了，从“一大二公”回到家庭本位，这就是《尚书·虞书·尧典》中所说的“克明俊德，以亲九族”。天下之本在国，国之本在家。中国人是以家庭为本位的。每一个中国人对家庭都重视极了。家庭是个经济体，也是个文化体、道德体，具有很强的凝聚力。这和西方的个人本位是不一样的。所以，中国的改革是从家庭联产承包开始的，传统文化也就是经学在这里面起了很重要的作用。俄罗斯就没有实行家庭联产承包制，它过去是个农奴制国家，没有家庭本位。戈尔巴乔夫把土地分给农民，结果到了农民那里，被吃了、喝了、玩了，改革不成功。戈尔巴乔夫说，这不行，还是从政治改革入手吧，于是转向了政治改革。这不是我研究的，是好多经济学家研究得出的结论。中国的文化传统在改革中绝对起了重要的作用，这就叫“礼失而求诸野”（《汉书·艺文志》）。礼在政府那里、在社会上没有了，但农村有，小岗村的农民有，这个消灭不了，这叫“文化基因”。儒学经典上的东西刻在我们的脑子里，流淌在我们的血液中，改也改变不了。

中国人的“天下”观念也很重要，《礼记·礼运》中讲“以天下为一家，以中国为一人”。天下是一家，中国是一人，中国人很不狭隘啊！还有诚信，中国过去讲童叟无欺，诚信为本。现在呢？出现了“三鹿奶粉”问题、食品安全问题，丢脸啊！丢丑啊！这是价值观失落造成的。现在要把中国人的价值观重新找回来。

二、经学是不断发展的，每一个时期的经学就解决那个时期的问题

梁涛：现在很多人一提到经学，马上想到的就是落后、保守、教条、僵化、烦琐、荒诞等，认为经学是服务于统治阶级的，是官方的意识形态，故只能是糟粕。这既与以前的宣传有关，也是对经学缺乏研究的结果。很多人根本不研究经学，但又对经学的印象根深蒂固，这的确是个非常奇怪的现象。从经学与政治的关系来看，情况也是比较复杂的。经学官方地位的确立主要是从董仲舒提出“罢黜百家，独尊儒术”开始的，但董仲舒当初提出天人感应说，正是要批评汉武帝，是要限制皇权，他说要“屈民而伸君，屈君而伸天”（《春秋繁露·玉杯》），而天又是代表民意的，目的就是抬出天来压在君之上，使其不敢肆意妄为，服从儒家的价值原则。董仲舒为此还差一点丢了脑袋。程朱理学在元代被确立为官方思想，朱熹的《四书章句集注》也成为法定的教科书，但在南宋时朱熹的理学一度被视为伪学，遭到禁止。从历史来看，经学一旦被官学化、政治化，就的确会出现僵化、凝固的趋势，但这时经学内部往往又会出现新的流派、新的变革力量。如当程朱理学被定于一尊，逐渐趋向保守时，明代便有王阳明的心学来冲击它，后来又有明清之际的早期启蒙学派，有清代的朴学，等等。总之，经学在发展中，一方面会与政治权力结合，出现官学化、政治化的趋势，但另一方面经学内部又在酝酿着新的变化、发展，

它不是一成不变的。

姜广辉：人们对经学有误解，与我们以前所谓的“马克思主义”教育是有关的。什么是所谓的“马克思主义”？就是不是真正的马克思主义。马克思主义从来就没这么简单过。简单地把一个问题说成非好即坏，奴隶社会、封建社会、资本主义社会都是不好的，只有共产主义社会是好的，那人类几千年的历史是怎么发展过来的？人不可能从小孩一天就长成大人，把发展的过程否定掉了，也就把几千年的文明积累否定掉了。

现在很多人还持这种简单的观点来看待经学，说经学是反动的、腐朽的，没有认识到经学在历史上起到的积极作用。我们现在要转变这种简单化的、贴标签式的认识方法，要历史地、客观地看待经学。我很佩服王国维，他在《殷周制度论》中讲殷周之际的变革讲得很好。他讲，殷周之际就是有德与无德之争，周人建成了一个道德共同体，这是周公的贡献。周人确定了嫡长子继承制，一位国君去世了，必须由他的嫡长子继承。有什么道理？很不公平。嫡长子也许智商很低。但必须由他继承，为什么？因为这个原则确定以后，一位国君去世之后，王子之间就不会有纷争，国家就不会发生动乱。当时国家稳定是最紧要的，比几个人之间的公平不公平更重要，是更高的价值。这就是历史地看问题。

当然每个时代都有变化。周代的制度后来也不行了，也要变。秦始皇打了一辈子仗，最后说了一句话，是历史的总结：“天下共苦战斗不休，以有侯王。”（《史记·秦始皇本纪》）当时天天打仗，战争不断，根子是什么？根子就在于周代实行的分封制。所以，他就搞统一，实行郡县制。但秦始皇的眼光太短，只看到了几百年的历史，没看到西周以来的长期稳定，没看到礼乐文明的作用，他反儒，所以秦王朝不久就灭亡了。汉代统治者既总结了秦王朝的经验，也总结了周王朝的经验，开始提倡儒学，搞了经学，讲“大一统”，汉代才能有四百多年的天下，才能长治久安。

余敦康：我们还可以把汉朝和罗马帝国做一个对比，二者的时间相当。罗马帝国是靠什么来统治的？它是靠法，即罗马法。它的道德乌七八糟，可是法很发达，有公法、私法，对现在还有影响。可是它没有道德，缺乏精神凝聚力。后来罗马帝国之所以灭亡，就是孟德斯鸠所说的，整个统治阶层毫无道德可言，没有精神凝聚力，勉强把一个基督教请过来，作为国教，可是很短暂。中国的汉朝，从董仲舒开始“罢黜百家，独尊儒术”，搞经学，搞五经博士，搞教育，有太学，还有下面的地方学校，是用道德、用经学将国家凝聚在一起，建立起一个道德共同体。当然，汉朝也有法，但和罗马法不是一回事。所以，两汉灭亡以后，到了南北朝还是能慢慢走向稳定，最终出现了唐、宋的统一。而罗马帝国崩溃后，就再没有统一过，变成了蛮族的时代。法国、德国过去是蛮族。从这个角度也可以看出经学的作用。

姜广辉讲儒学、经学是一种“意义的信仰”。意义不是一个固定的东西，比如从改革开放到现在 21 世纪，和新中国成立初期的意义就不一样，和抗日战争时期的意义也不一样，它是一个时代之精神的升华和凝结。一个民族、一个国家应该有自己的信仰。有信仰，民族、国家才能凝聚在一起。所以，经学在历史上不断发展，每一个时期的经学就解决那个时期的问题。董仲舒解决得很好，他的作用我们过去低估了。港台学者把董仲舒的作用低估了。中国之所以形成一种统一的文化，和汉朝是分不开的，和董仲舒也是分不开的。可是两百年以后，学术主流变了，变成玄学了，董仲舒就不起作用了，他只是在历史的那个时期起了作用。

梁涛：学界还有一种质疑，认为国学、经学都是属于汉族的，不包括少数民族，提倡国学、经学会导致民族主义。这种看法也是片面的。儒学诞生于邹鲁，传播于中原，后来不断向外发展，已远远超出了一个地域、一个种族的范围。在历史上，很多少数民族进入中原后，就是通过学习儒家经典而接受中原文化的，这对当时的民族融合绝对起到了积极的作用。从近几年的出土文献来看，儒家经典像《论语》《孝经》等，在周边地区都有传播，对周边民族也产生了影响，所以绝不应该把国学、经学仅仅看成汉族一个民族的文化。

余敦康：那种看法是简单化了。《尧典》是《尚书》的第一篇，是一篇关于中华民族凝聚力的纲领性文献。它讲所有的蛮、夷、戎、狄，也就是少数民族，都是黄帝、炎帝之子，都是炎黄子孙，本来是一家。当初黄帝和炎帝也打过仗，但后来和好了，统一了，由文化来统一。舜“慎徽五典，五典克从”（《尚书·虞书·舜典》），五典就是“父义，母慈，兄友，弟恭，子孝”（《左传·文公十八年》《史记·五帝本纪》），舜派一些人去宣扬，到蛮、夷、戎、狄中去讲，做父亲要公正，做母亲要慈爱，做儿子要孝顺，等等。达到了一个什么结果？叫“内平外成”（《左传·文公十八年》《史记·五帝本纪》）。“内平”是和谐社会，“外成”是和谐世界。对不对？《尚书·虞书·尧典》中又说：“百姓昭明，协和万邦。”这就是汉族的吗？不是，是“内平外成”“协和万邦”。少数民族与汉族开始可能并不是一个源头，但后来逐渐融合到一起了，成为一家了，都是中华儿女。

姜广辉：五经中有《春秋》经，《春秋》学中有一派是公羊派，它就讲华夏民族和少数民族的关系，叫“华夷之辨”。“华”主要居住在中原地区，是华夏族；“夷”主要居住在周围地区，是少数民族。公羊派有一个观点，它不是按照地区、肤色、血统来区分华、夷，而是按照文化来区分。文化先进的是华人，文化落后的是夷人。汉族哪一天落后了就是夷，少数民族哪一天进步了就是华。这是流动、变化的“华夷之辨”。公羊派的华夷观有一个好处，就是没有种族歧视，不会歧视外来者。华夏民族几千年来像滚雪球似的越滚越大，什么原因？就是没有歧视过外来者。比如犹太人，国家灭亡了，到哪里都被排斥、受迫害，越排斥、越迫害，犹太人就越挺立，最后还复国了。可是犹太人到中国后，现在找不着了，融合了，不排斥反而没了。还有满族，它统一了中国，疆域很大，最后呢？像康熙皇帝、乾隆皇帝，他们汉文化的素养比很多一流文人都高，他们从小就受这种教育。现在满族人已不再使用自己民族的语言文字，完全汉化了。所以，汉文化不排外，具有包容性。包括现在对待西方的文化，我们中国人了解美国、了解欧洲，要比美国人、欧洲人了解中国多得多。

三、我们今天的任务就是对经典进行再诠释，为现代社会服务

梁涛：前面讲到，五四以后经学走向了衰落，但仍有学者在继续讲经学，在弘扬经学。一个是马一浮先生，一个是熊十力先生。马一浮讲“六艺该摄一切学术”，就是想为经学寻找合法性。他的一些命题在具体理解上当然还可以讨论，但他的这种努力和用心是值得特别关注的。熊十力先生写过《读经示要》，他讲“经是常道，不可不读”。按我的理解，所谓“经是常道”，固然一方面是说经中包含了某些永恒、普遍的核心价值，对今天仍有启迪意义，但另一方面也是说经是可以被不断诠释、不断丰富的，所以它是“常道”。

姜广辉：我最近在思考一个问题，历史上每一个大的朝代，差不多都要经历三代人才能进入文化繁荣时期。汉代，从汉朝建立到汉武帝时期大概是七十年；宋代，从宋朝建立到庆历时期，差不多是八十年；清代，从清朝建立到乾嘉时期，差不多是九十年。我就琢磨，这是一个三代人的周期，每一代三十年，三代加在一起就是九十年，这个算法还是比较科学的。建国后，第一代人做什么？军事平定、政治稳定。这个没有二三十年做不来。第二代人做什么？突出经济建设。第三代人做什么？突出文化建设。现在我们也遇到了这个问题，恰恰已经过去了两个三十年，第一个三十年，巩固政权，政治稳定；第二个三十年，从改革开放算起到现在，经济飞速发展；第三个

三十年，也可以说未来的三十年，从现在开始，就是搞文化建设。这个文化建设能不能搞好，关系到国家的可持续发展，过去叫“长治久安”。没有伟大的文化，就不会有伟大的教育；没有伟大的教育，就不会有伟大的人才。过去讲“百年树人”，就是说成熟的教育要经过上百年的时间，因为好的教育制度、好的教育风气，需要好的经济环境支持。而好的经济环境又需要好的政治环境做基础。而要建设好的政治环境、好的经济环境、好的文化环境，加在一起非得有近百年的时间不可，所以是“百年树人”。我这是从正面讲的。反过来讲，一百年也足以把一个好的文化毁掉。百年可以树人，百年也可以毁人。

余敦康：我要专门谈一下姜广辉主持的《中国经学思想史》，这套书在整个近百年来的经学研究中起了一种颠覆的作用、一种承上启下的作用。这套书把过去那套否定经学的做法全都颠覆了，开创了一个新的路子，就是弘扬经学的路子。这套书很严谨，很有理论性。

不说别的，就看各章标题：第一卷“前言”的标题为“经学思想研究的新方向及其相关问题”，提出了经学研究的一个新方向，这很重要；第一卷“绪论一”的标题为“重新认识儒家经典”，过去把儒家经典说成封建的、落后的、宗法的、专制的，现在从世界史的眼光重新认识，这是一个新视角；第一卷第一章的标题为“论中国文化基因的形成”，经学是一个民族的文化基因，比如我没学过经学，没学过儒学，但我作为中国人，我有经学的基因、儒学的基因；第一卷第七章的标题为“儒学是一种‘意义的信仰’”，我们中国人不是没有信仰，而是有一种“意义的信仰”，比如追求幸福、阖家欢乐是信仰，扭转乾坤也是信仰。

过去这一百多年来，经学的名声不太好，是有特殊原因的。积贫积弱，挨打受欺负，这个时候好像经学不起作用了，不能救国了。但是现在救亡图存的问题解决了，中国人站起来了，政治上站起来了，经济上也站起来了，现在要在文化上站起来，文化上站起来要靠什么？绕了一大圈，回到我们的经学上来了。这是 21 世纪中华民族的一个共同任务：经济起飞、政治改革、文化自立。我们要解决“我们是谁”这个问题了。现在党中央也讲建设精神家园。中国人到哪里去找精神家园？到基督教那里去找？找不着的。到伊斯兰教那里去找？不行。到印度教那里去找？也不行。这些都不行。找来找去就找到我们自己的文化传统，找到了中国文化的根——经学上来了。

梁涛：今天听两位先生的谈话非常有启发。任何一个伟大的民族都有自己的经典，经典是伴随该民族始终的。但在不同的时代，经典承担着不同的文化使命，有不同的解读方式。所以，经典要被一个民族认同，被一个社会认同，要经过一个重新理解、转化的过程。这个过程会相当漫长。我们现在只是铺路，把问题提出来，有些问题可能不是我们能解决的，但路的方向选对了，中国学术与文化就有了光明的前景。

（原载《中华读书报》2009 年 3 月 4 日。记者：红娟）

附录二　如何理解传统儒家的“人禽之辨”？

“人禽之辨”是儒学的一个重要内容，尤其在孟子思想中占有重要地位，但应如何理解传统儒家的“人禽之辨”则是儒学发展中面临的一个新的理论课题。2016 年 10 月 22 日，在中国人民大学国学院主办的“孟子思想的当代意义”学术研讨会上，与会学者对这一问题展开了深入讨论。

复旦大学杨泽波教授指出，传统儒家讨论“人禽之辨”，旨在强调人有善性而禽兽没有，善性是“人之为人”的根本属性。但历史发展到今天，人们随着对动物世界的深入了解，发现动物的行为与人的行为有不少相似之处，并非完全没有“善”的行为。例如，在较为高级的动物中，雌性动物生产后都有保护自己“子女”的行为，甚至为此不惜冒生命危险与外敌拼杀。动物之间也存在惺惺相惜的情况，一旦遇到同类受到伤害，往往也会前去相救。至于义犬八公的故事，更是广为人知。与之相反，虽然传统的“人禽之辨”将善性作为人所具有的本质特征，但现实中人往往并非如此，人的狡诈、残忍远远超过了动物。动物之间为了争得交配权，为了抢占地盘，会有残酷的断杀，但这些行为都比较有限；人类因为宗教的、经济的目的而展开的战争，其残酷程度和死伤人数远非动物界所能比拟，第二次世界大战期间，各参战国死亡人数高达 5 500 万～6 000 万，受伤人数 1.3 亿，合计死伤约 1.9 亿人，纳粹德国对犹太人的种族清洗，使近 600 万犹太人失去了生命，日本侵略中国，残酷杀戮中国平民，用活人做实验，其凶残程度远远超过了动物界的断杀。

杨泽波认为，要重新解释和走出传统儒家“人禽之辨”的理论困境，就必须明确儒家学说中与道德相关的三个核心要素：欲性、仁性、智性。其中，仁性指孔子的仁、孟子的良心，也就是传统中所说的道德本体。“仁性”又包含两个部分：一是“伦理心境”，二是“生长倾向”。所谓“伦理心境”，就是社会生活和智性思维在内心结晶而成的一种心理境况与境界。所谓“生长倾向”，就是人作为一种生物天生具有的一种倾向性，这种倾向性保证人可以成为自己，同时也有利于其族类的健康繁衍。“伦理心境”来自后天的养成，“生长倾向”则完全是天生的。从“生长倾向”的角度看，动物与人有一致的地方，任何一个动物来到世界，都具有使自己成为自己以及有利于其族类繁衍的倾向性。但是动物不具有伦理心境，不具有智性（准确地说是不具有人那样高度发达的智性），所以只是顺着自己的“生长倾向”发展。这种发展虽然程度不如人类发展高，但并不会使这种倾向受到破坏。人就不同了，因为人有智性，智性既能从正面促进仁性的发展，也能从负面对仁性进行破坏，特别是破坏仁性中的“生长倾向”。人们常说“人做起恶来比禽兽更坏”，道理就在这里。

中国人民大学国学院梁涛教授则认为，要理解传统儒家的“人禽之辨”，必须引入自由的维度。从表面上看，传统儒家的“人禽之辨”是说人有善性，动物没有善性，但实际这只是问题的一个方面。在孟子看来，虽然人有善性，但并不是说人一生下来就被决定是“善”的了，而是说人有“善”的禀赋，“思则得之，不思则不得”（《孟子·告子上》）。一个人可以自觉到善，可以去追求善，但也可以对善不自觉甚至放弃善，这是个人选择的问题。因此，人有善性只是一个方面，人有意志自由，可以做出选择是更为根本的另一个方面。从这一点来看，人是自由的，禽兽是不自由的。讨论善恶问题，必须以自由为前提。没有自由，就无所谓善恶。人有意志自由，既可以选择善，也可以选择恶，所以人可以进行道德评价。动物的某些“善行”或“恶行”，其实来自自然本能，而非自由选择，所以并不是真正意义的善或恶，是无法进行道德评价的，正如我们不能将狼吃羊称为恶一样。因此，善以自由为根基，自由以善为目的。因为有意志自由，所以才有道德责任。

梁涛解释到，传统儒学存在自由的维度，只是没有充分展开。例如，孔子讲“性相近也，习相远也”（《论语·阳货》），人们在情性上很接近，但在积习、习惯上则相差很远。这种“远”除了外界的影响，主观的选择和努力实际发挥着更大的作用。孔子讲：“君子喻于义，小人喻于利。”（《论语·里仁》）

其实这句话也可以理解为：喻于义者为君子，喻于利者为小人。君子、小人是个人选择的结果，而不是生来就存在两种人。孟子认为，人虽然有心（“大体”），但也有耳、目等五官（“小体”），人既可以听从大体的召唤，也可能被小体所引诱，“从其大体为大人，从其小体为小人”（《孟子·告子上》），既可以选择善，也可以滑向恶。荀子讲：“小人可以为君子而不肯为君子，君子可以为小人而不肯为小人。”（《荀子·性恶篇》）“可以”是可能性，“不肯”则是主观愿望，是个人意志的选择。“小人、君子者，未尝不可以相为也，然而不相为者，可以而不可使也。”（同上）“可以相为也”，是说人既可以成为君子，也可以成为小人，具有选择的可能性，但“不可使也”，则说明这种选择是个人性的，是他人无法强迫的。这些都是对个人意志自由的强调。西方汉学家往往批评儒家不讲自由意志，虽然不无道理，但并不准确。儒学实际也存在着自由的维度，只是没有使用自由这个概念将其凸显出来。梁涛强调，今天重建儒家人性论，重新理解“人禽之辨”，就必须回到自由的维度，并从这个维度对人性做出新的思考：因为人是自由的，所以一旦人选择了恶，其行为就会禽兽不如；也正因为人是自由的，所以人可以将善的禀赋扩而充之，可以根据善的意愿创造出价值世界、伦理世界和道德世界。故天生万物，唯人为贵！

为此，梁涛引用了前不久去世的我国著名哲学家叶秀山先生的话：我一生的工作，就是要把自由和理性这两个概念介绍给国人，并希望这两个概念能在中国文化中扎下根。梁涛认为，这不仅是叶先生的期望，也是中国哲学研究需要面对的重大理论课题。

（原载《中华读书报》2016 年 11 月 9 日，原题为《“人禽之辨”的新辩论》。实习记者：李晓帆）

附录三　重新认识荀子，还儒家一个整体面貌

思想家荀子是先秦儒家的殿军，但自韩愈、朱子提出道统说起，及至新儒家，近一千年来荀子被排除在道统之外，“重孟轻荀”成为学界常态。

近年来，荀子的思想引起了人们的注意，继 2007 年在山东临沂举办了荀子国际学术研讨会后，前不久在荀子故里河北邯郸召开了“荀子思想的价值与地位”国际学术研讨会。

中国人民大学教授梁涛曾多年致力于思孟研究，现在他意识到我们对荀子忽视太久了，重建儒学需要重新研究荀子，并提出《论语》《礼记》《孟子》《荀子》为“新四书”。

《中国科学报》：重孟轻荀，“轻”是指什么？

梁涛：首先，指评价，比如新儒家学者牟宗三所写的《荀学大略》，认为荀子片面发展了儒家礼学，背离了孔孟的仁学系统，“大本不正”“本源不足”，其至多作为孔孟的一个补充。这也是新儒家的基本态度。

其次，孟子研究方面的大家辈出，有一些大家公认的经典作品。但在中文世界，目前还没有出现大家公认的荀子研究的

权威学者，也没有大家公认的经典著作。中国至今也没有学者一生专注于荀子研究。

值得注意的，西方学者中出现了约翰·诺布洛克和柯雄文这样一生研究荀子的学者。诺布洛克著有《荀子：全译及研究》，柯雄文则出版了《伦理论辩：荀子道德认识论研究》等多部荀子研究专著。

有一件事让我印象特别深。耶鲁大学历史学教授金安平到波士顿开会，我陪她去拜访新儒家的代表人物之一、哈佛大学教授杜维明。金安平喜欢荀子，而杜维明一直钟情于孟子，结果二人在孟荀谁是正统这个问题上争论起来，话不投机，不欢而散。

《中国科学报》：为什么会有这种倾向？

梁涛：有两个方面的原因。一方面，孟子讲的是"大丈夫"精神，一种独立人格；荀子比较崇拜权威，崇拜圣人，崇拜师法，他讲"礼然而然……师云亦云"（《荀子·修身篇》），礼法怎么规定的，就怎么做，老师怎么讲的，就按老师说的做，他有一种权威主义的思维倾向。大概从宋代开始，知识分子的独立意识起来以后，荀子遭到排斥，渐渐就被排除在道统之外。另一方面，韩愈、朱熹当时面对的问题是儒学如何应对佛教的冲击，他们要解决的是人的信仰问题，即"性与天道"的问题。这个问题孟子谈得比较多，荀子关注的是礼法，所以荀子相对来说不受重视。

现当代的中国学界一直受海外新儒家的影响比较大。海外儒学家，追本溯源的话，可以到梁漱溟、熊十力，一些新儒家的代表人物都出自熊十力门下。他们的观点基本上继承了传统的道统说，认为从尧、舜、禹、汤、文、武、周公，到孔子，到曾子、子思、孟子，有一个道统的传授。“轲之死，道不传也”（《朱子语类》卷十四），孟子之后道统不传了。新儒家都接受了这一观点，把孟子看作正统，对孟子研究下了很大功夫，出了很多大家和高质量的学术成果。荀子相对来说，就被冷落了。

《中国科学报》： 现在的学界对荀子的认识是不是发生了改变？

梁涛： 总体上看，目前荀子研究的趋势是，摆脱新儒家重孟轻荀的倾向，给荀子以客观、公正的评价。这在中国学者尤其是台湾学者中尤为突出。如台湾政治大学教授刘又铭发表了多篇论文，提出建立新荀学，恢复荀学的正当性。

我的观点是：儒学是一个丰富的传统，要讲道统的话，至少应把儒家的仁学和礼学都包括进去。从这一角度看，孟子是有所失，他发展了儒家的仁学，拓展了儒学内在主体性的方面，但对外在的礼学、制度有所忽略；荀子则是有所偏，他过分重视外在的礼法，对人的道德自主性、内在性谈得不够。因此，对于儒家的仁学，我们要继承；对儒家的礼学，我们也不可忽视。发展仁学，改造礼学，才能发展出当代的新儒学。

《中国科学报》： 国外学者对荀子研究比较有兴趣？

梁涛： 的确如此。一方面，西方学者比较关注荀子所讲的“礼”；另一方面，荀子讲性恶，重视逻辑的思想特点与西方思想比较吻合。

尊孟的学者一般都是华裔，他们容易理解孟子思想。而孟子讲性善、“浩然之气”、天人合一，重视内在的精神体验，西方学者在基督教的背景下不容易接受这些。

《中国科学报》： 您一直是研究思孟的，现在怎么转到了荀子研究？

梁涛： 这要从我的思孟学派研究说起。和其他学者一样，在很长一段时间内，我对孟子较有感情，读《孟子》感到比较体贴，对荀子不太能接受。

我开始研究荀子，是在 2007 年。这年山东临沂举办了荀子国际学术研讨会，这是国内比较重要的荀子研究会议。在去开会的路上，我还对陈来教授说起荀子有什么好研究的？我当时提交的论文也不是关于荀子的，而是关于子思的。没想到会开得很热烈，学者有很多争论。会议之后，我就开始准备转向荀子研究了。

现在想想，这里面有一定的必然。当时我的《郭店竹简与思孟学派》已经收尾，我在这本书的最后一章提出了一个观点：回到子思去。就是说，从孔子到子思，再到孟子和荀子，实际上是儒学内部分化的过程。一方面，分化是深化，比如孟子对儒家的仁学、荀子对儒家的礼学做了进一步的发展。但另一方面，深化往往也是窄化，儒家本来是一个丰富的思想系统，但孟子、荀子都只向一个方向去发展，忽视了其他方面，这样就将儒家丰富的传统窄化了。

当年在杜维明先生家里听到他与金安平的争执时，我就有一种迫切的想法：孟子和荀子对立的局面不能再延续下去了。

我的思路就是把孟子和荀子统合起来，儒家本来就是一个整体，不要人为地将之分成两派。

近些年通过对郭店竹简的研究，特别是对子思遗籍的研究，我发现子思的思想固然影响了孟子，但也影响了荀子，虽然思想史上不存在一个思荀学派，但二者的思想也存在一定的联系。基于这种认识，我认为在尊孟和尊荀之间争来争去很没有必要。合理的做法是，在分化的基础上把二者重新统合起来。所以，我用了“回到子思去”这样一个口号式的说法，实际代表了一种重建。

《中国科学报》：现在研究荀子与过去会有什么不同？

梁涛：近代以来，荀子研究的水平参差不齐。近些年成果很多，但多是低水平重复。那么，怎样将荀子研究推向深入呢？我认为以下三点是值得重视的。

首先是历史观念。荀子长寿，一生大概经历了三个阶段。50岁以前，也就是“年五十始来游学于齐”（《史记·孟子荀卿列传》）之前，主要是在赵国（他是赵国人），荀子是在赵文化的影响下成长起来的思想家。之后他来到了当时的学术文化中心齐国，在稷下学宫“三为祭酒”（同上），受到齐国稷下黄老思想的影响。晚年他退避兰陵，兰陵当时属于楚国，但历史上曾属于鲁国，受鲁文化的影响很深。荀子这样的人生经历，不能不对其思想产生影响。任何人的思想都是逐步形成的，荀子当然也不例外。从体裁上看，《荀子》和《论语》《孟子》不一样，《论语》《孟子》是记言体，《荀子》基本是议论体。荀子的很多作品可能是在他的不同人生阶段完成的，其思想有一个发展的过程。很多学者注意到，荀子的思想并不一致，比如他有《性恶篇》，但除了这篇，其他各篇并没有明显的性恶思想，因此研究荀子一定要有历史观念。

现在需要做一项工作，即对《荀子》三十二篇做时间的考证，哪些属于荀子早期在赵国时的作品？哪些完成于齐国稷下？哪些是其晚年定论？有些可以确定下来，有些可能还做不到，但可以大致做一划分。荀子思想中的很多分歧和争论，我相信，都可以由此得到解决。

其次是二重证据法，出土文献与传世文献相结合。荀子的资料基本就在《荀子》一书中，学者已经做了很多研究，就《荀子》谈荀子，很难有所突破。近些年先秦史研究的迅猛发展，在很大程度上是靠出土文献的刺激和带动。当然，尽管在目前公布的出土文献中还没有发现与荀子思想直接相关的材料，但有些与荀子思想有间接的关系或对其产生过一定的影响，有些可以为了解荀子思想提供背景材料。所以，注重出土文献，恐怕也是荀子研究中一个值得关注的方向。

最后是引进政治哲学的视角。近些年政治哲学越来越受到关注，很可能成为学界的热点甚至“显学”。儒学可称为内圣外王之学，内圣讲心性，讲内在超越、道德自觉；外王讲礼法制度，讲“化性起伪”。内圣外王又包括两个相互关联的维度：由内圣而外王和由外王而内圣。这二者在周公、孔子那里基本是统一的，是一个事物的两个方面。但在孟子、荀子那里就有所偏重：孟子讲内圣多，走的是由内圣而外王的路子；荀子重视外王，强调的是由外王而内圣，这两个方面其实是应该相结合的。我之后准备写的一本书是《政治儒学的奠基——出土文献与荀子哲学》，就是突出政治哲学的视野。荀子本来关注的就是外王的、政治的问题，从政治哲学出发，自然可以对其思想做出更好的阐发。

《中国科学报》：这与新儒家的观点完全不同。

梁涛：的确。大陆的情况比较特殊，1949 年以后儒学研究基本中断了，而港台及海外的儒学研究则一直没有中断，出现了几位大师级人物，如牟宗三、徐复观等。我们这批大陆中青年学者基本是受他们的影响成长起来的，但是随着研究的深入，慢慢有了自己的理解。毕竟，我们生活在大陆的环境下，所处的时代与港台新儒家也有所不同，对儒学的理解自然也不会与其完全相同。而且，从儒学的发展来看，每个时代都应有属于那个时代的儒学——新儒学。

新儒家尊孟而贬荀，认为孟子是正统，荀子是非正统。这样就将儒学整体割裂了。儒学是内圣外王之学，只讲内圣、心性修养，不讲制度建设、外王之道，是不合适的。

我们与他们的不同之处是重视儒家内部的荀子思想及礼学传统。我们重新评价荀子，就是要把孟子、荀子重新统合起来，通过改造儒家的制度之学、礼仪之学而重新将之纳入儒学系统。这与他们确实不一样。

《中国科学报》：请谈谈您对传统文化与现代文明相结合的思考，儒家文化对现实有什么意义？

梁涛：这是很重要的一个问题。孟子与荀子之间的分歧，应与儒学的分化有关。我们不应在孟荀谁是正统的问题上争来争去，而应统合孟荀，在一种丰富性的基础上重建儒家道统。因此，我不同意传统上《论语》《大学》《中庸》《孟子》四书代表了儒家道统的观点，而认为早期儒学其实是一个更为丰富、开放、包容的精神传统，可以代表这一传统的应是《论语》《礼记》《孟子》《荀子》四部书，可称为“新四书”。今天儒学研究的一个任务便是，把《荀子》纳入儒家的核心经典，呼唤儒家礼学的复兴，在此基础上统合孟荀，建构仁礼统一的儒学思想体系。

我们今天面临的一项重要任务就是恢复中华民族的优秀文化传统，重建精神家园和精神信仰，这其中就包括儒学的重建。尽管儒学中的很多内容需要调整，但儒学的一些基本价值观念是永恒的——只要中华民族存在，这些观念就要一代代传下去。从这个方面讲，儒学与民族文化的复兴和重建是密切相关的，没有儒学的复兴，民族文化的复兴就只能是一句空话。

（原载《中国科学报》2012 年 11 月 12 日，原题为《梁涛：还儒家一个整体面目》。记者：温新红；实习生：杨柳）

后　记

本书收录了我关于“新四书”“新道统”的一些论文，反映了我近年来对这一问题的思考和想法。“新四书”“新道统”最早提出于2008年，是我研究郭店竹简与思孟学派的心得和结果，所以它们并非标新立异的学术口号，而是建立在客观研究的基础上的。我在研究郭店竹简子思遗籍时注意到，子思的思想并非如传统所认为的，只被孟子继承了，而是同时影响到后来的荀子，故从子思到孟子、荀子实际是儒学内部分化的过程。分化的好处是深化，孟子、荀子分别从内与外或者仁与礼的角度，对儒学理论做了进一步的探索和发展，但其不足则是窄化，孟子重视仁，荀子倡导礼，二人各有所偏，完整的儒学由此分化了。之后道统说兴起，尊孟抑荀成为常态，这对于儒学的发展更是一种伤害。今日研究儒学，需要跳出前人的窠臼，走出认识的误区，以一种更为宏阔的眼光重新审视儒学传统，所以我在《郭店竹简与思孟学派》的最后一章写道：

> 在我们看来，如果不是立足于狭隘、“一线单传”的道统观，而是视道统为根源的文化生命，为生生不息、历

> 久常新的文化精神、文化生命，则真正能代表、反映早期儒学文化精神与生命的应是《论语》、《礼记》、《孟子》与《荀子》四部书——其中《论语》、《孟子》、《荀子》分别是孔、孟、荀精神、文化生命的记录与反映，而《礼记》是汉代学者对所搜集、发现的七十二子及其后学（包括曾子、子游、子思等）部分作品，以及讨论礼节仪式文字的编订、整理，故郭店、上博竹简中的有关内容也可归入其中。这样《论》、《记》、《孟》、《荀》实涵盖了早期儒学的文化生命与精神内涵，可合称“新四书”。对于《论》、《记》、《孟》、《荀》，我们也不是视其为“一以贯之”，传递着相同的道，而是儒家文化生命生生不息，成长、发展，乃至曲折、回转的过程。所以无论孟子还是荀子，都无力独自承担儒家道统，面对儒家道统，面对生生不息的文化生命，他们都存在着“所失”或“所偏”，只有统合孟、荀，相互补充，才能重建道统，恢复儒学的精神生命与活力。

可以看出，“新四书”在这里已经呼之欲出，不过当时还只是一种理念，我没有对之做出详细的论证。2008 年出版《郭店竹简与思孟学派》之后，我对自己的研究做了规划，首先从孟子转入荀子，同时从理论上围绕“新四书”展开更为深入的思考。“新四书”的成立与“新道统”密切相关，只有解构旧道统说，贞定“新道统”，才能为“新四书”奠定理论根据，故我近些年对道统问题比较关注。韩愈、朱熹都以道统的内容为仁义，我则提出儒家道统应为仁礼之学，认为以往的道统说恰恰忽略了礼，从而排除了荀子思想及汉唐儒学。记得在香港大学的一次会议上，有学者提出：礼是一个经验性的概念，如何能成为超越性道统的内容？这个质疑是有道理的。作为道统内容的礼，不应是具体的制度、礼仪，而应是礼之所以为礼，在儒家这里实际就是义，以仁义来理解道统是可以成立的。以往学者的问题是，忽略了儒家的仁义存在着由仁而义和由义而仁这两种不同进路：前者强调扩充、培养内在的仁，进而承担起对他人的责任和义务，这就是孟子的“居仁由义”；后者主张通过建构公正、正义的制度来实现仁，这就是荀子的“处仁以义”。不论由仁而义，还是由义而仁，都可以在孔子思想中找到根据，都是对孔子思想的继承和发展，两者结合起来才代表了儒家完整的仁义观，这种完整的仁义观才是儒家道统之所在。根据这种仁义道统说，不难发现传统四书是有明显局限的，根本不足以反映儒学的完整面貌，而传统儒学内圣强、外王弱的弊端，可以说是这种道统说导致的必然结果。故随着道统观的变化，自然需要有新的经典系统出现，这便是我提出“新四书”的用意之所在。不过需要说明的是，我近年来思考道统问题的部分成果已收入《儒家道统说新探》（华东师范大学出版社 2013 年版）一书，同时我还在撰写《说“内圣外王”——语义演变与范式重构》一书，此书也是探讨儒家道统问题的，故本书较少涉及道统问题，但这并不意味着道统问题不重要，相反它是“新四书”得以成立的基本理论问题。

如前所述，2008 年以后，我的研究重点由孟子转向了荀子。孟子、荀子本是先秦时期的两位大儒，代表孔子之后儒学发展的不同方向，但二人后来的命运却大相径庭。汉唐时期“孟荀齐号”尚是学界的一般认识，但到了宋明以后，二人的地位就出现了此起彼伏的巨大反差。孟子的地位不断提升，甚至被尊称为“亚圣”，荀子却被逐出道统，罢祀孔庙。所以，我关注《荀子》并将其纳入“新四书”，不仅是对传统观念的挑战，而且面临着如何处理孟荀关系的问题。传统四书虽然偏狭，但内部毕竟是一以贯之的，如果将《孟子》《荀子》都纳入“新四书”，如何看待两者的差异便成为一个必须面对的问题，这尤其体现在人性论上。传统上人们认为孟子讲性善，荀子讲性恶，两者正相对立，肯定孟子则必须否定荀子。历史上虽然有学者试图对两者做出调和，但很难说是成功的，根本原因就在于性善、性恶的成见根深蒂固。我通过研究发现，荀子并不是传统上理解的性恶论者，而是主张性恶心善，既认为恶是来自人的性，也肯定善是来自心的思虑、认知活动，而凿破鸿蒙的关键是重新理解荀子的“伪”字。郭店竹简中有上“為”下“心”的“㥀”字，应该是“伪”的本字，其本义指心的思虑、认知活动，也就是荀子所说的“心虑而能为之动谓之伪”（《荀子·正名》）。所以，荀子《性恶篇》反复陈说的“人之性恶，其善者伪也”，实际是说人的性是恶的，而善来自心的思虑、认知活动，这是一种性恶心善说，而不是性恶说。我曾在一篇长文里分析到，荀子的人性论是情性、知性的二元论：一方面认为顺从情性或欲望会导致争夺、混乱，因而蕴含情恶的观点；另一方面又认为人的知性可以做出抉择判断，制作礼义，“知者为之分”，实际将知性看作善的来源。这种思想贯穿了荀子思想的始终，《性恶篇》中的“人之性恶，其善者伪也”，只是这一思想的具体表达而已。所以，荀子既揭示了以性为代表的、向下堕失的力量，又点出了以心为代表的、向上提升的力量，在这种紧张和对立中对人性做出了考察。如果说“性恶”构成人生中的一股逆流的话，那么“心善”则是人生中的一座灯塔，引领人生航船到达善之彼岸。荀子的这种人性论无疑是较为全面的，也符合我们对人性的认识和理解。其实，孟子“道性善”，也并非如传统所理解的是性本善，或者当代学者所认为的是性向善，按照我的理解，应该是以善为性论。在事实层面，孟子承认“口之于味，目之于色”也是性，但在价值层面，孟子又主张“君子不谓性也”，君子不应以感性欲望为性，而应以仁、义、礼、智等道德禀赋为性。所以，无论孟子还是荀子，都既看到了人性中的善，也注意到了人性中的恶，只是关注的角度和论证的方式有所不同。孟子以善为性，故而关注人性中正面、积极的内容，注重修身、道德人格的塑造，强调道德对政治的引领作用；荀子主张性恶心善，故而正视情感、欲望可能导致的“偏险悖乱”之负面，但同时也承认心或理智可以建构礼义、制度，认为礼义、制度不仅维系了社会秩序，而且是转化人性的重要手段。二人的具体观点虽然有所不同，但都是对孔子思想的继承和发展，从这一点来看：前者可称为“孔孟之道”，后者可名为“孔荀之制”；前者是由道德而政治，后者则是由政治而道德；借用孟子的说法，前者关注的是善，后者重视的是法。既然“徒善不足以为政，徒法不能以自行”（《孟子·离娄上》），那就应将两者结合起来，我由此提出了统合孟荀的主张。表面上看，孟荀的思想是对立的，但这种对立恰恰蕴含着一种互补的需要与可能。所谓统合孟荀，既不是以孟统荀，也不是以荀统孟，而是统合于可以包括两者的思想结构中，也就是统合于孔子的思想。不过，统合于孔子的思想不是统合于孔子早期的礼学，也不是统合于孔子中期的仁学，而是统合于孔子晚期的天学或者易学，统合于易学的乾坤并建之中。成中英教授曾对我说：你提出统合孟荀的主张很好，但需要一个本体；没有本体，孟荀只是机械地组合，无法成为有机整体。成先生的说法很有道理。如何通过诠释《周易》《中庸》，为统合孟荀找到形上根据，无疑是一个值得深入探讨的问题。

“新四书”的提出只是返本，儒学的当代发展更为重要的则是开新。儒学既有超越时代的恒常价值，这更多体现在仁学中，也有属于时代的具体内容，这较多反映在礼学上，故儒学的开新，既要发展仁学，也要改造礼学，建构起仁礼统一的思想学说。故我近些年又提出了“自由儒学”的主张，以完成儒学的当代转化与开新。这是我另一本书的主题，故本书没有收录这方面的内容，我仅引用《仁学三维与自由儒学》一文中的文字，表达我对此问题的最新思考和看法：

> 仁作为内在原则，强调的是人格独立与精神平等，主张成己爱人、推己及人，反映的是横向的平等秩序，而礼作为外在原则，注重的是尊卑等级，主张“上下有差”，要求人们各守其分，代表的是纵向的等级秩序。代表横向秩序的仁与反映纵向秩序的礼，只能互相适应而无法真正

> 统一。要打破这一困局，解决仁礼的冲突，就要将推己及人的忠恕之道由道德领域上升到政治领域，以此为原则建构起新的政治秩序，如此才可以打通内外，统合仁礼，“合外内之道”，为古老儒学注入新的活力。在传统儒学中，由于横向平等秩序尚未建立，“仁者，爱人”的理念只能通过纵向等级秩序来落实和实现，仁所蕴含的人格独立和平等精神不仅难以得到保障，还会被异化。而经过转化，忠恕由道德原则上升为政治原则，仁成为礼的原理、法则，仁的内在原则与礼的外在原则才可以真正贯通，所建构的是横向的平等秩序。此秩序不再是维护上下有差、尊卑有序，而是人的自由、平等、独立。凭此秩序，儒家爱人的理念才有可能真正实现，“以仁释礼”与“以礼成仁”得以彼此贯通，仁学三维获得真正统一。

还有一点需要说明，为了便于读者的阅读和理解，本书有意不收录我近年来所写的学术论文，而更多选取随笔性文字，即使涉及论文的内容，也只收录演讲时的整理稿，这样更为通俗。同时，如这篇后记所反映的，本书只是我关于“新四书”“新道统”的阶段性思考，期待在不远的将来，我会将另一部更系统也更深入的理论著作，奉献给关心中国文化以及儒学当代发展的读者。她，可能是我正在撰写的《说“内圣外王”》，也可能是另一本《仁学三维与自由儒学》。

2020 年 6 月 2 日于北京房山九州溪雅苑

图书在版编目（CIP）数据

新四书与新儒学/梁涛著. —北京：中国人民大学出版社，2020.6
（中国哲学新思丛书/梁涛主编）
ISBN 978-7-300-28243-5

Ⅰ. ①新… Ⅱ. ①梁… Ⅲ. ①新儒学-研究 Ⅳ. ①B244.05

中国版本图书馆 CIP 数据核字（2020）第 105198 号

中国哲学新思丛书
梁涛　主编
新四书与新儒学
梁涛　著
Xin Sishu yu Xin Ruxue

出版发行	中国人民大学出版社		
社　　址	北京中关村大街 31 号	**邮政编码**	100080
电　　话	010－62511242（总编室）		010－62511770（质管部）
	010－82501766（邮购部）		010－62514148（门市部）
	010－62515195（发行公司）		010－62515275（盗版举报）
网　　址	http://www.crup.com.cn		
经　　销	新华书店		
印　　刷	北京联兴盛业印刷股份有限公司		
规　　格	148 mm×210 mm　32 开本	**版　　次**	2020 年 6 月第 1 版
印　　张	10　插页 2	**印　　次**	2020 年 6 月第 1 次印刷
字　　数	203 000	**定　　价**	68.00 元